Bücher lieben lernen

Fenja Wambold

Bücher lieben lernen

Individuelle Lesefreude und Leseförderung

Leitfaden Bilderbuch, Kinderbuch, Jugendbuch

bramann.

Bibliografische Information der Deutschen Nationalbibliothek:
Die Deutsche Nationalbibliothek verzeichnet diese Publikation in der *Deutschen Nationalbibliografie*. Detaillierte bibliografische Daten sind im Internet einsehbar unter http://dnb.d-nb.de.

Einbandgestaltung, Typografie und Layout: Margarete Bramann unter Verwendung von Bildmotiven von Anke Kuhl
Druck: Druckerei TZ-Verlag & Print GmbH
Printed in Germany 2020
ISBN 978-3-95903-014-4

Dieses Buch ist allen gewidmet, deren Herzen und Gedanken für die Kinder- und Jugendliteratur glühen – und meinem Sohn, mit dem ich unzählige witzige, aufregende, überraschende, lehrreiche und rührende Bilder- und Kinderbuchmomente geteilt habe. Mit Gold nicht aufzuwiegen.

Inhalt

Vorwort

Mama, das Buch auf deinem Tisch, dieses ›Schnelles Lesen, langsames Lesen‹ – das müsste eigentlich ›Schlechtes Lesen, gesundes Lesen‹ heißen. Ständig auf den Bildschirm glotzen ist doch blöd. Ein Buch lesen ist viel viel schöner!

Lauter Gedankengang meines Sohnes nach der Vorlesezeit am Abend

Der zitierte, laut ausgesprochene Gedanke meines Sohnes, bezieht sich auf einen Titel der Leseforscherin Maryanne Wolf zum ›schnellen‹ Lesen digitaler Texte und dem ›langsamen‹ vertieften Lesen gedruckter Bücher. Als ich selbst klein war und von der digitalen Welt nichts wusste, weil sie in Kinderzimmern schlichtweg noch nicht existierte, faszinierten mich die normalsten und seltsamsten Bücher. Märchen *(Der Teufel mit den drei Goldenen Haaren)*, Fuchshubers *Mausemärchen – Riesengeschichte* (unvergesslich das Bild der wärmenden, schützenden Riesenhand um das kleine Mäuschen), Lindgrens *Ronja Räubertochter* (mein großes Vorbild in Sachen Autonomie, Naturverbundenheit und tiefe Freundschaft), *Hallo Mister Gott, hier spricht Anna* (das Geschenk einer fernen Bekannten, die keine Ahnung hatte, was ein Kind mit neun Jahren liest), J. R. R. Tolkiens *Hobbit* (selbst in einer Buchhandlung ausgewählte Belohnung für das durch eine stille Wette mit einem Jungen erreichte Einser-Zeugnis der vierten Klasse) und mit zwölf Jahren endlich, weil es der Stichtag meiner väterlichen Leseerlaubnis war, *Der Herr der Ringe*, dessen grün im Regal aufleuchtender Schuber mich eine gefühlte Ewigkeit magisch anzog (was hatte ich Angst im dunklen Zimmer, als die Schwarzen Reiter erstmals die Bühne der Geschichte betraten – großartig!). Unvergesslich ist allerdings auch der *Angelatlas* meines Onkels, voller naturgetreuer Fischzeichnungen und lateinischer Klassifizierungen, den ich jedes Mal gebannt aufschlug, sobald mich keiner beobachtete. *Hägar der Schreckliche* brachte mich von Comicstrip zu Comicstrip zum Lachen, obwohl ich von ehelichen Beziehungen unter Wikingern nichts verstand. Und die 3-D-Coverabbildungen der *Perry Rhodan*-Bände meines Vaters: phänomenal. Das also war Science-Fiction, der Weltraum, die Zukunft! Meiner Mutter verdanke ich hingegen den frühen Zugang zu künstlerischen Ausnahmebilderbüchern, wofür ich ihr ewig dankbar sein werde.

Dieser Schwenk in die eigene Lesesozialisation zeigt, wie unterschiedlich und wild zusammengewürfelt die literarischen und ästhetischen Vorlieben eines Kindes geprägt werden, ausfallen können und unvergesslich bleiben. Allein für solche Erinnerungen lohnt sich jede Art von Leseförderung. Auf manche literarischen Vorlieben würde kein vernünftiger Erwachsener kommen. Sie tauchen bei einem einzelnen Buch plötzlich auf und bleiben auch nur auf dieses eine Exemplar beschränkt. Solche Ausnahmen bestätigen allerdings bekanntlich die Regel. Würde man sich lediglich an ihnen orientieren, wäre etwa jedwedes Unterfangen einer altersgerechten Aufbereitung diverser Themen für Säuglinge, Kleinkinder, Kinder oder Jugendliche ad absurdum geführt. Um ein Beispiel aus der Praxis zu nennen: Zwei Mütter stehen in der Kinderbuchhandlung an der Kasse. Eine balanciert ihr Baby auf der Hüfte, die andere fragt, ob sich Martin Baltscheits *Die Geschichte vom Löwen, der nicht schreiben konnte* (Beltz & Gelberg) für ihr Kind im Vorschulalter eigne. Der Verlag gibt als Empfehlung fünf Jahre an. Bevor ich dem beipflichten kann, mischt sich die Baby-Mutter ein und schwärmt für das Buch. Es sei eines der liebsten ihres Kindes. Die Vorschul-Mutter und ich sind irritiert und fragen uns still, was das Baby schon literarisch leistet. Die Baby-Mutter erklärt:

»Auf die Performance kommt es an. Mein Mann macht zu allen Tieren laute Stimmen, faucht wie ein Löwe und so … das macht vielleicht Spaß!« Das Rätsel ist gelöst. Wir sind nicht mehr irritiert und fragen uns lediglich, wie lange die dünnen Seiten der Geschichte noch halten.

Diese Anekdote, die kein Einzelfall ist, zeigt gleich mehrere Dinge. Welche Literatur Kinder erreicht und wann, entscheiden vornehmlich Eltern beziehungsweise Erwachsene. Wer Leseförderung betreibt oder das Leseverhalten von Kindern und Jugendlichen auswertet, darf die Lesesozialisation des nächsten Umfelds als ausschlaggebenden Faktor nie außer Acht lassen. Welche Ebenen eines Buches ein Kind versteht und wahrnimmt, hängt vom Reifegrad seiner Entwicklung ab. Vermittler, die es während des Betrachtens und (Vor-)Leseprozesses begleiten, geben je nach Engagement Verständnishilfen und Impulse zur Vertiefung. Wissenschaftliche Studien aus unterschiedlichen Blickwinkeln und Fachrichtungen belegen, was Alltagserfahrungen diesbezüglich zeigen. Wie wertvoll leidenschaftliche Vorleser sind und wie stark sich frühe Bilderbuchbetrachtungen auf die Lesevita auswirken, legt Meghan Cox Gurdon in *Die verzauberte Stunde. Warum Vorlesen glücklich macht* (Insel) bestens dar.

Kinder mit Büchern an das Lesen heranzuführen, ist in vielerlei Hinsicht eine gute Tat. Doch es müssen adäquate Bücher sein, die sie unterhalten, berühren, dort abholen, wo sie sich gerade im Leben befinden, die sie weiterbringen, neue Horizonte eröffnen – und sie brauchen vertraute Personen, die sie beim Lesen begleiten. Fehlen diese, bleibt der Gehalt so mancher Titel verborgen. Wie viel geht ohne den Austausch von Fragen und Antworten, ohne das ›Anschlussgespräch‹, verloren, ganz abgesehen von einzigartigen persönlichen Erinnerungen an intensive gemeinsame Lesemomente, die mitunter ein Leben lang fortbestehen. Engagierte, nachhaltige Literaturvermittlung ist außerdem weit mehr. Sie fördert Lesekompetenz und somit das Erlernen einer entscheidenden Schlüsselqualifikation für den Bildungserfolg und die selbstbestimmte Teilhabe an nahezu allen Lebensbereichen.

Doch sollte man das Einerseits und Andererseits im Hinterkopf behalten. Denn das ideale Bilder-, Kinder- oder Jugendbuch gibt es nicht. Obwohl *Pippi Langstrumpf* über Generationen hinweg als Klassiker fortbesteht, kommt sie einigen kleinen Zuhörern schlichtweg aus der Zeit gefallen vor. Neben *Ninjago* wirken Pippis Streiche auf sie albern und langweilig, die Sprache sperrig und antiquiert. Eine Menge leseaffiner Neunjähriger wiederum liebt zum Beispiel eine just angesagte Reihe, während eine kleinere Schar Neunjähriger verschrobene Charaktere und ungewöhnliche Geschichten bevorzugt. Nur, weil sie das Alter teilen, teilen sie noch lange nicht den gleichen Geschmack. Warum sollten Kinder in dieser Hinsicht anders als Erwachsene ticken? Die Masse repräsentiert nie alle. Daher berücksichtigt dieses Buch möglichst viele Facetten der Kinder- und Jugendliteratur, verschiedene Konzepte, um das Betrachten und Lesen von Büchern attraktiv zu gestalten, sowie spezielle Verlagsschwerpunkte und Auszeichnungen in unterschiedlichsten Gebieten.

Alle hierin befindlichen Texte stützen sich auf Erkenntnisse aus Studien zur Mediennutzung und des Buchmarkts sowie auf Fachliteratur zur Kinder- und Jugendliteratur und die Informationen einschlägiger Portale diverser Institutionen der genannten Gebiete. Standardwerke und aktuelle Beiträge zur Entwicklungspsychologie ergänzen jene Aspekte. Entsprechende Literaturhinweise befinden sich thematisch sortiert im Anhang. Obgleich Forschungsergebnisse und dazugehörige Zahlen naturgemäß immer nur Momentaufnahmen abbilden, zeigen sie Entwicklungen und Tendenzen für einen größeren Zeitraum auf. Eine Verknüpfung von Theorie und Praxis beruht wiederum auf dem jahrelangen Austausch mit Multiplikatoren, Pädagogen und der eigentlichen Zielgruppe.

Meine Arbeit als Dozentin für Kinder- und Jugendliteratur am Mediacampus Frankfurt ermöglicht zum einen Einblicke in die jeweils neue, noch offene Wahrnehmung und Sichtweise der Auszubildenden von kleinen unabhängigen bis großen Buchhandlungen und zum anderen einen engen Kontakt zu Verlagen. Praktische Erfahrungen, unter anderem aus der Kinderbuchhandlung Nimmerland (Mainz), der Kontakt mit Kindergärten, Schulen und mit Kindern aller Altersklassen, Eltern und Pädagogen, fließen ebenfalls mit ein. Denn fernab aller Theorie offenbart der reale Alltag manche Überraschung, die nötig ist, um das Bild der aktuellen Kinder- und Jugendliteratur abzurunden. Um diese Erfahrungen authentisch zu veranschaulichen, bilden Anekdoten den Beginn größerer Kapitel in Form von anonymisierten Zitaten. »Sie sehen wie eine richtige Kinderbuch-Nanny aus!«, sagte vor einiger Zeit eine Nachwuchsbuchhändlerin zu mir. Wahrscheinlich geschieht das erst im Umgang mit echten kleinen und großen Kindern.

Gerade wegen jener Nähe zum alltäglichen Umgang mit Kinder- und Jugendliteratur sollen im Folgenden weniger historische Entwicklungen oder spezifische Erzählstrukturen umrissen werden. Vielmehr stehen parallel zur Vermittlung eines Basiswissens rund um Ausprägungen zeitgenössischer Bilder-, Kinder- und Jugendbücher und Verlagsschwerpunkte insbesondere Knackpunkte im Vordergrund, welche für die Leseförderung leseaffiner bis leseferner Kinder und das individuelle Eingehen auf Leseschwierigkeiten von Bedeutung sind – sei es privat oder aus Sicht pädagogischer Fachkräfte und Multiplikatoren, wie Buchhändler*innen oder Bibliothekar*innen. Dasselbe gilt für die frühe Leseförderung bis zum Ende der Kindergartenzeit. Denn viel zu viele Kinder und Jugendliche haben keinen oder kaum Zugang zu Literatur, weshalb zielgerichtete, realistisch an individuelle Bedürfnisse angepasste Vermittlung derselben von großer Wichtigkeit ist.

Das Hauptaugenmerk des Werkes gilt dem (Vor-)Lesen. Obwohl sich viele Aspekte der Leseförderung und des (Vor-)Lesens explizit auf die spezifischen Eigenschaften und Möglichkeiten des Mediums Buch beziehen, lassen sich einige von ihnen auf digitale Lesewelten übertragen. Leseförderung gestaltet sich heute so vielfältig, dass auch der Deutsche Lesepreis (Stiftung Lesen) unter anderem die Kategorie ›Herausragende Leseförderung mit digitalen Medien‹ beinhaltet.

Alle personen- und gruppenbezogenen Begriffe gelten im Sinne der Gleichbehandlung für alle Geschlechter, auch bei einem etwaigen Ausbleiben einer entsprechenden Formulierung. Allerdings wird bei bestimmten Personengruppen, etwa bei Leser*in, Erzieher*in, Autor*in und Buchhändler*in, dem Gender-Zeitgeist durchgehend Rechnung getragen.

Am Ende des Buches befindet sich ein umfangreicher Anhang. Hier ist auch ein Abbildungsverzeichnis mit allen verlagsrelevanten Angaben vorhanden; in den Legenden zu den Abbildungen im Textteil haben wir uns auf das Copyright-Zeichen und die Nennung des Verlagsnamens beschränkt. An dieser Stelle danken wir noch einmal allen Verlagen, die mit ihren Abdruckgenehmigungen zur Verwirklichung dieses abwechslungsreich gestalteten Ratgebers beigetragen haben.

Für einen schnellen Überblick enden die Kapitel zum Bilder-, Kinder- und Jugendbuch jeweils mit dem Abschnitt ›Kurz & knapp zusammengefasst‹. Wichtige Stichworte können im Anhang in einem Sachregister aufgefunden werden. Nun wünschen Verlag und Autorin dem Buch viele Leser*innen, damit auch die nächste Generation Freude am Lesen empfinden möge.

1

Kinder- und Jugendliteratur in Deutschland – eine Bestandsaufnahme

Da sich dieses Fachbuch in erster Linie als Leitfaden für die private sowie professionelle Leseförderung und Literaturvermittlung versteht, liegt das Hauptaugenmerk auf dem jetzigen Stand der Forschung und aktuellen Tendenzen. Dabei rücken der deutschsprachige Kinder- und Jugendbuchmarkt (Lizenzen inbegriffen) sowie entsprechende statistische Erhebungen in den Fokus.

1.1

Der Buchmarkt – Angebot, Nachfrage und Orientierungshilfen

Ich dachte: Da stell ich einfach ein paar bunte Kinderbücher ins Regal, schau mir die Bestsellerlisten an und gut is'. Oh Gott, das ist ja viel komplizierter!

Quereinsteiger und Gründer einer neuen Buchhandlung

Ganz so leicht verhält es sich nicht mit dem Anbieten eines attraktiven Angebots an Kinder- und Jugendliteratur, mit dem man Familien langfristig zu begeisterten, treuen (Vor-)Lesern und Kunden macht. Wer sich auf dem deutschen Markt umschaut, stößt auf eine enorme Vielfalt in jeder Hinsicht. Für jede Altersklasse bieten Verlage speziell auf Entwicklungsstufen zugeschnittene Titel an. Die Gestaltungsformen reichen von fotorealistischen bis hin zu experimentierfreudigen Illustrationstechniken, und besondere Ausstattungen, wie Laserschnitte, Klappen oder Soundmodule, erweitern das Printmedium Buch. Inhaltlich ist (fast) alles erlaubt und möglich, je mehr sich die Literatur den jugendlichen Leser*innen nähert. Das war nicht immer so, sondern ist das Resultat eines langen Prozesses.

Als grobe Eckdaten der Kinder- und Jugendliteratur werden für erste zarte Anfänge das späte Mittelalter beziehungsweise die Frühe Neuzeit genannt, in der Kinder und erwachsene Laien noch fast dieselbe Rezipientengruppe darstellten. Stets als Prototyp des Sachbilderbuchs führt die Forschung Johann Amos Comenius mit seinem Werk *Orbis sensualium pictus* (1658) an. Kinderbibeln, Moralische Exempelbücher, Konversationsbücher, Fibeln und Anthologien mit Fabeln, Sagen und Märchen bildeten sich heraus. Im späten 18. Jahrhundert und der Zeit der Aufklärung war die Literatur eine pädagogisch-didaktische. Unter dem Einfluss von Rousseau und Philanthropen rückte die Spezifik kindlicher Lern- und Entwicklungsprozesse mehr in das Bewusstsein der Gesellschaft. Eine adressatenspezifische Akkommodation fand sich allmählich in Daniel Defoes *Robinson Crusoe* (1720) oder etwa Joachim Heinrich Campes *Robinson der Jüngere* (1779) wieder. Etwa im 19. Jahrhundert darf man von einer Etablierung spezifischer Kinder- und Jugendliteratur sprechen. Als Gegenmodell zum Konzept der Aufklärung, das den lehrhaften Zweck in den Vordergrund stellte, erlaubte sie auch Unterhaltung. Aus der Romantik sind uns bis heute die Naturpoesie, besonders Märchen, Legenden und Lieder erhalten, auch wenn sie mittlerweile wegen zahlreicher Überarbeitungen und sprachlicher Modernisierungen zumeist in veränderten Fassungen vorliegen. Jacob und Wilhelm Grimms *Kinder- und Hausmärchen* (1812) gehören nach wie vor zum Kanon der Kinderliteratur. Als Prototyp des erzählenden Bilderbuchs gilt

Heinrich Hoffmanns *Struwwelpeter* (1845). Auch Wilhelm Buschs Lausbubengeschichten *Max und Moritz* (1865) sind bis heute unvergessen.

Während die Biedermeierzeit Idylle, Reinheit und emotionalisierte Frömmigkeit präferierte, fand ab dem Übergang zum 20. Jahrhundert eine Kommerzialisierung der Kinder- und Jugendliteratur statt, die mit einer Entwicklung weg vom ›intensiven‹ hin zu einem ›extensiven‹ Lesen einherging. Bücher, billige Heftchen, Kinderzeitschriften waren erhältlich. Historische Bücher, Mädchen- und ›Backfischliteratur‹ für Teenager, wie Emmy von Rhodens *Trotzkopf*, Abenteuer und ferne Länder (gewissermaßen weitere Robinsonaden) waren beliebt.

Zwischen und nach den Unruhen der Kriege, manch instrumentalisierter Propagandaliteratur und dem Verbot von Autor*innen und Verlagen, brachte das 20. Jahrhundert zunehmend eine inhaltliche, gestalterische, zudem bezüglich Altersklassen ausdifferenzierte Titelvielfalt mit sich. Klassiker, wie Erich Kästners *Emil und die Detektive* (1929), entstanden. Ab den 1950ern eroberte Astrid Lindgrens *Pippi Langstrumpf* als weibliche rebellische Heldin die Kinderliteratur. In Puncto Rebellion bildete die 1968er-Bewegung eine literarisch spürbare Zäsur. Provokantere Themen, Emanzipation, Umwelt und Politik wurden offen thematisiert und jüngeren Leser*innen zugänglich gemacht.

1961 erschien der erste Band der Reihe *Was Ist Was* als Lizenz aus Amerika im Tessloff Verlag. Was mit informativen Magazinen begann, entwickelte sich wenige Jahre darauf zu einer bis heute renommierten Kindersachbuchreihe. Insgesamt weitete sich dieses Segment stetig aus. Neue Wege der Wissensvermittlung wurden in Text und Bild beschritten.

Für die Anerkennung der Qualität fantastischer Literatur sorgten Autoren wie Otfried Preußler, später jedoch vor allem Michael Ende, dessen *Momo* zum Symbol des Deutschen Jugendliteraturpreises wurde. Heute können sich Kinder und Jugendliche kaum vorstellen, dass es einmal eine Zeit ohne die jetzige literarische Diversität gab, in der fantastische Geschichten wie *Harry Potter* zum Beispiel wenig Akzeptanz gefunden hätten. Ohnehin bezieht sich die Adressierung von Kinder- und Jugendliteratur nicht mehr zwingend auf jene Zielgruppe, sondern mitunter zugleich auf Erwachsene.

Mittlerweile haben Buchhandlungen die Qual der Wahl, sobald es an die Entscheidung geht, welche Titel in das Sortiment aufgenommen werden. Angesichts der immensen Menge an Novitäten und Backlisttiteln noch einen Überblick zwecks kompetenter Beratung zu behalten, stellt eine große Herausforderung dar. Der aktuelle Buchmarkt kommt bei genauerer Betrachtung einem Eldorado an Möglichkeiten gleich, Lesefreude zu wecken. Selbst dann noch, wenn man sie verloren glaubt. Doch abgesehen von fachlicher Kompetenz, welche für derlei gezielte Empfehlungen vonnöten ist, und einer wohlüberlegten Auswahl an Titeln, gehört das Verfolgen der Warengruppenentwicklung zur Arbeit. Branchenstatistiken in *Buch und Buchhandel in Zahlen. Zahlen, Fakten und Analysen zur wirtschaftlichen Entwicklung*, im Folgenden als ›BuBiZ‹ abgekürzt, geben jährlich unter anderem Aufschluss über Veränderungen des Marktes. Was sagen uns Zahlen zur Buchnutzung von Kindern und Jugendlichen? Wie verändert sich das Lese- und Kaufverhal-

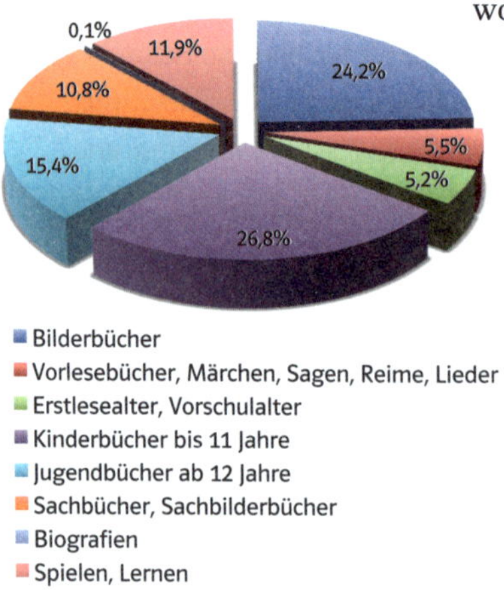

Umsatzanteile innerhalb der Warengruppe Kinder- und Jugendbuch.
Quelle: Buch und Buchhandel in Zahlen 2020

ten? Wie entwickeln sich einzelne Bereiche innerhalb der Warengruppe Kinder- und Jugendbuch? Aufgeteilt ist die Kinder- und Jugendliteratur im Rahmen dieser Statistiken in acht Segmente, die in der Grafik auf der vorhergehenden Seite mit ihren Umsatzanteilen (Stand 2020) abgebildet werden.

Ein Blick auf den internationalen Markt und die Stellung der deutschsprachigen Kinder- und Jugendliteratur insgesamt zeigt eine starke Warengruppe. Mit 3.031 Lizenzen, die ins Ausland gingen, thront sie diesbezüglich auf Platz 1 innerhalb der deutschsprachigen Literatur.

Vergleicht man die letzten zehn Jahre, schwanken insbesondere die Bereiche Kinderbücher bis elf Jahre und Jugendbücher ab zwölf Jahren. Kein Altersbereich ist so vielfältig wie der Abschnitt zwischen sechs und zwölf Jahren. Dies liegt nicht zuletzt an den Rezeptionsformen. Parallel zum Vorlesen, das immerhin manche Eltern für geraume Zeit fortführen, entwickeln sich Kinder zu selbstständig Lesenden. Der Leseanfang wiederum ist von formalen und sprachlichen Regeln der Erstlesetitel geprägt, an die sich diverse Spielarten erzählender und informativer Kinderliteratur anschließen. Inzwischen überholen Kinderbücher mit 26,8 Prozent das Jugendbuch, welches deutlich rückläufig ist und 2020 bei 15,4 Prozent stand. Insgesamt reduzieren Verlage dieses Programmsegment. Jährliche Schwankungen zwischen dem Kinder- und Jugendbuch gab es immer wieder, was unter anderem an Verfilmungen oder All-Age-Bestsellern lag. Der Rückgang jugendlicher Leser*innen scheint jedoch zuerst einmal kontinuierlich. Laut Ergebnissen der *JIM*-Studien (siehe Kap. 1.5) ist dies vorrangig auf eine zunehmende Medienkonkurrenz zurückzuführen. Die Leseforschung führt zudem veränderte Lesegewohnheiten ob der Nutzung digitaler Medien an.

Verlage, Autor*innen, Illustrator*innen und Grafiker*innen reagieren auf unterschiedliche Weise. Die einen trotzen der digitalen Konkurrenz und heben erst recht spezifische Eigenschaften des Mediums Buch heraus: seine Haptik, Stofflichkeit und Spielereien mit dem Material. Das Kulturgut Buch erhält im mehrfachen Sinne das Attribut der Wertigkeit. Hochwertige Verarbeitung und Gestaltung gehen für gewöhnlich mit der Vermittlung von Wertevorstellungen und Wissen einher. Die anderen nähern sich dem Digitalen an, greifen Erzählstrukturen, Darstellungsformen und Themenwelten auf oder holen Social-Media-Stars, wie YouTuber, ins Boot. Diverse Mitmachbücher haben aufgrund interaktiver Elemente und Erzählstrukturen vielmehr den Charakter eines Spiels und erleichtern Kindern, deren Aufmerksamkeitsspanne lange, linear erzählte Texte ausschließt, das Lesen. In der unterschiedlichen Handhabe der Verlage mit Altersangaben offenbaren sich zudem die beiden extremen Pole einer ambitionierten Orientierung an Viellesern und dem Umgang mit der problematischen Kluft zwischen niedrigem Leseniveau im Vergleich zum höheren Lesealter.

Erstlesetitel bilden einen festen Bestandteil der Warengruppe, der zwar Schwankungen unterliegt, aber recht stabil als Einführung in den Lesestart bestehen bleibt. Vorwiegend große Verlage bieten eine sich permanent wandelnde und modernisierte Palette von Erstlesereihen an. Hinzu kommen vermehrt Zweitlesebücher als Brücke zwischen dem Erstlesebuch und komplexerer Kinderliteratur mit längeren Texten. Der Bereich ›Spielen & Lernen‹ bezieht sich hauptsächlich auf den ›Nachmittagsmarkt‹. Titel dieser Kategorie sind mit dem Sachbuch verwandt und haben das Ziel, Konzentration spielerisch zu fördern, logisches Denken vorzubereiten und an Wissen sowie an (vor)schulische Themen heranzuführen. Kreativbücher, Quizblöcke oder Buchplus-Produkte, wie die umsatzstarke Reihe *Tiptoi* (Ravensburger) mit der Erweiterung des digitalen (Erzähl-)Stifts, erfüllen vorrangig dieses Ziel.

Vorlesebücher, Märchen, Sagen, Reime und Lieder zusammengenommen stellen ein scheinbar zeitloses, generationenumspannendes Segment dar und werden unverändert gerne an Familien verschenkt, um sie über Jahre hinweg zu begleiten. Sprachlich wie gestalterisch koexistieren nostalgisch anmutende Ausgaben neben modernen. So gibt es im Falle von Märchen extrem vereinfachte und niedliche oder vom ästhetischen Standpunkt aus betrachtet künstlerische Fassungen.

Die Menge der Bilderbücher nimmt sukzessive zu. Augenfällig sind neue Imprints wie Penguin junior (Random House), deren Programmschwerpunkt sich an die jüngste Zielgruppe bis Anfang Grundschule richtet – eine Altersklasse, in der die Basis für einen positiven Bezug zum Buch und dem Lesen gelegt wird. International gesehen stand das Bilderbuch mit 1.063 Titeln gleich nach der Belletristik innerhalb der Warengruppen-Segmente auf Platz 2 der Lizenzvergabe ins Ausland (BuBiZ 2020). Laut Media Control steigt zudem die Bereitschaft, aufwendig gestaltete und damit kostspielige Bilderbücher zu kaufen. Zur Zielgruppe der Bilderbuchrezipienten zählen mittlerweile vermehrt erwachsene bibliophile Käufer. Das Segment der Sach(bilder)bücher nimmt ebenfalls zu. Eine Entwicklung, die im Erwachsenen-Sachbuch gleichfalls zu beobachten ist. Die in der Übersicht genannten 10,8 Prozent bilden allerdings nur von Verlagsseite dezidiert als Sachbuch zugeordnete Titel ab. Tatsächlich weisen diverse Veröffentlichungen Hybridcharakter auf und beinhalten Elemente der erzählenden Literatur, sodass im *Börsenblatt Spezial Kinder- und Jugendbuch 2019* realistischer von ›bis zu 20 Prozent‹ die Sprache war. Der Aufschwung wird unter anderem mit im Sachbuch aufgegriffenen Themen wie kulturelle Vielfalt, Umwelt und besondere Persönlichkeiten begründet, welche derzeit eine hohe gesellschaftliche Relevanz haben.

Obwohl Biografien laut BuBiZ scheinbar einen verschwindend geringen Anteil einnehmen, sind sie aktuell in verschiedensten Altersklassen und Genres präsent, nur nicht explizit als Biografie gekennzeichnet. Beeindruckende Persönlichkeiten mit Mut machender Vorbildfunktion und ihre jeweilige Vita finden sich in allerlei Büchern wieder. Nicht selten stehen starke Frauen im Fokus, die überholte Geschlechterklischees aufbrechen. Ungefähr 250.000 laut Hanser verkaufte Exemplare der Bände 1 und 2 von *Good Night Stories for Rebel Girls. 100 außergewöhnliche Frauen* stehen für dieses Phänomen. *Stories for Boys Who Dare to be Different* (Loewe) räumen mit männlichen Rollenklischees auf. Auch die Reihe *Little People, Big Dreams* (Insel) ist mit einzelnen Bilderbüchern zu berühmten Persönlichkeiten, wie Muhammad Ali, David Bowie, Stephen Hawking, Anne Frank, Rosa Parks oder Jane Goodall, ein Beispiel für erfolgreiche Biografien. Sie sind Bestandteil der breiter werdenden Debatten rund um Gleichberechtigung, Diversität und Gender allgemein. Gleichzeitig spiegeln sie auch die Intention wider, anhand von Geschichten das Selbstwertgefühl der Kinder in einer Welt der Selbstoptimierung nachhaltig zu stärken und ihnen den Weg zu einem erfüllten Leben zu ebnen.

Neben jährlichen, branchenstatistisch relevanten Auswertungen führte der Börsenverein des Deutschen Buchhandels gemeinsam mit der Arbeitsgemeinschaft von Jugendbuchverlagen (avj) einige Studien speziell für den Bereich der Kinder- und Jugendliteratur durch: *Kinder- und Jugendbücher I. Marktpotenzial, Käuferstrukturen und Präferenzen unterschiedlicher Lebenswelten* (2007), *Kinder- und Jugendbücher II. Einblicke in die Lebens- und Lesewelten relevanter Zielgruppen* (2010) *sowie Kinder- und Jugendbücher III. Marktentwicklung, Kaufverhalten, Konsumentenstrukturen und -einstellungen* (2013). Erkenntnisse jener Studien dienen in den nachfolgenden Kapiteln zu Zielgruppen und aktuellen Entwicklungen als Hintergrundinformation.

Für exaktere Statistiken zur wirtschaftlichen Entwicklung einzelner Bereiche des Buchhandels wurde eine Warengruppensystematik entwickelt. Auch beim Bibliografieren dient diese einer besseren Orientierung und Abgrenzung. Entsprechende Zuordnungen einzelner Titel erfolgen seitens der Verlage. Das Segment der Kinder- und Jugendliteratur teilt sich wie folgt auf:

20	Kinder- und Jugendbuch	25	Romane, Erzählungen
21	Bilderbücher	26	Märchen, Sagen
22	Sachbilderbücher	27	Tierbüchergeschichten
23	Geschichten, Reime, Lieder	28	Sachbücher
24	Erstlesealter/Vorschulalter	29	Spielen, Lernen

Quelle: Bramann/Buchmann/Schikowski (Hrsg.): Warengruppen im Buchhandel, S. 197f

Weg von reinen Zahlen bewegen sich jährliche Sonderausgaben der Branchenpresse, etwa das *Börsenblatt Spezial Kinder- und Jugendbuch* und *BuchMarkt Special Junge Zielgruppe*. Sie zeigen Entwicklungen des Marktes im Hinblick auf Trendthemen und Gestaltung. Zu Wort kommen überwiegend Verlage und Buchhandlungen mit aktuellen Erfahrungen und Einschätzungen bezüglich der Vorlieben junger Lesergruppen. Neue oder geplante Projekte seitens der Verlage und Institutionen, wie der IG Leseförderung des Börsenvereins, werden außerdem vorgestellt.

Dein Wunsch ist mir Befehl – welches Buch soll es sein?

In Buchhandlungen findet ein unmittelbarer Kontakt mit Kindern, Jugendlichen, Eltern und anderen Zielgruppen statt. Häufig wiederkehrende Fragen dienen dort im Austausch mit den Kunden der Annäherung an individuelle Wünsche und Vorstellungen. An folgenden Fragen kann man sich sowohl in der professionellen Leseförderung als auch privat orientieren:

Fragestellungen zur Leseförderung

- Wie alt ist das Kind? In welchem **Alter** befindet sich der/die Jugendliche? Altersangaben der Verlage geben ungefähre Anhaltspunkte für eine passende Titelwahl (siehe Kap. 1.3).
- Auf welcher **Entwicklungsstufe** befindet sich ein Kind? Welche Fähigkeiten sind schon ausgeprägt? Bei Kleinkindern etwa bildet sich die Fähigkeit lange zuzuhören unterschiedlich schnell und stark heraus. Können sie bereits kleinteilige Bilder erfassen oder sollte man sich noch auf großflächige Zeichnungen konzentrieren?
- Ist das Kind **Einzelkind** oder hat es ältere **Geschwister?** Kleine Geschwister schauen sich an den älteren im familiären Leben allerhand ab und ziehen nicht selten schneller nach. Geschichten werden oftmals gemeinsam betrachtet, sofern der Altersabstand zwischen den Geschwistern nicht zu groß ist. Hierdurch sind jüngere Geschwister früher mit komplexeren Inhalten und Darstellungen vertraut. Zudem sind bekannte Titel wie Klassiker häufig längst vorhanden, sodass neue Titel in den Vordergrund rücken.
- Soll es trotz vorhandener Lesekompetenz ein Buch zum Selbstlesen oder Vorlesen sein? Das **Vorlesen** gehört in manchen Familien noch im Laufe der **Grundschulzeit** zu einem wichtigen gemeinsamen Ritual. Altersangaben dürfen hier in der Regel um circa zwei Jahre differieren.
- Ist ein Buch zum Selbstlesen für Leseanfänger erwünscht, stellt sich die Frage, welche **Lesestufe, Schriftgröße, Textmenge** und **Methode** (Silbenlesen, interaktive Rätseltexte etc.) für das Kind geeignet ist. Je nach Schulform steigen die Lehrer*innen unterschiedlich schnell in das Lesen und Schreiben ein.
- In welcher **Klassenstufe** befindet sich das Kind? Gibt ein Kunde beispielsweise das Alter sechs Jahre an, ist das Kind eventuell schon ein Schulkind oder noch nicht. Je nachdem verfügt es zwangsläufig über erste Lesekenntnisse. Entscheidend ist auch der Übergang zur weiterführenden Schule. Dort begegnen die Kinder älteren Teenagern und deren Lebenswelt, die als Vorbild dient und sich entsprechend häufig auf inhaltliche Wünsche bezüglich der Lesestoffe auswirkt. Ob die Gestaltung eines Buches als zu kindlich empfunden wird, hängt gleichfalls nicht selten von einem veränderten Schulalltag und einer Orientierung an Pre-Teens und Jugendlichen ab.

- Zwischen ungefähr zwölf und vierzehn Jahren stellt sich die Frage, inwiefern noch kindliche Züge überwiegen oder die **Pubertät** mit all ihren typischen Themen schon ›zugeschlagen‹ hat. Sind beispielsweise Sexualität und Partnerschaft von Interesse und dürfen beziehungsweise sollen diese Aspekte Teil einer Geschichte sein?
- Handelt es sich um **Viel- oder Wenigleser?** Ab dem Erstlesealter bieten umfangreiche und anspruchsvolle Bücher bis hin zu speziell auf Wenigleser ausgerichtete Ausgaben für jeden Lesetyp die geeignete Lektüre. Näheres wird in den Kapiteln zum Kinderbuch und Jugendbuch dargelegt.
- Wie entscheidend sind **Illustrationen** respektive Bilder in einem **erzählenden Kinderbuch** für Selbstleser? Oft machen sie besonders Weniglesern die Lektüre anhand ihres auflockernden und textunterstützenden Charakters ›schmackhafter‹ sowie besser zugänglich. Auch Kinder, die mühelos und gerne lesen, betonen entgegen der Erwartungshaltung vieler Eltern ihre Freude an Illustrationen. Für die einen sind sie folglich ein hilfreiches Zusatzelement, durch das die Angst oder Unlust gegenüber langen Textpassagen reduziert wird. Für die anderen sind sie eine Art Sahnehäubchen und weitere Motivation, am Lesen dranzubleiben.
- Welche **Interessen** zeichnen den Leser oder die Leserin aus? Die erzählende Literatur behandelt eine Fülle an Themen. Sach(bilder)bücher hingegen sind mittlerweile in ihrer facettenreichen Form in jeder Hinsicht eine Fundgrube für spezifische Interessen. Kind- bis jugendgerecht aufbereitet finden selbst hochkomplexe Themen, etwa aus der Physik, Fauna oder Politik, Einzug in diesen Bereich.
- Welche **Charakterzüge** machen das Kind oder eine(n) Jugendliche(n) aus: ruhig, verträumt, aufgeweckt, wissbegierig, kess, Quatsch liebend, querdenkend, ungestüm, gesellig, einzelgängerisch? Bei dieser Frage lohnt sich nicht nur eine genaue Titelkenntnis, sondern ferner das Wissen um spezielle Verlagsprofile. Einige Verlage kommen mit ihrer Verlagsphilosophie und entsprechenden Schwerpunkten bestimmten Charaktereigenschaften entgegen. Freies Geistesleben & Urachhaus oder NordSüd stechen zum Beispiel mit liebevoll und zum Träumen einladenden Geschichten und Illustrationen heraus. Klett

Kinderbuch wiederum spricht mit etlichen Titeln aufgeweckte Querdenkende und Menschen mit Spaß an Sprache an. Um dies zu vertiefen, werden im Abschnitt ›Kinder- und Jugendbuchverlage‹ besondere Themen mit einer dazu passenden Auswahl an Verlagen vorgestellt (siehe Kap. 7.2).

- Welche literarische Ausprägung wird tendenziell bevorzugt? **Fantastische oder realistische Literatur?** Manche Leser*innen identifizieren sich ausschließlich mit Charakteren nach dem Vorbild historischer Figuren oder fiktiven Helden, die jedoch der Realität zu entspringen scheinen. Andere suchen gezielt nach Geschichten mit magischen Elementen und entsprechenden Figuren und Welten. Ähnlich verhält es sich mit unterschiedlichen Genres wie Kriminalgeschichten, die allerdings sowohl realistisch erzählt als auch mit fantastischen Elementen verwoben sein können.
- Besteht die **Affinität zu einer bestimmten Reihe?** Begeistern sich Leser*innen für den ersten Band einer Reihe, lässt sich daran anknüpfen. Außerdem dient dies als erster Anhaltspunkt bezüglich ihrer Interessen und Lesekompetenz, sofern keine weiteren Informationen zum Leseverhalten vorhanden sind.
- Soll das Buch eine **besonders wertige Ausstattung** aufweisen? Bibliophile werden im Segment der Bilderbücher oder Sachbücher oftmals fündig. Auch Klassiker in Schmuckausgaben haben hier als besondere Geschenke für Familien einen festen Platz.

Im Rahmen der Studie *Kinder- und Jugendbücher. Marktpotenzial, Käuferstrukturen und Präferenzen unterschiedlicher Lebensweisen* erarbeitete der Börsenverein des Deutschen Buchhandels (2007) eine Rangliste der Auswahlkriterien von Kindern bei ihrer Bücherwahl. Genannt wurden: Thema, Sprache, Wissensvermittlung, Spannung, Spaß, Bilder und Illustrationen, Wertigkeit und Ausstattung. Ebenso Bekanntheit der Autor*innen, Bekanntheit der Reihe oder Serie. Obwohl die Studie schon älteren Datums ist, gelten ihre Auswahlkriterien durchaus nach wie vor.

Direkte und indirekte Zielgruppen

Mit einer zweiten Klasse habe ich mal ›Heute bin ich‹ bearbeitet. Sieht so simpel aus mit den wenigen Bildern. Aber was die Kinder in der Gruppe dazu an eigenen Ideen, Zeichnungen und Geschichten beisteuerten, war genial.

Lehrer über Mies van Houts Bilderbuch *Heute bin ich*

Naturgemäß verbindet man Kinder- und Jugendliteratur zuallererst mit der entsprechenden Altersklasse. Doch wer entscheidet, welche Literatur ein Kind betrachtet oder liest? Vorrangig über einen langen Zeitraum hinweg die Eltern als ›Gatekeeper‹. Selbst im Falle Jugendlicher, die autonom Bücher auswählen, sollte bei einer Buchempfehlung noch die Mitsprache der Eltern im Hinterkopf behalten werden. Die Interessen und Zielsetzungen beider Parteien müssen also häufig zusammengebracht werden, was eine große Herausforderung sein kann. Für jene zweifache, gleichzeitige Beratung (selbst in Abwesenheit eines Teils) wird bisweilen der Begriff ›Doppeladressierung‹ verwendet. Er ist jedoch keinesfalls mit ›doppelter Adressiertheit‹ oder ›Mehrfachadressierung‹ zu verwechseln, welche einen literarischen Inhalt meinen, der Erwachsene wie Kinder oder Jugendliche gleichermaßen anspricht, nur auf unterschiedlichen Ebenen.

Erzieher*innen in Kindertagesstätten wiederum gehen mit anderen Zielsetzungen an (Bilder-)Bücher heran und konzentrieren sich nicht auf eine Eins-zu-Eins-Situation, sondern auf das Vorlesen und die Buchbetrachtung in Gruppen. Jene Gruppen bestehen naturgemäß aus Kindern, deren kultureller, religiöser und sozialer Hintergrund teils stark voneinander abweicht. Über längere Strecken hinweg behandeln Kitas überdies thematische Schwerpunkte wie Jahreszeiten, Wald, Feste und Bräuche. Die entsprechende Literatur sollte also für bestimmte Vermittlungszwecke geeignet sein, sowohl inhaltlich wie optisch.

Pädagogen aus Grundschulen und weiterführenden Schulen arbeiten ebenfalls mit Gruppen und müssen folglich bei der Wahl einer Klassenlektüre bestmöglich verschiedene Niveaustufen, kulturelle Hintergründe und Geschlechter berücksichtigen. Der Text muss zudem genug inhaltliche Tiefe über Unterhaltung hinaus für eine ergiebige Lektüre und fruchtbare Diskussionen innerhalb der Klasse hergeben.

Buchvorlagen als Ideengeber eignen sich auch für pädagogische Fachkräfte, welche in anderen Bildungseinrichtungen, wie Volkshochschulen, mit Kindern und Jugendlichen bestimmte Themen erarbeiten oder selbstständig Workshops anbieten: Naturwissenschaft für junge Forscher etwa findet man vielerorts. Museumspädagogen führen außerdem spielerisch mit unterschiedlichen Mitteln an Kunst heran. Prestel junior ist zum Beispiel ein darauf spezialisierter Verlag, der das nötige Handwerkszeug anbietet und kindgerechte Titel zur weiteren Vertiefung im Programm führt.

Öffentliche Büchereien oder Schulbibliotheken orientieren sich sowohl an Klassikern wie modernen Trends. Eine große Bandbreite an Themen, Gattungen, Unterhaltungstiteln, komplexen Geschichten oder Sachbüchern soll unterschiedlichsten Kindern – je nach Bibliotheksart auch Jugendlichen – das Stöbern in Literatur ermöglichen. Auch Kindergärten verfügen mitunter über ›Leseecken‹ mit einem umfangreichen Fundus an Bilderbüchern. Vorwiegend in Schulen findet zudem Leseförderung seitens Personen statt, die sich in einer persönlichen Betreuung leseschwachen Kindern und ihren spezifischen Schwierigkeiten annehmen. Ein inzwischen überregionales Beispiel hierfür sind die Lesementoren, zusammengeschlossen in Mentor – Die Leselernhelfer Bundesverband e.V. (siehe Kap. 1.4).

Sind Titel gefragt, die vor allem für jüngere Kinder auf eine kindgerechte Art bisweilen schwere, belastende Probleme behandeln, bieten psychologische Bücher eine Hilfestellung für Familien. Verlustängste, psychische sowie physische Krankheiten eines Elternteils oder der Kinder selbst, Vertrauen, Tod, Konflikte unter Kindern und Aggression werden als Kernthema aufgegriffen und können unterstützend auch in einer Therapie mit Kindern und Jugendlichen Einsatz finden – gemeinsam mit Psychotherapeuten, Schulpsychologen, offenen sozialpädagogischen Erziehungsberatungsstellen oder im vertrauten Familienumfeld.

Kernzielgruppen der Kinder- und Jugendliteratur

- Kinder und Jugendliche;
- Eltern (und andere erwachsene Verwandte), Bekannte;
- Erzieher*innen beziehungsweise pädagogische Fachkräfte in Kitas, Schulen;
- Personen, welche in weiteren Bildungseinrichtungen (z. B. VHS), eigenständig oder im Rahmen von Freizeitangeboten mit Kindern und Jugendlichen arbeiten;
- Personen der aktiven Leseförderung;
- Kinder- und Jugendtherapeuten, Erziehungsberatungsstellen;
- Instanzen wie Bibliotheken und andere öffentliche Bildungseinrichtungen (Schulen, Kindergärten etc.).

1.3 Altersangaben und Variabilität

Ich suche etwas für meine Enkelin, die zwei wird. Aber suchen Sie ruhig bei drei. Sie ist wahnsinnig pfiffig und ihrem Alter weit voraus!

Aussage einer Kundin in einer Buchhandlung

Ganz gleich, ob man Buchhändler*innen großer Filialisten oder unabhängiger, kleiner Buchhandlungen befragt: Alle erleben regelmäßig die beschriebene Situation. Das Wunder heranwachsender Kinder führt bisweilen zur Erhöhung ihrer Fähigkeiten, oft aus liebevollem Stolz der Großeltern oder Eltern heraus. Hakt man weiter nach, stellt sich – mit ernst zu nehmenden Ausnahmen – in der Regel jedoch die relativierende Tatsache heraus, dass es sich um ›normale‹, wenngleich zum Beispiel ausnehmend neugierige oder aufmerksame Kinder handelt. Während manche Zweijährige mit einem umfangreichen aktiven Wortschatz aufwarten, hören andere noch recht schweigsam, vielleicht allerdings mit einem großen passiven Wortschatz zu. Was also ist ›normal‹? Und wer legt fest, ob ein Buch ab zwei, drei oder vier Jahren geeignet ist?

Dass jede Kindesentwicklung bis zur Adoleszenz trotz ungefährer biologischer Parallelen individuell verläuft, betonte schon der renommierte Entwicklungsforscher Remo H. Largo in seinen Standardwerken *Babyjahre* und *Kinderjahre* (Piper). Nahe Bezugspersonen werten Kompetenzen und den Entwicklungsstand des Nachwuchses bisweilen unbewusst oder bewusst auf oder ab. Diese Erfahrung teilen viele Multiplikatoren aus dem Bereich der Kinder- und Jugendliteratur, sobald es zu einem Vergleich mit anderen Leser*innen kommt und die vorgegebene Altersangabe eines Buches ins Visier genommen wird. Altersangaben seitens der Verlage spiegeln wiederum häufig zugleich die Anspruchshaltung des entsprechenden Verlags wider. Vergleicht man beispielsweise Baby-Hartpappen des Verlags Usborne mit denen des traditionsreichen Ravensburger Buchverlags, unterscheidet sich nicht selten die Menge der abgebildeten Objekte und deren Detailfülle. Im Kindersachbuch sieht es ähnlich aus, zumal hier Altersgrenzen erst recht verschwimmen, weil sich diese Titel in der Regel auf verschiedenen Ebenen in unterschiedlichen Altersklassen rezipieren lassen: Über die Bildebene von kleineren, zusätzlich über die Textebene von älteren Kindern oder seitens der ganzen Familie, also auch von Erwachsenen. Der Trend altersübergreifender Familiensachbücher ist in den Programmen diverser auf jenem Gebiet hervorstechender Verlage wie Dorling Kindersley, Gerstenberg, Knesebeck oder Prestel Junior augenfällig. Das ist die eine Seite. Ein anderer Trend sind stärker differenzierte Alterszielgruppen und dezidiert an bestimmte Entwicklungs- beziehungsweise Lebensphasen angepasste Titel. Dieses Phänomen betrifft sowohl die erzählende Literatur bis circa Ende Grundschule als auch Kindersachbücher.

Ausschlaggebend bei der Nutzung von Altersangaben ist außerdem die Frage: Wird ein Text vorgelesen oder selbst gelesen? Oft macht allein der Wegfall des eigenen Lesens bis zu zwei Jahre Unterschied aus – je nach Thema, emotionaler Reife und Wissensstand des Kindes, versteht sich. Gibt es ein größeres Geschwisterkind oder mehrere, greifen Eltern eher zu vergleichsweise anspruchsvolleren Titeln, da sich die jüngeren Kinder an älteren Geschwistern orientieren oder mehrere Altersklassen beim gemeinsamen Lesen zusammengebracht werden müssen.

Das nähere soziale Umfeld beziehungsweise der Bildungshintergrund der Eltern spielt außerdem eine spürbare Rolle. Je größer der Bildungshintergrund, desto eher greifen Eltern zu Titeln mit höherem Anspruch und bevorzugen bestimmte Verlage oder addieren ein, zwei Jahre zu den Altersempfehlungen hinzu. Umfassende Studien, wie IGLU, PISA oder KIM, zeigen, wie maßgeblich ferner die Wahl des Kindergartens und der Schule in Deutschland für die Entwicklung der Lesekompetenz und des Wissenserwerbs ist. Entsprechend unterschiedlich fallen Bücher für ein und dieselbe Altersklasse je nach Lesetyp aus, was eine genaue Betrachtung der Titel erfordert. Explizit nach der Klassenstufe zu schauen, lohnt sich dennoch. Mit dem Einstieg in den Schulalltag beginnt nicht nur für alle das Lesen, sondern parallel ein neuer Lebensabschnitt mit Erfahrungen, die sich in der Literatur widerspiegeln. Letzteres gilt später für den Übergang von der Grundschule zur weiterführenden Schule, wo Teenager täglich vorleben, was nach der Kindheit kommt.

Kinder mit der Diagnose Legasthenie haben Mühe mit langen, komplexen Texten. Dies liegt jedoch lediglich an der Schwierigkeit, Buchstaben zu erkennen, Worte daraus zu bilden und hierüber den Textinhalt zu ermitteln. Daraus ergibt sich aus einem Mangel an speziell für jene Bedürfnisse konzipierten Titeln der erzählenden Kinderliteratur mitunter im Grundschulbereich und im direkten Anschluss notgedrungen eine Verschiebung der genutzten Altersangaben hin zu einer Einstufung für jüngere Leser*innen ob kürzerer Texte. Anspruchsvoll dürfen oder sollen die Inhalte eigentlich dennoch sein. Altersangaben bildreicher Titel aus dem Segment der Sachbücher oder interaktiver Mitmachgeschichten hingegen treffen aufgrund kurzer Textabschnitte selbst bei Leseschwierigkeiten relativ gut den Schnitt der Lesenden.

Hochbegabung mit all ihren vermeintlichen oder tatsächlichen Seiten bringt das System der Altersangabe ebenfalls zuweilen durcheinander. Dabei stehen emotionale Reife und Wissensstand der Kinder trotz ausgeprägter Reflektiertheit nicht unbedingt auf einer Stufe. Insofern stellen für ältere Zielgruppen bestimmte Sachbücher ein oft weitgehend neutrales, geeignetes und spannendes Feld dar. Geistige Beeinträchtigungen erfordern wiederum völlig eigene Herangehensweisen bei der Suche nach einem Buch. Altersempfehlungen werden ausgehebelt, weil sie schlichtweg nicht greifen. In diesem Fall hilft Querdenken und das Einfühlen in die Fähigkeiten der Kinder oder Jugendlichen. Bilder- und Sachbilderbücher können ideal selbst für jugendliche Betrachter sein und sich – entgegen der offiziellen Altersangabe – hervorragend zur gemeinsamen ›Lektüre‹ eignen.

Wie der Notendurchschnitt einer Klassenarbeit bilden Altersangaben einen ›Mittelwert‹ ab, der sich nur auf einen Großteil der angesprochenen Kinder oder Jugendlichen beziehungsweise potenziellen Leser*innen und Betrachter bezieht; nie jedoch auf alle. Das ist einer der Gründe, warum nicht jedes Buch mit einer

Altersangabe versehen wird. Dennoch geben die meisten Verlage in ihren Vorschauen fakultativ das Alter der Zielgruppe an. In der direkten Beratung erzeugt das Fehlen explizierter Altersklassifizierungen eine große Freiheit, da die Orientierung an den Wünschen und Kompetenzen der Leser*innen unabhängig von vorgegebenen Einordnungen verläuft.

Im Alterszeitraum des ersten Lebensjahres bis etwa Mitte des zweiten Lebensjahres erfolgen Altersangaben häufig in Monatsschritten wie 6+, 12+ oder 18+. Zwischen dem Zeitraum von sechs bis zwölf Jahre befinden sich – wenn überhaupt – direkte Altersangaben in Jahresschritten auf den Büchern abgedruckt. Alternativ verraten indirekt Symbole (Punkte oder Sterne) auf dem Buchrücken das anvisierte Alter der Zielgruppe, allerdings nur in Zweijahresschritten. Da Leseniveau und wirkliche Interessen bisweilen mehrere Jahre auseinanderliegen, nutzt Beltz & Gelberg bei Titeln der Gulliver-Reihe *Super lesbar* im Bereich der erzählenden Kinderliteratur seit 2020 eine neue Art der Kennzeichnung. Altersangabe und Leseniveau (LN) stehen kaum sichtbar neben dem EAN-Code (etwa: ab 11, LN ab 9). Noch ist dies jedoch eine Ausnahme. In der Regel gilt:

- Kennzeichnung der Verlage: 0 bis ca. 2 Jahre häufig in Monatsschritten (6+, 18+, 24+ etc.)
- Kennzeichnung der Verlage: 6 bis 12 Jahre
  - Direkte Kennzeichnung: Altersangabe in Jahren abgedruckt
  - Indirekte Kennzeichnung: Altersangaben mittels Symbolen auf dem Buchrücken
    1 Punkt = ab 6 Jahre, 2 Punkte = ab 8 Jahre,
    3 Punkte = ab 10 Jahre, 4 Punkte = ab 12 Jahre

Der Begriff All-Age bezieht sich auf eine breite, altersübergreifende Leserschaft, so auch für alle Bereiche der Kinder- und Jugendliteratur mit mehrdeutigen beziehungsweise doppelsinnigen Texten. Sogar manche Bilder- und Kinderbücher zählen potenziell zu All-Age-Titeln. Seitdem sich Ende der 1990er Jahre Kinder, Jugendliche und Erwachsene für J.K. Rowlings *Harry Potter* begeisterten, gilt dieser als Paradebeispiel für jenes Phänomen, obgleich beispielsweise Michael Endes *Momo* oder *Die Unendliche Geschichte* bereits in den 1970ern Merkmale der All-Age-Literatur aufwiesen. Unterschiedliche Buchausgaben eines All-Age-Titels sorgen bisweilen für Irritationen. Dabei reduziert sich die Anpassung an erwachsene und jugendliche Leser*innen fast immer lediglich auf die Gestaltung des Covers und eventuell auf ein verändertes Layout. Der Inhalt ist in der Regel identisch.

Auch wenn die Termini Junge Erwachsene, Young adult oder Crossover fallen, weicht die Grenze zwischen Erwachsenen und jugendlichen Leser*innen auf. Sie stehen für Texte, die an ältere Teenager oder eben an junge Erwachsene gerichtet sind, die eventuell nicht mehr zuhause leben, sprich: sich von den Eltern weitgehend abgenabelt haben oder im Begriff sind, dies zu tun.

1.4 Leseförderung – große Reichweiten und individuelle Impulse

Unglaublich, zum ersten Mal habe ich meine Klasse in der Pause freiwillig mit einem Buch rumlaufen sehen. Richtig drin gelesen haben die und sich darüber unterhalten. Dass ich das noch erlebe!

Eine Lehrerin nach einer Welttag-des-Buches-Aktion in der Buchhandlung mit ihrer fünften Klasse. Der Buchtitel: *Ich schenk dir eine Geschichte*

Erfolgreiche Leseförderung gestaltet sich vielfältig, differenziert und individuell. Je nachdem, welche Zielgruppe angesprochen wird, erfordert sie anders geartete Umsetzungsformen, auf jeden Fall kein ›Gießkannen-Prinzip‹ mit gleichen Maßnahmen für alle, und ist Ausgangspunkt einer langfristig oder punktuell angelegten Initiative. Im besten Fall ist sie kontinuierlich gedacht, um effektiv und nachhaltig zu wirken.

Aus diesem Gedanken heraus entstand das **Gütesiegel Buchkindergarten** seitens der IG Leseförderung (guetesiegel-buchkindergarten.de), das 2019 erstmals Kindergärten verliehen wurde, welche die frühkindliche Lese- und Sprachförderung als festen Bestandteil in den Alltag der Kindertagesstätte einbeziehen. Dazu gehört das regelmäßige (Vor-)Lesen und Bereitstellen von Büchern sowie eine enge Zusammenarbeit mit Buchhandlungen und Bibliotheken. Der Verein Mentor – Die Leselernhelfer Bundesverband (siehe Kap. 1.2) hingegen ist ein deutschlandweit wirkender Verein mit über 12.500 ehrenamtlichen Lesementoren. Diese begleiten etwa 16.500 Schüler in einer Eins-zu-Eins-Betreuung und stärken deren Lesekompetenz über einen langen Zeitraum hinweg (mentor-bundesverband.de). Fortbildungsseminare helfen den Mentoren, sich gezielt auf persönliche Leseschwierigkeiten der Kinder einzustellen.

Momentan entwickelt sich außerdem eine hybride Leseförderung. Sie verbindet das Lesen auf Papier mit digitalem Lesen, etwa Schreib- und Sprachübungen mittels einer App. Das Unternehmen StoryDOCKS beziehungsweise Onilo etwa setzt vornehmlich Inhalte bekannter Bilder- und Kinderbücher mit multimedialen Effekten um (onilo.de). Daraus entstehen interaktive, digitale Boardstories zur Nutzung in Schulen und anderen öffentlichen Bildungseinrichtungen.

Anhand jährlich wiederkehrender Aktionen machen der Börsenverein sowie die Stiftung Lesen gemeinsam mit weiteren Kooperationspartnern auf das Lesen und das Medium Buch aufmerksam. Engagierte Buchhandlungen und Pädagogen können daraus individuelle Veranstaltungen entstehen lassen, die auch leseferne Kinder erreichen. Die folgenden Aktionen sind zur Tradition geworden:

Deutschlandweite und jährliche Aktionen

Lesetüten

Spätestens in der Schule erlernen Kinder das Lesen. Für einige sind Bücher längst ein vertrautes Medium. Vielleicht erkennen sie schon allerhand Buchstaben oder sind bereits kleine Nachwuchsleser*innen. Andere haben einen schwierigen Start, weil in der Familie nie oder kaum gelesen wurde. Um möglichst viele Kinder direkt zu Beginn jener entscheidenden Leselernphase an das Buch heranzuführen, rief die IG Leseförderung (BöV) mit den Verlagen Arena und Oetinger die Buchhandelsaktion ›Lesetüten‹ ins Leben. Hierfür ordern Buchhandlungen Blankotüten, zu denen die Sonderausgabe eines Erstlesebuches und weitere Beigaben wie Stundenpläne und ein Begleitschreiben in unterschiedlichen Sprachen für Eltern gehören. Erstklässler einer kooperierenden Grundschule bemalen die Tüten für Kinder des nächsten Jahrgangs. Nach den Sommerferien verteilt die Buchhandlung jene verzierten Lesetüten gefüllt an die neuen ABC-Schützen. Dies kann zusammen mit den ehemaligen Erstklässlern geschehen, um auch sie noch mehr in das Projekt einzubinden. Die Ausgestaltung der Aktion bleibt den jeweiligen Buchhandlungen und Schulen selbst überlassen.

Vorlesewettbewerb des Deutschen Buchhandels

Auf bundesweiter Ebene findet jährlich der vom Börsenverein initiierte Vorlesewettbewerb des Deutschen Buchhandels statt. Die Zahl der Teilnehmenden belief sich 2019 auf 572.000 Sechstklässler. Mit einem selbst ausgewählten, vorab eingeübten Text sowie einem Fremdtext treten sie zum Wettbewerb auf Klassen- und Schulebene, danach auf Stadt-, Kreis-, Bezirks- und Landesebene an. Seit 1959 organisiert der Börsenverein des Deutschen Buchhandels in Zusammenarbeit mit Buchhandlungen, Bibliotheken, Schulen und anderen kulturellen Einrichtungen die großangelegte Aktion unter der Schirmherrschaft der Bundespräsidentschaft. Das Finale findet in der Landeshauptstadt Berlin statt (vorlesewettbewerb.de).

Welttag des Buches

Im Jahr 1995 griff die UNESCO die katalanische Tradition des Bücherverschenkens auf und erklärte den 23. April, den Todestag von William Shakespeare und Miguel de Cervantes, offiziell zum Welttag des Buches. Auch in Deutschland wird dieser Tag gefeiert. In Kooperation mit Buchhandlungen, dem Börsenverein des Deutschen Buchhandels, der Deutschen Post, ZDF und Random House startet die Stiftung Lesen Jahr für Jahr die Kampagne *Ich schenk dir eine Geschichte* (welttag-des-buches.de). Schüler der vierten und fünften Klassen erhalten über die Buchgutschein-Aktion eine extra für diesen Anlass stets neu verfasste Geschichte im lokalen Buchhandel. Diese wird seit 2016 um eine Comic-Version am Ende des Bandes erweitert. Insbesondere der geringen Lesekompetenz nicht oder wenig lesender Kinder möchte man hiermit entgegenkommen. In Verbindung mit einer Veranstaltung für Lehrer*innen und deren Klassen können Buchhandlungen rund um den Welttag des Buches Schüler aus unterschiedlichen Schultypen erreichen, nicht nur buchaffine Kinder aus Vielleserfamilien. Darauf aufbauend sind kreative, individuelle Gestaltungen der Kampagne möglich. Möchte man die einzelnen Schritte der Entstehung eines Buches verdeutlichen, eignen sich zum Beispiel *Das schlaue Buch vom Büchermachen* (Gerstenberg) sowie die Plakate *Von der Idee zum Buch* (Illustration: Daniel Napp) und *Wie ein Buch entsteht* (Comicstil-Illustration für Jugendliche: Flix). Beide Plakate sind über die Arbeitsgemeinschaft von Jugendbuchverlagen zu beziehen (avj-online.de).

Aktion *Ich schenk dir eine Geschichte* zum Welttag des Buches 2020.
© cbj / Timo Grubing

Der Bundesweite Vorlesetag

Jährlich veranstaltet die Stiftung Lesen mit Unterstützung der Wochenzeitung DIE ZEIT und der Deutschen Bahn Stiftung auf landesweiter Ebene den ›Vorlesetag‹. In der Regel lesen prominente Lesebotschafter sowie zahlreiche ehrenamtlich Tätige aus einem Netzwerk der Stiftung am dritten Freitag im November vielerorts vor. Insbesondere Kinder und Jugendliche möchte man für das (Vor-)Lesen begeistern. Doch auch Veranstaltungen für Erwachsene knüpfen daran an, in Buchhandlungen oder Einrichtungen wie Seniorenheimen. Büchertipps, Plakatvorlagen und eine Suchmaske mit Hinweisen bezüglich eingetragener Leseorte und Vorlesenden stellt die Stiftung Lesen auf vorlesetag.de zur Verfügung.

Leseförderung selfmade

Ein Friseur als Leseförderer? Unter *BOOK A LOOK _ and read my book* stellt Danny Beuerbach auf seiner Facebook-Seite und Instagram eine unkonventionelle Leseförderidee vor, die es überregional in die Medien schaffte. Nicht er lässt sich vorlesen, sondern Kinder übernehmen diesen Part, während er ihr Haar in Form bringt – fernab von Schule, Nachhilfe und den üblichen Bildungsorten. Die Atmosphäre ist entspannt und frei vom Druck, etwas für gute Noten leisten zu müssen. Damit Literatur auch zu Kindern aus bildungsfernen Familien gelangt und dorthin, wo sich Familien keine eigenen Bücher leisten können, schneidet der Friseur als eine Art Gegenleistung für das Vorlesen die Haare der Kinder günstiger oder während spezieller Aktionen umsonst. Beuerbachs Kampagne rief deutschlandweit Aktionen und Kooperationen hervor, etwa mit dem Ravensburger Verlag. Dieser spendete ein Starterpaket mit Kinderbüchern für andere ›Vorlese-Friseure‹ und brachte einen speziellen Erstlesetitel zu *#bookalookandreadmybook* heraus. Unkonventionelle Einfälle mit unterschiedlichsten Ansätzen findet man also nicht nur im Buchhandel und von literaturnahen Institutionen initiiert. Wer Ideen sucht, sollte querdenken und Inspirationen aufgreifen, wo immer sie gelungen erscheinen. Auch öffentlichkeitswirksame große Aktionen fungieren als solide Basis für eigene kreative Leseförderprojekte mit individuellem Charakter.

Praxiserprobte Ideen für punktuelle Aktionen oder Langzeitprojekte

Bilderbuchkino und ›Erzähltheater‹ Kamishibai Vorlagen für ein Bilderbuchkino werden seitens einiger Verlage digital vorbereitet. Zur Umsetzung benötigt man wenige Mittel wie Beamer, PC und Leinwand und etwas Raum für eine Gruppe. Die japanische Tradition des Erzähltheaters ›Kamishibai‹ funktioniert gänzlich ohne technische Hilfsmittel. Vorwiegend kommt sie bei Veranstaltungen für Kinder zwischen drei und acht Jahren zum Einsatz. Eigens dafür hergestellte, großformatige Bildkarten zu bereits erschienenen Bilderbüchern oder speziell aufbereiteten Themen, wie Jahreszeiten und religiöse Feste, werden in einem aufklappbaren Holzkasten präsentiert. Zumeist befinden sich Textabschnitte oder Erzähltipps auf der Rückseite der Karten. Diese sind zum Beispiel über den Don Bosco Verlag und klassische Kinder- und Jugendbuchverlage, wie Beltz & Gelberg oder Moritz, erhältlich. Anhand der Bildkarten können Geschichten und darin enthaltene Aspekte, wie Mut, Angst oder Sachwissen, in Interaktion mit mehreren Kindern gemeinsam erschlossen werden.

Themenschwerpunkte erlesen und erleben Rund um ein spezielles Thema verbinden Aktionen das Lesen mit passenden Spielen, Bastelideen oder etwa Rallyes inklusive literarischer Rätsel. Dadurch ist die Hemmschwelle für Kinder kleiner, deren Affinität zum Buch nicht ausgeprägt ist. Denn sie finden eher einen indirekten Zugang zu Literatur. Hierfür eignen sich Jubiläen wie Geburtstage von Autor*innen oder literarischen Figuren (*Raupe Nimmersatt* etc.). Ebenso Märchen, Kunst, naturwissenschaftliche Phänomene, Flora und Fauna entdecken oder Jahreszeiten und saisonale Feste wie Halloween, Fastnacht, Ostern und Weihnachten. Das jährlich wechselnde Gastland der Frankfurter Buchmesse kann ein Anlass sein, um neugierig auf Werke entsprechender Autor*innen und Illustrator*innen zu machen und auf vielfältige Weise die Kultur und Natur des Landes vorzustellen. Themenbedingt bietet sich für derlei Veranstaltungen auch die Zusammenarbeit mit Fachkräften aus der Musik- oder Museumspädagogik an.

Erstverkaufstag besonderer Novitäten Das Erscheinungsdatum eines neuen Bandes beliebter Reihen oder Mehrteiler steht in der Regel lange vorher fest. Kinder und Jugendliche fiebern Folgebänden von Bestsellern wie *Gregs Tagebuch* entgegen, sodass Veranstaltungen in Verbindung mit dem Erscheinen der Novität planbar sind. Für *Harry-Potter*-Feste wurden beispielsweise Übernachtungen in Buchhandlungen mit Kostümwettbewerben, Zauberspielen, Vorlese-Etappen und weiteren, am Buchinhalt orientierten Aktionen organisiert.

Literatur und Illustration live Lesungen mit Autor*innen, eventuell sogar in eine bilinguale Lesung eingebettet, oder Illustrator*innen beim Zeichnen und Gestalten zu beobachten, erzeugt ein Gefühl der unmittelbaren Nähe zur Leserschaft. Einblicke in Entstehungsprozesse verleihen Büchern eine neue Dimension, intensivieren den Bezug zu ihnen und wirken oftmals noch lange nach.

Weltkindertag Dieser geht auf die Weltkonferenz für das Wohlergehen der Kinder im Jahr 1925 zurück, zu welcher über fünfzig Vertreter verschiedener Staaten zusammenkamen und die Genfer Erklärung zum Schutze der Kinder verabschiedeten. Im Anschluss führten viele Regierungen den Kindertag ein. Heute wird er an unterschiedlichen Tagen in mehr als 145 Ländern gefeiert und setzt ein Zeichen für Kinderrechte. Er kann als speziell für Kinder ausgerichteter ›Lesetag‹ aufgegriffen werden und beispielsweise soziale Aspekte, Diversität und das Leben der Kinder in anderen Ländern thematisieren. In Deutschland findet er am 20. September statt (weltkindertag.de).

Buchvorstellungen Buchvorstellungsabende in Buchhandlungen, Kindergärten und Schulen sowie zeitlich begrenzte Buchausstellungen in Bildungseinrichtungen machen Eltern auf besondere Titel aufmerksam. Die Auswahl der Bücher ist auf die jeweilige Zielgruppe abzustimmen und soll neue Horizonte eröffnen. Lehrkräfte wiederum inspiriert ein Überblick zu aktuell herausragenden Büchern für den Einsatz im Deutschunterricht. Auflistungen möglicher Titel und dazugehörige Unterrichtsmaterialien zum Download stellen einige Verlage, wie dtv, Arena oder Beltz & Gelberg, online zur Verfügung.

Testleser / Leseclub Kinder und Jugendliche rezensieren Bücher, schreiben Bewertungen, erzählen die Handlung nach und besprechen sie in einer Gruppe, zum Beispiel in einem festen Lesekreis. Buchhandlungen nutzen hierfür kostenlose Leseexemplare der Verlage. Die Rezensionen können als Empfehlungen zum Beispiel in einer Buchhandlung, Bibliothek oder Klasse ausgehängt oder online auf einer dafür geeigneten Plattform eingesehen werden. Kurzrezensionen auf Banderolen um ausgestellte Bücher haben sich als persönliche Buchempfehlung, auch für andere gleichaltrige Lesende, ebenfalls bewährt.

Bücherkisten verleihen Individuell oder von Verlagen zusammengestellte Kisten mit einer Auswahl an Büchern werden über einen Zeitraum von mehreren Wochen zumeist an Kindergärten oder Schulen, aber auch an Bibliotheken und andere Einrichtungen mit pädagogischem Schwerpunkt verliehen. Der Lesekoffer für erste bis vierte Klassen ist beispielsweise über Oetinger und Ravensburger zu beziehen. Eine Sprachförderkiste stellen wiederum die Verlage Beltz & Gelberg, Moritz und Peter Hammer als gemeinsames Projekt Buchhandlungen und anderen professionellen Leseförderern zur Verfügung.

Kooperationen Um langanhaltende Effekte der Leseförderung zu erzielen, lohnt sich eine enge Verknüpfung von Kompetenzen. Zumeist geschieht dies über Kooperationen von Buchhandlungen mit öffentlichen Büchereien, Kindergärten und Schulen. Auch Musikschulen, Kirchengemeinden, Naturschutzorganisationen wie Nabu (Naturschutzbund), lokale Künstler und Museen können in Aktionen miteinbezogen werden.

Institutionen und sonstige Impulsgeber

Ob privat oder professionell: Wer sich in der Leseförderung engagieren möchte, kann auf Impulse und die Hilfe von Institutionen mit unterschiedlichen Schwerpunkten zurückgreifen. Publikums- und Fachzeitschriften mit Leseempfehlungen sind ebenfalls hilfreich. Im Folgenden werden Vereinigungen der Buchbranche oder allgemein für das Lesen wirkende Institutionen und Zeitschriften in Auswahl kurz vorgestellt.

Institutionen und Zeitschriften

Arbeitskreis für Jugendliteratur e.V. (AKJ) Neben der Organisation und Bekanntgabe des **Deutschen Jugendliteraturpreises** gibt der AKJ die Fachzeitschrift *JuLit* heraus. Diese informiert über die Siegertitel des Deutschen Jugendliteraturpreises und inhaltliche sowie gestalterische Trends und Formen in der Kinder- und Jungendliteratur auf wissenschaftlichem Niveau. Für Vermittler der Bereiche Buchhandel, Verlag, Bibliothek, Pädagogik, Forschung und Journalismus werden Seminare und Symposien angeboten.

Stiftung Lesen Punktuelle Leseförderung findet in Form von Kampagnen wie dem **Welttag des Buches** in Kooperation mit dem Börsenverein des Deutschen Buchhandels oder der Organisation des **Bundesweiten Vorlesetags** statt. Die Vergabe des Lesestart-Sets an Eltern über Kinderärzte zählt wie das **Netzwerk Vorlesen** zu längerfristig angelegten Maßnahmen, um nachhaltig für den Stellenwert des Lesens zu sensibilisieren und die Freude an Sprache zu steigern. Besonders anhand der überregionalen Vernetzung mit Initiativen, welche unter anderem Lesepaten einsetzen und ausbilden, strebt die Stiftung Kontinuität an. Über die Initiative European Task Force for Literacy and Reading Promotion (EURead) findet ein europaweiter Austausch im Sinne der Leseförderung zur Verbesserung der allgemeinen Lese-, Schreib- und Medienkompetenz statt. Darüber hinaus werden Studien zum Lese- und Medienverhalten veröffentlicht und praxisnahe Buchtipps über einen monatlichen Newsletter angeboten.

IG Leseförderung Börsenverein des Deutschen Buchhandels In Zusammenarbeit mit Verlagen konzipiert die Interessengemeinschaft öffentlichkeitswirksame Aktionen zur Wahrnehmung des stationären Buchhandels als Ort der Leseförderung und persönlichen Beratung. Im Zentrum der Arbeit stehen neben Lektüre-Empfehlungen Maßnahmen zur Steigerung von Lesekompetenz und die Stärkung des gesellschaftlichen Bewusstseins für das Medium Buch. Zu den Sortimentsaktionen zählen unter anderem die Lesetüte und das **Gütesiegel Buchkindergarten**. Als Lesekünstler*in des Jahres werden Kinder- und Jugendbuchautor*innen gekürt.

Arbeitsgemeinschaft von Jugendbuchverlagen e.V. (avj) Die Arbeitsgemeinschaft gibt das Kundenmagazin *Bücherbox* mit Medienempfehlungen für Kinder und Jugendliche heraus. Der Schwerpunkt liegt auf Büchern. In einem jährlich aktualisierten Online-Verzeichnis stellen sich Kinder- und Jugendbuchverlage von A bis Z mit ihrem Portfolio vor (kinder-jugendbuch-verlage.de). Erhältlich sind außerdem informative Flyer sowie die Plakate *Von der Idee zum Buch* (Illustration: Daniel Napp) und *Wie ein Buch entsteht* (Illustration: Flix). Anhand von Seminaren bietet die avj Fortbildungen im Bereich der Kinder- und Jugendmedien an.

Arbeitsgemeinschaft der Jugendliteratur und Medien (AJuM) Als Teil der Gewerkschaft Erziehung und Wissenschaft (GEW), setzt sich die AJuM bundesweit für Leseförderung und Medienbildung ein. In einer aktuell gehaltenen Online-Datenbank sind etwa 70.000 von Pädagogen verfasste Rezensionen zu Kinder- und Jugendbüchern und -medien für Recherchen gespeichert. Literaturästhetisch herausragende Titel zeichnet die AJuM monatlich mit dem **LesePeter** aus. Anhand der Fachzeitschrift *kjl&m forschung.schule.bibliothek* (kopäd) informiert die Arbeitsgemeinschaft über Erkenntnisse der Kinder- und Jugendliteraturforschung.

Online weiterlesen

- jugendliteratur.org (Arbeitskreis für Jugendliteratur)
- stiftunglesen.de
- boersenverein.de (Bereich Leseförderung)
- avj-online.de (Arbeitsgemeinschaft von Jugendbuchverlagen. Verlagsprofile unter kinder-und-jugendbuch-verlage.de)
- ajum.de (Arbeitsgemeinschaft der Jugendliteratur und Medien)
- bundesverband-lesefoerderung.de (Weiterbildung Lese- und Literaturpädagogik, Zusammenarbeit mit anderen Institutionen aus dem Bereich der Leseförderung, Interessenvertretung von Leseförderern, Austausch Pädagogik und Wissenschaft)
- akademie-kjl.de (Deutsche Akademie für Kinder- und Jugendliteratur)
- kinderundjugendmedien.de (Wissenschaftliches Internetportal für Kinder- und Jugendmedien)
- lesefoerderung.de (Initiative zur Leseförderung Berlin)
- antolin.westermann.de (Portal für Leseförderung der Westermann Gruppe mit Quizfragen zu über 100.000 Kinder- und Jugendbüchern, von Schulen genutzt)

Fach- und Publikumszeitschriften in Auswahl

- Eselsohr – Fachzeitschrift für Kinder- und Jugendmedien, Leseabenteuer
- Börsenblatt Spezial Kinder- und Jugendbuch, Börsenverein des Deutschen Buchhandels
- Buchreport Spezial Kinder und Jugend, Harenberg Kommunikation Verlags- und Mediengesellschaft
- Buchreport Spezial Jahresbestseller, Harenberg Kommunikation Verlags- und Mediengesellschaft
- BuchMarkt Special Junge Zielgruppe, Buchmarkt Verlag K. Werner
- Bücherbox. Hrsg. v. Arbeitsgemeinschaft von Jugendbuchverlagen, Harenberg Kommunikation Verlags- und Mediengesellschaft
- Buchjournal Kids & Teens. Hrsg. v. Börsenverein des Deutschen Buchhandels
- 1001 Buch. Das Magazin für Kinder- und Jugendliteratur. Hrsg. v. AG Kinder- und Jugendliteratur (Institut für Jugendliteratur Österreich, Bücherverband Österreichs, Österreichischer Buchklub der Jugend, Österreichisches BibliotheksWerk, STUBE – Studien- und Beratungsstelle für Kinder- und Jugendliteratur)
- Kilifü. Almanach der Kinderliteratur. Hrsg. v. Buchhandlung Schmitz
- Die besten 7 Bücher für junge Leser. Deutschlandfunk.de/die-besten-7

1.5

Lesen und Mediennutzung – IGLU, PISA, Vorlese-Studie, KIM, JIM, FIM & Co.

Mama streichelt ihr Gerät, weil sie total drauf steht […]
und immer up to date. Von wegen up to date. Das ist sie nie und nimmer.
Sie hat ja keinen Schimmer, was bei uns so geht. […] Wir ha'm freie Fahrt,
denn sie sind Smombies. Eltern und Smartphone, sind 'ne gute Kombi.
Es vergeht kein Tag – ohne Handy.

Zeilen aus einem Lied von Bummelkasten: *Swipe, swipe, Elternzeit*

Die Sendung mit der Maus strahlte im Frühling 2020 zum Thema Smartphone-Sucht der Eltern das humorvolle und zugleich ernste Musikvideo *Swipe, swipe, Elternzeit* der Band Bummelkasten und Studio Soi aus. Wie aber steht es um die Einstellung der Eltern in Sachen Mediennutzung auch als Vorlesende und Lesevorbilder? Und wie steht es heute überhaupt um das Lesen von Kinder- und Jugendliteratur und das Lesen selbst? Nach den 2017 veröffentlichten Ergebnissen der *Internationalen Grundschul-Lese-Untersuchung* (IGLU) 2016 wurde evident: Etwa ein Fünftel der Viertklässler in Deutschland wies enorme Defizite im Bereich der Lesekompetenz auf und vermochte Texte nicht sinnentnehmend zu lesen. Damit fiel Deutschland bezüglich seines EU- und OECD-Durchschnitts im Vergleich zu anderen teilnehmenden Ländern seit 2001 von Platz 5 auf Platz 21 ab.

Mit der landesweit berühmt gewordenen Petition *Hamburger Erklärung* forderte die vielfach ausgezeichnete Kinder- und Jugendbuchautorin Kirsten Boie 2018 gemeinsam mit namhaften Persönlichkeiten aus Kultur, Wissenschaft und Bildung die Politik auf, endlich mehr in die Leseförderung zu investieren. Für ihr kontinuierliches, herausragendes Engagement in der Leseförderung wurde Kirsten Boie außerdem mit dem 2020 etablierten **IBBY-iRead Award** des International Board on Books for Young People (IBBY) und der chinesischen iRead Foundation geehrt. »Jedes Kind muss lesen lernen!« lautet der Apell ihrer Petition (change.org/p/jedes-kind-muss-lesen-lernen). Und zwar frühzeitig in der Grundschule. Denn in weiterführenden Schulen gehört es zur Grundvoraussetzung, um Texte für den Unterricht zu bewältigen, was wiederum Folgen für die spätere berufliche Qualifizierung, Teilhabe am kulturellen Leben und somit gesellschaftliche Auswirkungen hat.

Die Stiftung Ravensburger Verlag widmet sich seit 2018 gezielt einem Forschungs- und Praxisprojekt mit dem Titel *Medienerziehung im Dialog von Kita und Familie*. Für einen Großteil der Kinder im Kita-Alter sind Tablet, Smartphone und Co. nebst Fernsehen längst ein alltägliches Element ihrer Mediensozialisation (Ravensburger Stiftungs-Newsletter 09.2019). Obwohl Kitas von Elternseite oft als ›Schonraum‹ bezüglich der neuen Medien gesehen werden, wird bildungspolitisch eine frühe Medienerziehung genau dort gefordert. Kinder sollen einen sinnvollen Umgang mit Printmedien, aber auch digitalen Angeboten erlernen.

Um wiederum die frühe Leseförderung voranzutreiben, den Stellenwert des Lesens hervorzuheben und Familien zum Vorlesen zu motivieren, startete die Stiftung Lesen 2019 das bundesweit greifende Projekt *Lesestart 1-2-3*. Acht Jahre lang erhalten Familien in Bibliotheken altersgerechte Bücher für ihre Kinder im Alter zwischen ein und drei Jahren. Bei Kinderärzten erfolgt dies für Kleinkinder im Rahmen der U 6 und U 7, zu der alle Eltern mit ihrem Kind erscheinen müssen. Über vier Millionen Lesestart-Sets stellt die Stiftung hierfür zur Verfügung. Diese beinhalten außerdem eine Broschüre mit Vorlese- und Büchertipps als Orientierungshilfe für Eltern. Denn entscheidend ist auch die Interaktion und Anschlusskommunikation zwischen Kindern und Vorlesenden, um neu erlernte Worte und Inhalte zu verinnerlichen.

Lesestart 1-2-3
© Stiftung Lesen / BMBF

Wie der Leistungsstand fünfzehnjähriger Schüler ausfällt, untersuchen PISA-Erhebungen. Die jüngste, 2018 veröffentlichte Schulleistungsstudie PISA *(Programme for International Student Assessment)* mit einem Leseschwerpunkt verdeutlichte den Zusammenhang zwischen sozialer Herkunft und Lesekompetenz. Seit der letzten Erhebung mit Leseschwerpunkt (2009) verschärfte sich dieser in Deutschland (oecd.org/berlin/ themen/pisa-studie). Bezüglich der Chancengleichheit liegt Deutschland gegenüber anderen Ländern unter dem OECD-Schnitt. Beim Leseverständnis liegen deutsche Schüler zwar leicht über dem OECD-Schnitt, aber längst nicht unter den Spitzenreitern. Seit einem Hoch 2012 sank zudem ihre Leseleistung. Bei Lesekompetenztests unterschieden sich die Geschlechter in allen Ländern voneinander. Mädchen schneiden überall deutlich besser ab, auch in Deutschland. Hierzulande klaffen die Ergebnisse jedoch weit auseinander. Lediglich das unterste Kompetenzniveau erreichen mehr Jungen als Mädchen. Damit laufen sie Gefahr, die Schule als funktionale Analphabeten zu verlassen, wovor auch Kirsten Boie in ihrer Petition der *Hamburger Erklärung* warnt.

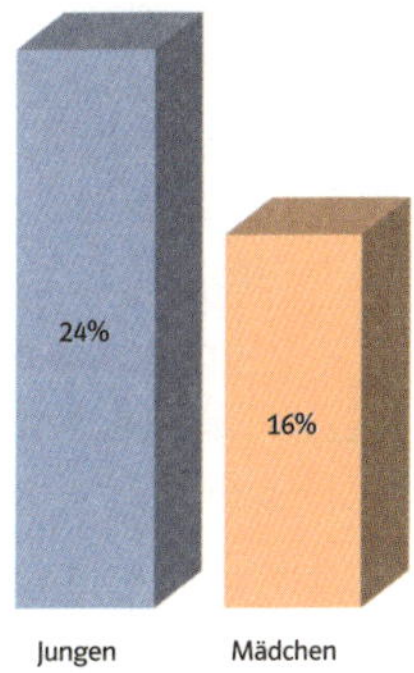

PISA-Ergebnisse 2018 Lesekompetenztest, unterstes Kompetenzniveau erreicht

Für Zeitverschwendung erachten knapp die Hälfte der Jungen und ein Viertel der Mädchen das Lesen von Büchern. Im Rahmen der Studie offenbarte sich außerdem ein signifikanter Leistungsabfall im Bereich Mathematik und Naturwissenschaften, insbesondere bei Jungen, der sich bereits 2015 abzeichnete. Man darf gespannt sein, was die nächsten Jahre mit sich bringen und sollte sich derweil in allen Bereichen der Leseförderung aktiv für das Lesen und Bildungsgleichheit einsetzen.

Anne Mangen, Professorin des Norwegischen Zentrums für Leseerziehung und Leseforschung, untersucht gemeinsam mit Wissenschaftlern aus ganz Europa im Rahmen der Forschungsinitiative E-READ (Evolution of Reading in the Age of Digitisation), welche Unterschiede sich aus dem digitalen Lesen und dem Lesen auf Papier ergeben, wie sich Lesegewohnheiten verändert haben und was dies für die Zukunft des Lesens bedeutet. Erste Ergebnisse wurden in der Stavanger Erklärung veröffentlicht (ereadcost.eu, 2018): Kurze informative Texte lassen sich sehr gut für das digitale Lesen nutzen. Für das vertiefte Lesen langer, komplexer und informativer Texte eignet sich hingegen einstweilen das Lesen auf Papier besser. Dabei spielt der Tastsinn aus neuropsychologischer Sicht beim körperlichen Leseerlebnis eine Rolle. Denn Leseanfänger berühren intuitiv die Seiten, um Zeilenanfänge und einzelne Wortabschnitte über den haptischen, motorischen sowie visuellen Weg leichter zu erfassen und zu memorieren. Mangens Team nennt diesen Zusammenhang ›embodied cognition‹. Im Verlust jener ›körperlichen‹ Leseerlebnisse sehen Wissenschaftler, unter anderem die prominente Lese- und Entwicklungsforscherin Maryanne Wolf, eine Gefahr des digitalen Lesens – zumindest wie es sich derzeit in der Regel gestaltet. Oftmals führen zudem Ablenkungen durch Animationen insbesondere bei Kindern zu weniger Konzentration auf längere Textpassagen, selbst wenn diese anhand einer Vorlesefunktion auditiv wahrgenommen werden. Ausschlaggebend ist folglich nicht zwingend in jeder Lesesituation das Medium selbst, sondern die Aufbereitung der Inhalte und der gezielte Umgang damit. Dies betonte auch der renommierte Erziehungswissenschaftler und Medienpädagoge Stefan Aufenanger im Rahmen des 25. Mainzer Kolloquiums des Instituts für Buchwissenschaft 2020, welches unter dem Motto ›Brauchen Kinder Bücher?‹ stand. Eltern fungieren als Vermittler, Vorbilder und Gatekeeper und tragen maßgeblich dazu bei, welche Formen der Mediennutzung und des Lesens ihre Kinder prägen. Außerdem beschäftigt sich derzeit der interdisziplinär arbeitende Zusammenschluss von E-READ damit, inwiefern schnelles oberflächliches Lesen kleiner digitaler Textpassagen zur Gewohnheit wird und sich auf unsere Denkweise auswirkt – zumal Kinder und Jugendliche als digital natives quasi von Beginn an damit aufwachsen.

Für inhaltliche und gestalterische Entwicklungen in der Kinder- und Jugendliteratur sind verschiedene Faktoren ausschlaggebend. Anlehnungen an die Ästhetik digitaler Bilderwelten, digitaler Inhalte und deren Aufbereitung zählen unumstritten dazu. Um auch diese Zusammenhänge besser zu verstehen, ist neben der Betrachtung der aktuellen Literatur das Heranziehen von Studien zur Mediennutzung von Kindern und Jugendlichen sowie deren Umgang mit Medien im Familienverbund – also im Umfeld ihrer Vorbilder – erforderlich. Die *Vorlese-Studien* der Stiftung Lesen beispielsweise stellen jährlich Vorlesegewohnheiten unter immer neuen Gesichtspunkten in den Mittelpunkt der Erhebungen. Und während in früheren Jahren der repräsentativen Studien *Kindheit, Internet, Medien (KIM)* und *Jugend, Information, Medien (JIM)* des Medienpädagogischen Forschungsverbunds Südwest noch die Diskussion um das Fernsehen als Konkurrenzmedium zum Buch geführt wurde, sind es nun zweifelsfrei das Internet, Social Media und mobile Endgeräte, wie Smartphones, welche das Medienverhalten der Kinder, besonders der Jugendlichen, maßgeblich beeinflussen und verändern.

Das Internet wirkt sich wie ein Brandbeschleuniger auf die Verbreitung von Inhalten und Botschaften aus. Es birgt viele Licht- und Schattenseiten. Und Streitpotenzial in Familien. Sobald Kinder und Jugendliche allein im Internet unterwegs sind, fällt oftmals die Kontrolle der Eltern weg. In der Lese- und Lernforschung stößt man immer wieder auf Hinweise, die den oft zitierten Aussagen des Neurowissenschaftlers und Psychiaters Manfred Spitzer gleichen: Vor allem die Aufmerksamkeitsspanne droht durch den starken Konsum digitaler Medien zu sinken, und zwar wegen kurzer Textfolgen und Hyperlinks, die zum raschen Weiterklicken einladen. Einen didaktischen Mehrwert haben dem allgemeinen Tenor der Forschung nach digitale Texte in Kombination mit sinnvoll aufbereiteten, erklärenden Videos oder animierten, interaktiven Grafiken, die in Büchern auf diese Weise nicht umsetzbar sind. Sie stellen eine Ergänzung, allerdings keine vollständige Alternative, zu komplexen Texten dar. Denn sich lange und konzentriert in Texte zu vertiefen, gehört unbedingt zur Schlüsselqualifikation Lesekompetenz.

Als positiv erachten Verlage und Buchhandlungen die neuen Chancen rascher digitaler Kommunikationswege. So nehmen insbesondere Jugendliche über Social-Media-Kampagnen an Entstehungsprozessen von Büchern und deren optischer Gestaltung teil. Sie erleben einen zeitnahen, persönlichen, authentischen Austausch mit Autor*innen. Hierdurch wird das Lesen an sich gerade für Jugendliche, bei denen die Medienkonkurrenz stark zu spüren ist, attraktiver und zugänglicher gemacht. Welche Entwicklungen seit einigen Jahren bezüglich des Medienverhaltens von Kindern, Jugendlichen und deren Familien zu beobachten sind, zeigen die nun angeführten Zusammenfassungen einschlägiger Studien noch einmal genauer.

Die Vorlese-Studie

Seit 2007 führt die Stiftung Lesen eine Umfrage zum Vorleseverhalten in Deutschland mit unterschiedlichen Fragestellungen durch. Die empirischen Erhebungen berücksichtigen dabei unter anderem, welche Auswirkungen das Vorlesen auf die Kindesentwicklung hat. Partner der Stiftung Lesen sind die Wochenzeitung DIE ZEIT und die Deutsche Bahn Stiftung. In der Vorlese-Studie 2019 lautete der Schwerpunkt: *Vorlesepraxis durch sprachanregende Aktivitäten in Familien vorbereiten und unterstützen.*

Repräsentative Befragung von Eltern mit Kindern im Alter von 2 bis 8 Jahren.

Seit 2013 ist das Vorlesen mehrmals pro Woche, überwiegend noch seitens der Mütter, relativ stabil geblieben und von 70 Prozent auf 68 Prozent gefallen. Dennoch besteht unverändert ein hoher Bedarf an Leseförderung, die ein Bewusstsein dafür schafft, welche Bedeutung das Vorlesen selbst ungeachtet der ›Qualitytime‹ für die Lesekompetenz und somit auch für die schulische Zukunft eines Kindes hat.

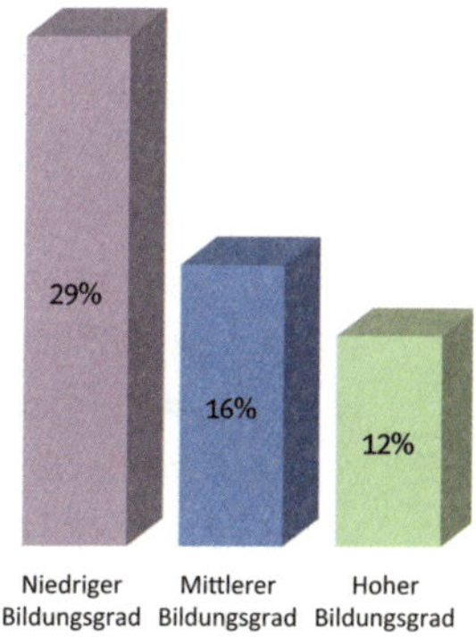

Eltern lesen seltener als einmal die Woche oder nie vor

Es lesen 16 Prozent der Eltern(teile) lediglich einmal pro Woche vor und 8 Prozent nie. Dabei spielt der Bildungsgrad der Eltern oder deren Partner eine maßgebliche Rolle. Dass berufstätige Mütter trotz geringerem privaten Zeitpensum mehr vorlesen als nicht berufstätige Mütter, scheint auf den ersten Blick überraschend. Allerdings verfügen sie in der Regel über ein höheres Bildungsniveau und räumen dem Vorlesen gemäß Umfrage einen größeren Stellenwert ein.

Weil selbst andauernde Lesefördermaßnahmen der letzten Jahre offenbar nicht zu einer allgemeinen Steigerung des Vorlesens beitrugen, hinterfragte die Stiftung Lesen 2019 im Rahmen ihrer Umfragen den Begriff des Vorlesens selbst. Sie differenzierte zwischen dem Vorlesen im engeren wörtlichen Sinne und dem Vorlesen im weiteren Sinne. Letzteres schließt zum Beispiel Bilderbetrachtungen in Baby- oder Wimmelbüchern mit ein, die von Eltern beziehungsweise erfahrenen Leser*innen kommentiert oder um eine erfundene Geschichte erweitert werden. Auch Comics betrachten und vorlesen zählt die Stiftung Lesen zu vorlesenahen Aktivitäten. Bis zu einem knappen Fünftel der Eltern, die sogar regelmäßig vorlesen, ordneten dies jedoch nicht dem

Vorlesen zu. Eltern, die sehr selten vorlesen, schließen die genannten vorlesenahen Situationen noch weniger mit ein. Nachdem in einem zweiten Schritt erläutert wurde, inwiefern auch jene Aktivitäten zum Vorlesen gehören, fielen die Unterschiede noch gravierender aus. Bei diesem Aspekt geht die Schere zwischen regelmäßig vorlesenden Eltern und denen, die ›zu selten‹ vorlesen, besonders weit auseinander. Im Gegensatz zu 65 Prozent der regelmäßig Vorlesenden sehen bei gezielter Nachfrage seitens der Stiftung nur 19 Prozent der ›selten‹ Vorlesenden das Betrachten von Bilderbüchern ohne vorgegebenen Text sowie das eigenständige sprachliche Ausdeuten der Bilder als Vorlesen an. Leseförderung müsste folglich auch an diesem Punkt ansetzen und bei Familien, die kaum bis gar nicht vorlesen, eine Sensibilisierung für jene wichtige Form der Sprach- und Leseanregung schaffen. Denn gerade in den ersten Lebensjahren ist die Interaktion zwischen ›Vorlesenden‹ und Säuglingen oder Kleinkindern wichtig. Bilderbücher bestehen in dieser Zeit vorrangig oder ausschließlich aus Bildern. Einzelne Worte und späterhin kleine Textpassagen erfordern die Erläuterungen von Erwachsenen. Sie setzen das Gezeigte in einen Sinnzusammenhang und gehen spontan auf die Reaktionen und Äußerungen der Kinder ein, woraus ein dialogisches ›Lesen‹ der Bilder entsteht. Diese Komponenten tragen in jener Entwicklungsphase zur Förderung der Sprachkompetenz bei und gelten als Element der frühen Literacy-Erziehung.

Eine ältere Vorlesestudie (2016) veranschaulichte außerdem, wie viel Kindern die Nähe zu den Eltern bedeutet, welche beim gemeinsamen Lesen entsteht. Auf die Frage, was ihnen am Vorlesen sehr gut gefällt, gaben 55 Prozent an, »dass ich tolle Geschichten hören kann«, 45 Prozent »dass Mama, Papa sich Zeit nehmen« sowie 41 Prozent »dass ich Mama, Papa für mich habe«.

Kindheit, Internet, Medien (KIM) – Basisuntersuchung zum Medienumgang 6- bis 13-Jähriger

Seit 1999 untersucht die KIM-Studie die Mediennutzung, mediale Ausstattung und das Freizeitverhalten von Kindern in Deutschland. Herausgeber ist der Medienpädagogische Forschungsverbund Südwest (mpfs). Das Jahr 2018 ergab in Bezug auf Themeninteressen, dass Handys respektive Smartphones und Computer-, Konsolen- und Onlinespiele weit vor Büchern liegen, welche deutlich weniger Kinder für sehr interessant erachten. Dabei begeistern sich ein Fünftel der Mädchen und nur 11 Prozent der Jungs für Bücher. Beim Schlafengehen spielen Bücher eine große Rolle und werden als wichtigstes Medium zumindest für jene Tageszeit genannt. Bezüglich der Medienausstattung der Kinder steigert sich die Anzahl derer, die ein eigenes Smartphone besitzen. 2018 sind es insgesamt etwa 40 Prozent. Unter den Zwölf- bis Dreizehnjährigen sogar 70 Prozent, die hierüber auch einen mobilen und somit freien Zugang zum Internet haben.

Und was bedeutet das Internet für Kinder? In offenen Antworten kristallisierte sich an erster Stelle der Aspekt zahlreicher Informationsangebote heraus. Bereits ein knappes Viertel der Sechs- bis Siebenjährigen und etwa 60 Prozent der Zwölf- bis Dreizehnjährigen recherchiert im Internet für die Schule: nur zu einem knappen Fünftel gemeinsam mit den Eltern und zu 31 Prozent eher alleine. Auf welche Inhalte sie dabei im Alleingang stoßen, ist folglich ungewiss. Jenen Aspekt führen unter anderem Verlage an, um die Vorteile kindgerecht aufbereiteter und fachlich geprüfter Sachbücher aufzuzeigen.

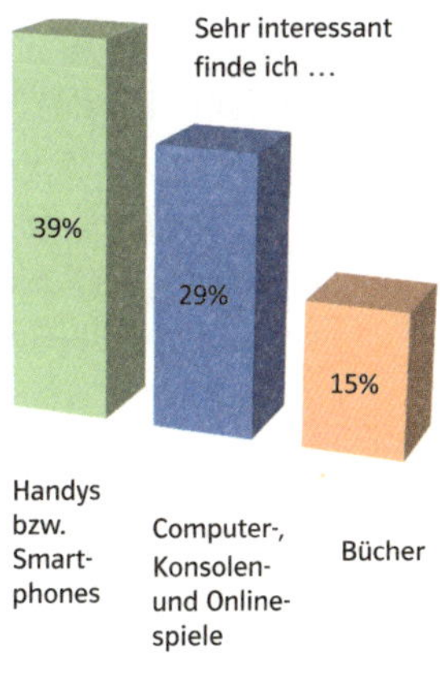

Für ein gutes Drittel der Kinder ist das Internet ein wichtiger Ort der Kommunikation mit anderen. YouTube-Videos schauen sich nahezu ebenso viele Kinder online an. Die (Mit-)Benutzung des Internets stieg in den letzten Jahren auf mittlerweile 35 Prozent der Sechs- bis Siebenjährigen und 94 Prozent bei Zwölf- bis Dreizehnjährigen an. Parallel dazu vergrößert sich entsprechend die Nutzungsfrequenz.

Über Spielekonsolen verfügt knapp die Hälfte, davon deutlich mehr Jungen als Mädchen. Als liebste Freizeitbeschäftigung nennen sie entsprechend mehr Jungen (29 %) als Mädchen (12 %). In ihrer Freizeit widmen sich drei Fünftel der Kinder mindestens ein bis mehrmals pro Woche digitalen Spielen, etwa ein Fünftel fast täglich. Ihre Affinität gegenüber Videos im Internet, zum Beispiel über YouTube, gaben 40 Prozent an. Die Hälfte der Befragten liest prinzipiell Bücher, 16 Prozent davon täglich. Eine Aufteilung in Jungen und Mädchen verdeutlicht auch in diesem Bereich differierende Vorlieben: 14 Prozent der Mädchen lesen im Gegensatz zu 20 Prozent der Jungs nie und mindestens einmal die Woche lesen 58 Prozent der Mädchen gegenüber 43 Prozent der Jungen. Als liebste Buchtitel werden noch immer *Harry Potter* und Reihen wie *Gregs Tagebuch*, *Die drei ???* und *Die Schule der magischen Tiere* genannt. Zeitschriften schauen sich insgesamt 22 Prozent an und Comics sind mit 38 Prozent mindestens einmal wöchentlich recht beliebt. Nimmt man die beiden von Bildern und kurzen Textabschnitten dominierten Medien zusammen, demonstriert dies, was auch im Segment der Kinder- und

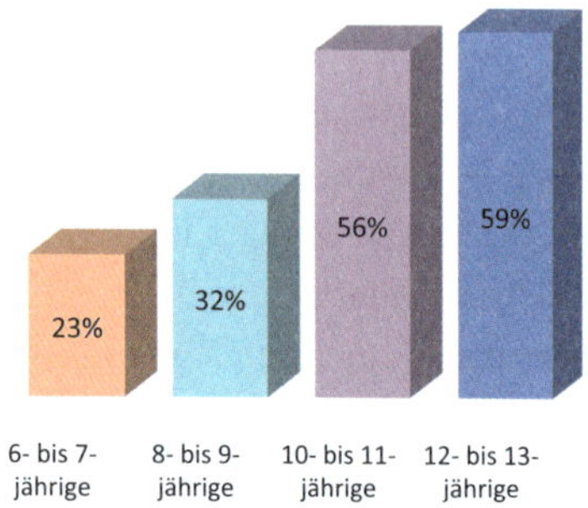

Recherche im Internet für Hausaufgaben / Schule, mindestens einmal die Woche

Jugendliteratur zu beobachten ist: Das Text-Bild-Verhältnis verschiebt sich zum Bild hin.

Betrachtet man die Altersverteilung, steigt die Kurve derer, die mit dem Handy spielen, ab acht bis neun Jahren exponentiell an. Smartphone, Internet und digitale Spiele gelten als beträchtliche Konkurrenz zum Buch und dem vertiefenden (Vor-)Lesen. Anhand der KIM-Studie, insbesondere der JIM-Studie, wird dies in Zahlen klar erkennbar.

Jugend, Information, Medien (JIM) – Basisuntersuchung zum Medienumgang 12- bis 19-Jähriger

Wie die KIM-Studie, widmet sich auch die JIM-Studie des Medienpädagogischen Forschungsverbunds Südwest vorwiegend der Mediennutzung. Die 2020 veröffentlichten Ergebnisse beruhen auf Untersuchungen des Jahres 2019. Neben klassisch wiederkehrenden Fragen zum Umgang mit unterschiedlichen Medien, wurden aufgrund der gesamtgesellschaftlichen Diskussion um Populismus und Mobbing im Internet diese und ähnliche Aspekte mit einbezogen. Hassbotschaften, extremen politischen Ansichten, Fake News und beleidigenden Kommentaren begegneten etliche Jugendliche (47 % bis 66 %) gemäß JIM – Themen, die auch Eingang in die Jugendliteratur finden.

Spätestens mit dem Besitz eines Smartphones beginnt der autonome Blick ins Netz. Unter den Zwölf- bis Dreizehnjährigen verfügen bereits 84 Prozent über ein Smartphone. Mit achtzehn bis neunzehn Jahren sind es 99 Prozent. Die Verwendung von Internetquellen zum Einholen von Informationen ist längst ebenso ein fester Bestandteil im Alltag Jugendlicher. Dies wiederum belegt eine Konkurrenzsituation zwischen digitalen Angeboten zur Wissensvermittlung und dem gedruckten Sachbuch beziehungsweise Ratgeber. Sowohl privat als auch für schulische Zwecke recherchieren Jugendliche mit steigendem Alter häufiger etwa über Google, schauen sich Texte, Bilder sowie (animierte) Grafiken online an und nehmen weitere Angebote informativer Natur wie Wikipedia (33 %) wahr. Allein die regelmäßige Informationssuche via YouTube beträgt 55 Prozent. Etwa 20 Prozent der Befragten schauen sich über diesen Kanal Tutorials und im Schnitt 18 Prozent Erklärvideos für Schule und Ausbildung an. Infolgedessen verändert jener digitale Zugang zu Wissen Rezeptions- beziehungsweise Seh- und Lesegewohnheiten. Zugunsten einer stärkeren Nutzung des Internets für Spiele (26 %) und Unterhaltung (30 %) sank allerdings die Zahl Jugendlicher, welche Informationen online einholen auf 10 Prozent.

Bezüglich der aktiven Lesegewohnheiten ist in den letzten zehn Jahren ein Rückgang von 6 Prozent zu verzeichnen. Allerdings prägten Schwankungen diese Entwicklung. Eine kontinuierliche Abwärtskurve kennzeichnet erst die letzten drei Jahre. Täglich bis mehrmals pro Woche vertieft sich noch ein Drittel in Bücher und ein kleinerer Teil in E-Books. Digitale Spiele stehen zum Beispiel merklich höher im Kurs. *Minecraft*, *Fortnite* und *FIFA* gehören zu den Favoriten, was Kinder- und Jugendbuchverlage insbesondere bezüglich *Minecraft* in diversen Altersklassen thematisch aufgreifen.

Unter den Viel-Lesenden wird der Unterschied zwischen Jungen und Mädchen evident: Hierzu zählen 40 Prozent Mädchen und 28 Prozent Jungen. Auch E-Books lesen 9 Prozent Mädchen gegenüber 5 Prozent der Jungen – ab zwölf Jahren mit steigendem Alter in zunehmender Zahl. Dass sie niemals Bücher lesen, gaben 15 Prozent Mädchen und 22 Prozent Jungen an. Im Falle von Zeitschriften und Magazinen ist die Verteilung mit 11 Prozent bis 12 Prozent ungefähr gleich. Wie sich der formale Bildungshintergrund auswirkt, offenbart die Tatsache, dass 15 Prozent der Gymnasiasten im Vergleich zu 23 Prozent der Haupt- und Realschüler niemals zum Buch greifen.

Familie, Interaktion, Medien (FIM) – Untersuchung zur Kommunikation und Mediennutzung in Familien

Herausgeber ist auch hier der Medienpädagogische Forschungsverbund Südwest. Die FIM-Studie legt den Fokus auf familiäre Strukturen und die Bedeutung verschiedener Medien für dieses Gefüge. Befragt werden alle Familienmitglieder ab drei Jahren. Bringt man die Ergebnisse der FIM-Studie mit denen der KIM- und JIM-Studie in Zusammenhang, entsteht ein klareres Bild bezüglich der Untersuchungen zur Medienausstattung, deren Stellenwert und Nutzungsfrequenz.

In der letzten Studie 2016 nennt ein Viertel der Befragten Bücher oder Comics und was darin gelesen wurde als häufiges Gesprächsthema in der Familie. Internet und Social-Media-Inhalte sind bei etwas mehr als 35 Prozent Anlass zum Austausch miteinander. Berücksichtigt man nur die Medienthemen, liegen Bücher und Lesen mit 32 Prozent nahe den 29 Prozent für Spiele am Computer, Tablet, Smartphone oder an der Konsole. Da Eltern als Vorbilder agieren, ist die Angabe zur Mediennutzung interessant. Insgesamt lesen 35 Prozent mindestens mehrmals wöchentlich Bücher oder Comics für sich oder dem Nachwuchs vor. Wie in anderen Studien zeigt sich auch hier der Einfluss des Bildungsgrads: Weit weniger der Eltern mit niedriger Schulbildung greifen im Gegensatz zu Eltern mit hoher Schulbildung zum Buch. Unter den Lesenden beziehungsweise Vorlesenden sind 45 Prozent Frauen und 22 Prozent Männer. Gemeinsam mit den Eltern lesen 26 Prozent der Kinder und Jugendlichen. Für Recherchen wird das Internet von 13 Prozent zusammen mit Eltern zu Rate gezogen.

Social-Media-Angebote nehmen mit 70 Prozent deutlich mehr Raum im Alltag ein. Eine Spielekonsole besitzen zudem 70 Prozent der Familien. Der Anteil an Sechs- bis Neunzehnjährigen, die über einen eigenen Internetzugang verfügen respektive das Internet selbst nutzen dürfen, stieg seit 2011 von 36 Prozent auf 59 Prozent. Der ansteigenden Medienausstattung wie der weiten Verbreitung mobiler Internetnutzung seitens der Jugendlichen via Smartphones und dem Medienwandel allgemein stehen ungefähr die Hälfte der Eltern mit gemischten Gefühlen gegenüber – auch im Hinblick auf damit einhergehende Veränderungen innerhalb der Familie. Medienerziehung und Medienschutz stellen Eltern vor die Herausforderung, ihren Kindern einen kompetenten und gesunden Umgang mit den Medien zu vermitteln, allen voran dem Smartphone beziehungsweise dem Internet. Bezüglich des Medienschutzes sehen sie vorrangig sich selbst als Hauptverantwortliche. Auch in diesem Punkt entscheidet das Bildungsniveau der Eltern über den Grad der eigenen Verantwortung: Je niedriger die Bildung, desto eher sehen sie Unternehmen und den Staat in der Pflicht, negative Medieneinflüsse zu vermeiden. Trotz der elterlichen Verantwortung setzen lediglich ein Fünftel Kinder- oder Jugendschutzeinstellungen in Geräten ein. Bei Themenrecherchen beispielsweise steht dem Nachwuchs also das gesamte Internet zur Verfügung, dies belegt auch die KIM-Studie.

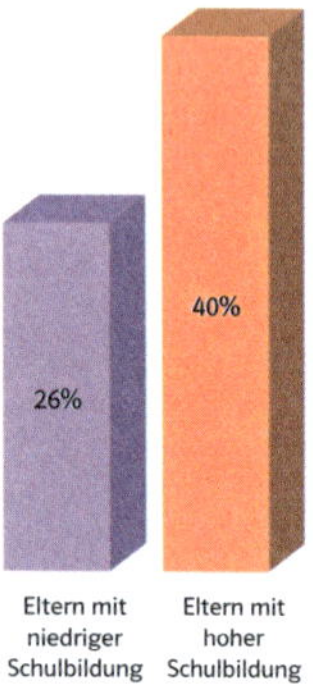

Lesende Eltern als Medienvorbilder

Wer in einem Café Familien beobachtet, sieht nicht bloß handyfixierte Teenager, auf deren ›Mediensucht‹ geschimpft wird, sondern häufiger auch ihre Eltern permanent ins Smartphone schauen. Kindergärten hängen mitunter Handyverbotsschilder für Eltern an ihr Eingangstor, damit wenigstens an diesem Ort kein Smartphone zwischen dem Nachwuchs und seinen Erziehern steht. Insofern ist es nicht verwunderlich, dass die Leseforschung auch mit Sorge auf die Vorleselust der Eltern schaut und eine renommierte Kinder-Wissenssendung wie *Die Sendung mit der Maus* das eingangs zitierte Musikvideo präsentiert.

Kinder-Medien-Studie

Die Blue Ocean Entertainment AG, Panini Verlags GmbH, Egmont Ehapa Media GmbH, Gruner + Jahr, der SPIEGEL-Verlag und der ZEIT Verlag führen seit einigen Jahren gemeinsam eine großangelegte Studie durch. Im Jahr 2019 wurden 7,31 Millionen der Vier- bis Dreizehnjährigen in Deutschland zu ihrem Medienverhalten und ihrer Lebensrealität befragt. Wie KIM- und JIM-Studien behandelt diese großangelegte Befragung vorrangig die Nutzung unterschiedlicher Medien, speziell jedoch die Vorlieben bezüglich Kinderkaufzeitschriften. Ferner wurden die Freizeitaktivität und Kommunikation der Kinder und Jugendlichen untereinander, bevorzugte Themen, Taschengeldausgaben sowie der Einfluss des Familienverbunds und der schulische Alltag näher betrachtet. Bücher lesen hiernach

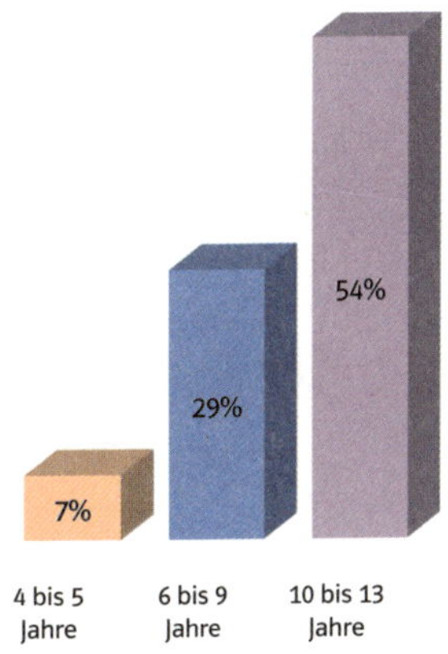

Mehrmals wöchentlich YouTube schauen …

52 Prozent der Vier- bis Fünfjährigen, 58 Prozent der Sechs- bis Neunjährigen und 54 Prozent der Zehn- bis Dreizehnjährigen mehrmals pro Woche. Zu den Nicht-Lesenden gehören 10 Prozent im späten Kindergartenalter und gleich verteilt etwa 5 Prozent zwischen sechs und dreizehn Jahren. YouTube schauen bereits Vier- bis Fünfjährige und über die Hälfte der Zehn- bis Dreizehnjährigen.

Die digitale Vernetzung der Kinder steigt nahezu sprungartig ab einem Alter von zehn Jahren. WhatsApp, Facebook, Instagram und Snapchat sind führende Kommunikationskanäle. Auch Buchhandlungen und Verlage nutzen sie vermehrt neben eigenen Plattformen für ihren Kontakt mit Kindern, Jugendlichen und Eltern. Unmittelbar online an der Zielgruppe ist zum Beispiel der Carlsen Verlag mit seiner 2019 gestarteten Plattform Leseliebe.de. Büchertipps (auch anderer Verlage) im Bereich Kinderbuch, herausragende Buchhandlungen und familienrelevante Themen zu den ersten zehn Lebensjahren eines Kindes werden der Community gemeinsam mit Experten vorgestellt, um Orientierung und Austausch zu bieten – inklusive Bestellung im Onlineshop.

Und wie viel Prozent der Kinder gibt Taschengeld für Bücher aus? Unter den Sechs- bis Neunjährigen sind es 6 Prozent und 13 Prozent der Zehn- bis Dreizehnjährigen. In niedrigpreisige, bilddominante Lesestoffe wie Comics, Magazine, Zeitschriften investieren mit 49 Prozent bis 62 Prozent weitaus mehr Kinder und Jugendliche ihr Taschengeld.

2

Das Bilderbuch

Bilderbücher sind Wegbereiter. Facettenreich und längst nicht nur für kleine Kinder konzipiert, stellt das Bilderbuch eine vielseitig einsetzbare Gattung dar. Optimalerweise bildet sie den Grundstein für eine positive Lesesozialisation. Sich in Abbildungen vertiefen und sie ›interpretieren‹, Texte inhaltlich durchdringen und ab etwa anderthalb Jahren allmählich eigene Worte finden, um einzelne Objekte zu benennen und später zusammenhängende Texte selbst nachzuerzählen oder auf Abbildungen Gesehenes zu umschreiben, will jedoch gelernt sein.

Das Bilderbuch fungiert als potenzielle Schule der Ästhetik und Sprachschatzbildung. Wer über einen umfangreichen Wortschatz verfügt, kann sich seiner Umwelt gegenüber leichter verständlich machen. Geschichten und Informationen beim Betrachten eines Bilderbuchs in Gedanken weiterzuspinnen, beflügelt die Fantasie und stärkt die Vorstellungskraft. Wissenschaftler der Entwicklungsforschung, Neurowissenschaft und weiterer Fachrichtungen betonen auch die Förderung sozial-emotionaler Fähigkeiten, die sich aus dem Einnehmen verschiedener Perspektiven während der ›Lektüre‹ ergeben. Sich in andere Personen und Lebewesen hineinzuversetzen, steigert die Befähigung zur Empathie. Gemeinsam eine Geschichte anhand der Bilderbuchbetrachtung während des Vorlesens zu erleben, schafft zudem eine enge Verbindung zwischen dem Kind und der vorlesenden Person. Auch die körperliche Zuwendung, Vertrautheit und Nähe assoziieren Kinder hierdurch mit dem (Vor-)Lesen.

Ob ein Kind bis zum Eintritt in die erste Klasse vielen Geschichten lauschte und darüber im Dialog mit den Vorlesenden stand, lässt sich im Rahmen des Einschulungstests unter anderem daran erkennen, ob und wie selbstverständlich Vergangenheitsformen ohne Hilfsverb gebildet werden können. Denn diese eloquente Art der Sprache finden wir vorwiegend in Büchern beziehungsweise geschriebenen Texten. Außerdem erweitern antiquierte Begriffe, Termini aus fernen Ländern rund um andere Kulturen und Lebenswelten sowie elegante Synonyme zu umgangssprachlichen Ausdrücken das lexikalische Wissen beträchtlich. Ein gutes Gespür für Sprache sowie ein entsprechend großer Wortschatz sind darüber hinaus nicht nur hilfreiche Instrumente beim Lesenlernen: In höheren Schulklassen hilft eine ausgeprägte Lesekompetenz vor allem bei der Auseinandersetzung mit Lehrtexten jedweder Art und Aufgabenstellungen bei Klassenarbeiten oder Hausaufgaben. Ein stabiles Fundament hierfür kann früh ohne Zwang und spielerisch wie nebenbei mit dem Bilderbuch gelegt werden.

Je komplexer das Bilderbuch, desto mehr entscheidet die Interaktion der Bild- und Textebene über das Empfinden von Stimmigkeit. Aus dieser Stimmigkeit heraus resultiert bewusst oder unbewusst die Beurteilung, ein gelungenes Bilderbuch in Händen zu halten. Wie in allen Bereichen der Kinder- und Jugendliteratur streiten sich die Geister, welche Kriterien ein ›gutes‹ Bilderbuch erfüllt – dies zumindest ist eines der Entscheidendsten. Egal für welche Altersklasse: Text und Bild sollten Hand in Hand gehen, sich sinnvoll ergänzen und einen gemeinsamen ›Ton‹ treffen. Im Falle von Kleinkindern bilden Text und Bild eine harmonische Einheit, wenn sich beide Ebenen für die gleiche Entwicklungsstufe eignen. Für ältere Kinder, Jugendliche und erwachsene Adressaten gilt dies ebenso. Nur erlaubt ihre entsprechende Reife eine ungleich größere Bandbreite an Text- und Bildformen.

Der sinnige Aufbau eines Textes sowie glaubwürdige, spannende Figuren sind gleichfalls maßgebliche Faktoren.

Welche Text- und Bildebene sich dem Betrachter erschließt, hängt von seiner Entwicklung und seinem Weltwissen ab. Ein Bilderbuch kann durchaus mit diversen Ebenen spielen. Allerdings gelingt ein solches Spiel erst, wenn sich komplexe und leicht(er) verständliche Ebenen nicht gegenseitig im Wege stehen. Das zu erreichen ist die große Kunst. Nicht ohne Grund werden anspruchsvolle Klassiker von Erwachsenen gerne noch einmal mit neuen Augen selbst gelesen oder dem Nachwuchs vorgelesen. Ihr Reiz entsteht häufig mittels einer vielschichtigen Mehrdimensionalität – auch beim Bilderbuch. Inzwischen darf man das Bilderbuch ohnehin zuallererst rein als Gattung begreifen. Hauptsächlich ist es in der Altersklasse bis sechs Jahre angesiedelt. Dennoch zielen etliche Werke auf eine Rezeption durch geübte, emotional wie intellektuell reife Betrachter respektive Leser*innen ab – also auf ältere Grundschulkinder, Jugendliche und sogar Erwachsene.

Anhand der enormen Fülle verschiedener Illustrationstechniken und -stile findet sich für alle Geschmäcker und Altersstufen ein adäquates Bilderbuch. Aquarell, Acryl, Bleistift, Kohle, Filzstift, Tusche, Papier- oder Fotocollage, digital erstellte Zeichnungen und weitere Formen der Bebilderung prägen den Bilderbuchmarkt. Der Stil oder etwa der Einsatz bestimmter Farben stellt zugleich eine Interpretation der Geschichte dar. Zusammengenommen beeinflusst dies fernab des Textes die Emotionen der Betrachter. Ein und dasselbe Märchen zum Beispiel wirkt infolgedessen düster, beängstigend oder im Gegenteil heiter, gar zauberhaft. Die Bilder bestimmen in starkem Maße, welche Aspekte einer Geschichte hervorgehoben oder vielmehr entschärft werden. Bei sensiblen, ernsten Themen kommt dies besonders zum Tragen. Einen Überblick über Illustrationsstile lässt sich mit der Anthologie *Das Beste von allem* (Aladin) verschaffen; sie versammelt Beispiele aus der inländischen Illustrationsszene. Das *Börsenblatt Spezial Kinder- und Jugendbuch* stellt zudem die innerhalb eines Jahres meistverkauften (Papp-)Bilderbücher vor und bildet somit aktuelle Vorlieben vieler Buchkäufer ab, folglich auch den Mainstream. Einblicke in das internationale Spektrum an Illustrationsstilen präsentiert das Jahrbuch zur führenden Kinder- und Jugendbuchmesse Bologna Children's Book Fair anhand des *Illustrators Annual* (Chronicle Books).

2.1 Das Elementarbilderbuch – erste Impulse zur Literacy und Kindesentwicklung bis ca. 18 Monate

Da ist mein Kind doch zu schnell durch. Das Buch hat ja nur ein paar Seiten – und es gibt fast nichts zu sehen!

Kommentar eines skeptischen Elternteils
zu einem Elementarbilderbuch in der Buchhandlung

Die zitierte Anmerkung bezieht sich auf eine Hartpappe für Allerkleinste. Sie zeigt, wie Erwachsene Bücher spontan beurteilen: völlig anders als Kinder im ersten Lebensjahr. Säuglinge denken, sehen, fühlen anders, weil sie sich die Welt komplett neu erschließen. Auch Bilderbücher erschließen sie sich zwangsläufig auf ihre eigene Weise mit den ihnen zur Verfügung stehenden Fähigkeiten. Während jene Fähigkeiten wachsen und bereits vorhandene Anlagen reifen, kann die Basis für Literacy – den Bezug zum Lesen und Zuhören von Texten sowie das sprachliche Auslegen narrativer Bilder – geschaffen werden. Anhand von Elementarbilderbüchern machen Säuglinge und Kleinkinder ihre ersten Erfahrungen mit der Lese- und Erzählkultur und dem Medium Buch.

Aspekte, Aufbau und Kindesentwicklung

Bereits das gemeinsame Betrachten von Bilderbüchern ohne Text weckt und aktiviert das Verständnis für Sprache, sofern ein Elternteil mit dem akzentuierten Klang der Stimme, mit Worten, Gesten und Blicken Abbildungen kommentiert. Was anfangs noch einem ›Klangbrei‹ ähnelt, erkennen Säuglinge zunehmend als Wortmuster. In der Folge verbinden sie Worte mit einer spezifischen Bedeutung, auch wenn sie diese noch nicht selbst auszusprechen vermögen. Gesten, eine deutliche Betonung der Wortklänge und Laute der ›Vorlesenden‹ unterstützen den Verstehensprozess, wenn sie die Aufmerksamkeit des Kindes auf einzelne Abbildungen lenken oder spontan auf die Reaktionen des Kindes eingehen, das selbst Interesse für dargestellte Objekte zeigt – jener situative Austausch wird als ›Kontingenz‹ bezeichnet. Aus Gesichtsausdrücken lesen Säuglinge zudem viel früher Emotionen ab und ahmen sie nach, als wir oftmals glauben. Auf diesen Aspekt bezieht sich die Kritik verschiedener Forschungsrichtungen wie der Entwicklungswissenschaft: Im Gegensatz zu Vorlesenden interagieren animierte Filme, digitale Apps und abgespielte Texte nicht mit dem Baby. Den Akt der gemeinsamen Buchbetrachtung und die daraus resultierende Kontingenz ersetzen sie nicht, wie auch Meghan Cox Gurdon in *Die verzauberte Stunde. Warum Vorlesen glücklich macht* (Insel) anhand aktueller Studienergebnisse zeigt.

Bei den in Elementarbilderbüchern abgebildeten Objekten handelt es sich um schematische, auf typische Merkmale reduzierte Darstellungen. Ob es sich bei einem abgebildeten Stuhl um einen Designklassiker, eine antike Rarität oder eine Massenproduktion dreht, tut vorerst nichts zur Sache. Entscheidend ist die einfache Zuordnung zu einer Kategorie. In diesem Fall soll ein Baby leicht erkennen: Das ist ein Stuhl. Und zwar lediglich sein

Abbild. Denn auch jene kognitive Leistung muss sich erst herausbilden. Wer ein Baby dabei beobachtet, wie es in ein Buch greift, um den gezeigten Gegenstand herauszuholen, erlebt jenen Verstehensprozess mit. Aufgrund von Erkenntnissen der Entwicklungspsychologie wissen wir inzwischen, dass die Kategorienbildung das Verarbeiten der Flut von neuen Eindrücken erleichtert, die täglich auf Säuglinge einströmen. Mithilfe von Kategorien können sie neugewonnene Informationen effektiver aufnehmen und nutzen.

oben: Meike Teichmann, *Meine liebsten Sachen.* © Ravensburger
unten: Ole Könnecke, *Das große Buch der Bilder und Wörter.* © Hanser

Bilderbücher für das erste Lebensjahr zeichnet gemäß dem ›sensomotorischen Stadium‹, wie es der Entwicklungspsychologe Jean Piaget nannte, ein möglichst stabiles Material aus: unzerreißbare Bücher, Hartpappen, Badewannenbücher aus Kunststoff, lutsch- und beißfeste Stoffbücher. Das Format ist meist klein und handlich. Der Umfang beläuft sich auf wenige Seiten. In die Breite ausziehbare Leporellos erfüllen dieses Kriterium ebenso. Zu viele und kleinteilige Bilder und Muster werden noch nicht richtig erkannt. Oft sind zudem wenige Objekte pro Seite oder nur ein einziges dargestellt. Einzelne, für sich stehende Abbildungen erleichtern es Babys, den Fokus auf nur diese eine Sache zu richten und überfordern darüber hinaus nicht ihre geringe Aufmerksamkeitsspanne. Bildwörterbücher ab etwa einem Jahr zeigen dann viele klar voneinander abgegrenzte Objekte in großformatigen Büchern. Zumeist umreißen sie ein bestimmtes Themenfeld aus dem Alltag: das Kinderzimmer, die Küche, den Spielplatz, das Bad. Mitunter erweitern bereits gut überschaubare Szenen die zuvor zusammenhangslosen Abbildungen um eine neue Ebene: Statt bloß Pullover und Hose, sieht man zum Beispiel ein Kleinkind, wie es sich eben jene Kleidungsstücke anzieht. In der Regel bestehen auch Bildwörterbücher aus fester Pappe. Sie begleiten die Anfänge der Sprechversuche, welche sich nun einstellen. Damit schlagen sie die Brücke zwischen dem Elementarbilderbuch und der nächsten Etappe, dem Szenenbilderbuch.

Aufgrund einer noch geringen Kontrastsensitivität dienen klare Konturen und kontrastreiche Farben der raschen Erkennbarkeit dargestellter Objekte; sie heben abgebildete Objekte hervor. Ab etwa vier bis sechs Monaten erkennen Säuglinge alle Grundfarben. Fein herausgearbeitete Räumlichkeit und Schattenzeichnungen entfallen in den Büchern zumeist, da sie für die Verdeutlichung einzelner Gegenstände oder Lebewesen nicht von Belang und kontraproduktiv für die Reduzierung auf wesentliche Merkmale sind. Um einen Bezug zur Lebenswelt des Kindes herzustellen, eignen sich insbesondere Alltagsobjekte. Dass etwa ein Ball auf der Krabbeldecke dem Bild eines Balles im Buch entspricht und als solcher wiedererkannt wird, ist schon ein kleiner Triumph. Zusammenhänge in Form durchgängiger Geschichten und längerer zeitlicher Abläufe existieren im Elementarbilderbuch wegen der Fokussierung auf einzelne Objekte noch nicht. Von Erwachsenen aufgesagte Reime, Kniereiterverse oder Lieder hingegen führen Babys an den Klang von Worten heran – teils zusammen mit Bewegungsspielen, wie dem Klatschen und Drehen der Hände.

Das Angebot an Hartpappen und anderen Formen des Elementarbilderbuchs fällt seit einigen Jahren durch einen wachsenden Variantenreichtum auf. Fotobasierte, mit klassisch schlichten Grundfarben oder pastellartig bis knallig bunt illustrierte Titel stehen neben Fühlbüchern. Knisterbücher aus Stoffseiten erweitern das Medium um akustische Reize. Immer beliebter werden schon bei den Kleinsten Soundbücher mit integrierten Klangmodulen. ArsEdition etwa perfektioniert seit mehreren Jahren die Klangqualität seiner Soundbücher, unter anderem mit der Reihe *Hör mal rein, wer kann das sein?* Der Verlag ordnet die Reihe dem Alterssegment der Kleinkinder ab einem Jahr zu. Sie bildet einen Übergang zum Szenenbilderbuch und vereint Fühlelemente mit Geräuschen, zum Beispiel von Tieren. Diese ertönen, sobald das Kind die passende Stelle im Buch streichelt oder fest berührt. Im Vergleich zu Soundbüchern für Kinder ab zwei Jahren fallen die geräuschauslösenden Kontaktflächen gemäß ihrer motorischen Entwicklung deutlich größer aus. Aufwendige Zusätze wie Schiebeelemente oder tastbare Vertiefungen gehören ebenfalls häufiger zur Ausstattung von Elementarbilderbüchern.

Die Medienkonkurrenz spielt in diesem Alterssegment derzeit allgemein noch keine erwähnenswerte Rolle. Wohl aber der Wunsch einiger Eltern, ihr Kind frühestmöglich zu fördern. Auf den Buchdeckeln mancher Elementarbilderbücher verweisen Verlage daher schon auf die Mitgestaltung von ›Prof. Dr. …‹ und den pädagogischen Mehrwert, zum Beispiel aufgrund der Förderung feinmotorischer Fähigkeiten anhand eingebauter Fühlelemente. Einige Elementarbilderbücher umreißen spezifische Themengebiete, Bauernhoftiere, Fahrzeuge oder Ähnliches, und sind theoretisch ihrer Gattung nach erste Sachbücher. Ab und an tauchen sogar erste Zahlenbücher im Segment der Titel für das erste Lebensjahr auf. Die Standpunkte hierzu fallen je nach Erziehungsphilosophie und dem Verständnis von Frühförderung jedoch sehr unterschiedlich aus. Wer sich bestimmter Entwicklungsaspekte mithilfe von Büchern früh und intensiv annehmen möchte, wird zumindest fündig.

Während des Übergangs zur nächsten Bilderbuchetappe verfeinert sich das Verständnis von Dingen, Lebewesen und der Umwelt im Allgemeinen. Daher sind im Laufe des zweiten Lebensjahres Gegensätze ein interessantes Thema: groß und klein, lang und kurz, rund und eckig. Fühl- und Soundbücher erhalten ebenfalls einen neuen Stellenwert. Was zuvor lediglich ein Feuerwerk für die Sinne war, wird nun zusehends tatsächlich mit den abgebildeten Objekten assoziiert. Kinder haben schon eine Vorstellung davon, was eine Katze ist und vielleicht auch, wie sich ihr Fell anfühlt. Sie verbinden das weiche Stoffelement des Abbildes einer Katze im Buch mit lebendigen Katzen. Dasselbe gilt für die Zuordnung von Geräuschen in Soundbüchern. Viele Kategorien sind nun bereits gebildet, selbst wenn Kleinkinder sie noch nicht sprachlich benennen können.

Elementarbilderbuch – kurz & knapp zusammengefasst

- Geeignet für das erste Lebensjahr bis kurz darüber hinaus;
- Wenige Seiten;
- Klare, kräftige Farben;
- Deutliche Kontraste und Konturen;
- Stabil, ›unzerreißbar‹;
- Handliches Format;
- Höchstens wenige, alltagsbezogene Objekte pro Seite oder nur eines;
- Ohne zusammenhängenden Text, keine Geschichte;
- Zeigen und Benennen fördert den passiven, später auch den aktiven Wortschatz.

2.2

Das Szenenbilderbuch – der Übergang zur Bilderbuchgeschichte und Kindesentwicklung ab ca. 18 Monaten

Ich hasse ›Bobo Siebenschläfer‹. Ständig musste ich ihn meinen Babysitter-Kindern vorlesen. Immer, immer wieder. Schrecklich, diese langweiligen Sätze!

Eine junge Frau in der Buchhandlung

Immer wieder und noch einmal und noch einmal. Was manche Vorlesenden in den Wahnsinn treibt, erfüllt in der Kindesentwicklung einen wichtigen Zweck: die Festigung gelernter Begriffe und Verhaltensmuster, zum Beispiel anhand von Geschichten. Nach ungefähr anderthalb Jahren beginnt spätestens eine Bilderbuchphase voll neuer Buchelemente parallel zu rasanten kognitiven, sprachlichen und motorischen Entwicklungsprozessen. Dimensionen wie Raum und Zeit gewinnen an Form und mit ihnen beginnt die nächste Bilderbuchära. Denn aus Säuglingen sind Kleinkinder geworden.

Aspekte, Aufbau und Kindesentwicklung

Kleinkinder können zeitliche Abfolgen und somit Veränderungen immer konkreter nachvollziehen. Ohne Zeit existieren keine Zusammenhänge. Und ohne Zusammenhänge gibt es keine Handlung. Während Elementarbilderbücher einzelne Objekte in den Fokus stellen, geht das Szenenbilderbuch passend zur Kindesentwicklung einen Schritt weiter und setzt Dinge und Personen in ein Verhältnis zueinander. Aus einer Handlung resultieren weitere. Und Tätigkeiten haben Konsequenzen.

Unabhängig von direkt beobachteten Vorgängen sind Kinder ab etwa zwei Jahren zunehmend in der Lage, sich diese rein gedanklich vorzustellen. Logisches Denken und die Fähigkeit, mit repräsentativen Symbolen – also inneren Bildern – oder Gesten zu arbeiten, formen sich aus. Auch ausgeprägtere motorische Fähigkeiten und ein fortgeschrittenes Seh- und Auffassungsvermögen prägen diese Phase. Ganz gleich, welches Szenenbilderbuch Kleinkinder jedoch betrachten: Die Vorlesenden respektive Mitbetrachter fungieren als Vermittler, interpretieren und haben die Möglichkeit zum Dialog mit dem Kind. Somit holen sie das Kind dort ab, wo es in seiner Entwicklung gerade steht. Während jener Interaktion erweitert sich erneut wie von selbst die Basis für ihre spätere Sprach- und Lesekompetenz.

Bis zum Beginn des vierten Lebensjahres überwiegen für Kinder unter drei Jahren noch Pappbilderbücher – teils jedoch im größeren Format und mit bis zu circa sechzehn Seiten. Kleinteiligere Bilder sind für sogenannte Wimmelbücher typisch. Allgemein dürfen Abbildungen nun naturnah bis fotorealistisch sein und ein breites Farbspektrum aufweisen. Zusatzelemente, wie Klappen, Schiebe- oder Fühleffekte, nehmen parallel zu den schlichteren Pappen zu. Sie bieten sensomotorisch betrachtet zusätzliche Erlebnisebenen, welche mit dem Betrachten und Zuhören vorgelesener Texte verknüpft werden. Eine Stärke dieser Bücher liegt darüber hinaus in der Interaktion zwischen den kindlichen und erwachsenen Betrachtern: Während zum Beispiel ein Elternteil den Text vorliest, welcher eine Aufforderung wie ›klatsche laut in die Hände‹ enthält, schaut das Kind auf das Buch und geht zugleich gemeinsam mit dem Elternteil auf den Mitmachcharakter des Buches ein. Durch dieses Wechselspiel entsteht eine besonders enge Verbindung zwischen Vorlesenden, Kleinkindern und der rezipierten Geschichte.

In diesem Alter vollzieht sich zumeist auch der sogenannte ›Vokabelspurt‹. Mit anderthalb Jahren sprechen Kinder durchschnittlich fünfzig Wörter. Während der folgenden sechs Monate

Innenabbildung: R. S. Berner, *Herbst-Wimmelbuch*. © Gerstenberg

kann sich der aktive Wortschatz verfünffachen. Wimmelbücher kommen der geradezu explodierenden Sprachentwicklung eines Kleinkindes ideal entgegen. Die Initiative kann beim Kind liegen, weil kein Text vorgelesen wird und somit eine feste Vorgabe fehlt. Die zahlreichen Details und Bildzusammenhänge animieren zum Sprechen respektive Erzählen. Anfänglich reduziert sich das ›Erzählen‹ auf wenige Worte, vorwiegend Substantive. Kinder zeigen und benennen noch. Eltern unterstützen sie dabei, indem sie das Gezeigte mit dem Kind fokussieren und ebenfalls das passende Wort dazu aussprechen. Bald folgen Zwei-, dann Drei-

wortsätze aus Kombinationen verschiedener Wortarten, und schließlich tatsächlich kleine Geschichten. Wimmelbuch ist aber nicht gleich Wimmelbuch. Rotraut Susanne Berners *Jahreszeiten-Wimmelbücher* sprechen mittels ihrer klaren Zeichnungen und Aufteilung schon Kinder ab circa zwei Jahren an. Andere Wimmelbücher sind derart detailreich, dass erst Dreijährige oder ältere Kinder sie bewältigen können.

Neu ist zudem: Kleinkinder machen sich mit Charakteren vertraut – und Oberbegriffe beziehungsweise Kategorien können nun mit Unterbegriffen in Verbindung gebracht werden. Eine abgebildete Frau ist nicht mehr bloß irgendeine Frau, sondern trägt einen Namen, ist einzigartig, hat Emotionen, spezifische Eigenschaften und steht in Verbindung mit anderen Personen des Bilderbuchs. Auch dies zeichnet etwa Berners *Jahreszeiten-Wimmelbücher* aus. Aufmerksame Betrachter lernen das Mädchen Lena und ihren Vater Thomas, das Liebespaar Manfred und Elke oder Buchhändler Armin kennen. Hier beginnt erste ›echte‹ Literatur in kleinen Schritten.

Einen Trend zur Frühförderung signalisieren unmissverständlich manche Hartpappen. Mit enormen inhaltlichen Schritten geht es etwa in den Hartpappen der Reihe *Baby-Universität* (Loewe) des Quantenphysikers Chris Ferrie voran. *Die Allgemeine Relativitätstheorie, Quantenphysik* oder *Evolution für Babys* sollen Zweijährige an die bisweilen abstrakte Welt der Wissenschaft heranführen. Der Vergleich mit weit verbreiteten Titeln wie Rotraut Susanne Berners international beliebten *Jahreszeiten-Wimmel-*

büchern (Gerstenberg) offenbart, wie unterschiedlich Vorstellungen bezüglich kindgerechter Wissensvermittlung ausfallen. Die Titel beider Reihen sollen Zweijährige und ältere Kinder zum Mitdenken und genauen Hinsehen anregen. Der Dialog zwischen erwachsenen Betrachtern und dem Kleinkind ist ein weiteres Ziel. Dennoch sind sie inhaltlich und bezüglich ihrer gestalterischen Konzeption vollkommen unterschiedlich aufgebaut.

Neben der Konzentration auf abgebildete Zusammenhänge entwickeln Kleinkinder nun auch eine höhere Aufmerksamkeitsspanne und lassen sich auf das Zuhören vorgelesener Geschichten ein. Kurze Vorlesegeschichten beinhalten allerdings noch wenige Zeilen pro Seite und oft kurze, in sich abgeschlossene Episoden. Trotzdem bieten sie sich schon für das beruhigende Ritual der Einschlafgeschichte am Abend an – ein Ritual, das dem manchmal turbulenten Tag einen zuverlässigen, festen Rahmen schenkt. Das Zusammenspiel der Bild- und Textebene steigert sich schrittweise, wobei Bilder für sich genommen als erzählendes Element fungieren. Kinder erschließen sich in diesem Alter den Inhalt während des Zuhörens noch parallel über den visuellen Weg.

Für eine solche erste Hinführung zur Erzählstruktur einer Geschichte mit wenigen Worten steht Peggy Rathmanns Hartpappe-Bilderbuch *Gute Nacht, Gorilla* (Moritz). Warum reüssierte dieses Bilderbuch zum regelrechten Klassiker im Verlauf der letzten zehn Jahre und warum taugt es als Exempel für eine gelungene Bilderbuchkonzeption? Weil es zahlreiche Elemente enthält, die der Entwicklung im Kleinkindalter Rechnung tragen und dennoch mit versteckten Details zum immer neuen Betrach-

Gute Nacht, Gorilla. © 2006 Moritz Verlag

ten einlädt. Wiederholungen einfacher Handlungsabläufe, wie das ständige Öffnen einer neuen Käfigtür seitens des schlauen Gorillas, und wiederkehrende knappe Wortfolgen, wie »gute Nacht, Giraffe«, »gute Nacht, Elefant«, sorgen für einen schnellen Zugang zum Geschehen und Memorieren desselben. Die Wichtigkeit solcher Elemente unterstreicht eine Aussage des Neurowissenschaftlers Manfred Spitzer:

> *Neue Informationen bewegen sich im Gehirn auf Spuren, die man sich bildlich als Trampelpfade vorstellen kann. Je mehr eigene Erfahrungen ein Kind macht, desto schneller werden die Trampelpfade zu Straßen und schließlich zu Autobahnen ausgebaut und somit Informationen schneller und leichter verarbeitet.*
>
> Aus: Manfred Spitzer, *Mit Bilderbüchern wächst man besser,* Thienemann 2009

Während einige Hartpappen für Kinder zwischen zwei und drei Jahren das Erlernen der Farben explizit aufgreifen, geschieht dies in *Gute Nacht, Gorilla* en passant. Jede Käfigtür der gezeigten Zootiere ist andersfarbig. Man kann, muss aber nicht, mit dem Kind darauf eingehen: Die Geschichte funktioniert so oder so. Vorlesende besitzen die Freiheit, sich das herauszupicken, was dem Entwicklungsstand des Kindes entspricht. Diese Freiheit wissen viele zu schätzen, und sie verleiht Bilderbüchern wie diesem über einen langen Zeitraum hinweg eine ›literarische Attraktivität‹. Auch Emotionen anzusprechen und Kinder zum Lachen zu bringen erfordert, dass Autor*innen und Illustrator*innen sich in ihre Gedanken und Gefühle hineinversetzen. Qualitativ hochwertige Szenenbilderbücher vermögen selbst dies, wenngleich auf einem entwicklungsbedingt noch niedrigen Sprachniveau.

Als wenig attraktiv hingegen erachten Erwachsene für gewöhnlich Markus Osterwalders veritablen Klassiker *Bobo Siebenschläfer* (Rowohlt) aus den 1980ern und stehen dem unermüdlich von Kindern geäußerten Wunsch einer Wiederholung der Lektüre mit Unverständnis gegenüber. Dabei ist des Rätsels Lösung leicht: Hier versetzt sich ein Autor ganz in die Gefühls- und Gedankenwelt von Kleinkindern. Schlicht gezeichnete Bilder mit wenigen Figuren und Schauplätzen geben Szene für Szene wieder, was in einfachen Sätzen erzählt wird. Es sind typische Erlebnisse aus dem Alltag eines Kleinkindes. Erwachsene mögen sie nicht mehr faszinieren. Aus der Sicht eines Kleinkindes jedoch ist selbst das Einkaufen im Supermarkt, ein bisschen Fieber oder das Wippen auf dem Spielplatz aufregend, weshalb sich Kinder in jener Phase in eine Figur wie Bobo besonders gut einfühlen. Sie finden sich darin wieder und nehmen emotional mit ganzem Herzen am Geschehen teil. Wie die Hauptfigur gewinnen auch Kleinkinder Stück für Stück an Autonomie, indem sie manche Tätigkeiten nun selbst ausführen können. In ersten Rollenspielen werden

Markus Osterwalder, *Bobo Siebenschläfer.* 1. Band. © Rowohlt

Handlungen nachgeahmt und somit erlernt. Außerdem sprechen Kinder ab circa zwei Jahren mit dem Personalpronomen ›ich‹ von sich selbst. Was es mit diesem neu entdeckten ›Ich‹ und der Selbstwahrnehmung auf sich hat, lernen Kleinkinder auch gemeinsam mit gleichaltrigen, fiktiven literarischen Figuren.

Hartpappen wie die Reihe *Lesemäuschen* (Carlsen) beinhalten ebenfalls kleine Geschichten, die nur einige Zeilen umfassen, dafür allerdings gegenüber einer ganzflächig gefüllten Bildseite gesetzt sind. Aufgrund des Doppelseitenprinzips bleibt der Einstieg in das Zuhören und Aufnehmen einer Geschichte überschaubar und entspricht in der Regel ungefähr der Aufmerksamkeitsspanne eines Kindes ab etwa vierundzwanzig Monaten. Die seit langer Zeit beliebte und umfangreiche Reihe *Lesemaus* (Carlsen) ist als Steigerung im Anschluss für Kinder ab circa drei Jahren exemplarisch anzusehen.

Szenenbilderbuch – kurz & knapp zusammengefasst

- Ab ca. 18 Monaten geeignet;
- Umfang etwa 16 Seiten;
- Detail- und Farbreichtum der Bilder wächst;
- Zeit, Veränderungen und Handlungsabläufe werden wahrgenommen;
- Höhere Aufmerksamkeitsspanne: Eventuell kurze Texte, erster Übergang zur Geschichte;
- ›Wimmelbücher‹ ohne Text eignen sich besonders zur Förderung der Sprachentwicklung, die nun stark ansteigt;
- Parallele Text & Bild: Texte geben in der Regel genau wieder, was Bilder zeigen;
- Erstes bewusstes Erkennen des ›Ich‹, eigener Emotionen und der Gefühle anderer.

2.3

Das erzählende Bilderbuch – große Schritte mit Text und Bild und Kindesentwicklung ab ca. Mitte 3. Lebensjahr

»Komm, das lesen wir!«, ruft ein sechsjähriger Junge und schnappt sich ›Der kleine Fischer Tong‹. Seine Mutter blättert das Bilderbuch durch. Ihr Blick verrät Besorgnis, als sie die ausdrucksstark gezeichnete Nahaufnahme eines Skeletts sieht, obwohl es sich offensichtlich um eine rührende Geschichte handelt. Trotzdem zu gruselig für ihr Kind? Während der Lektüre weint der Junge plötzlich. Die Mutter fragt in ihrer Vorahnung bestätigt, ob sie mit dem Vorlesen aufhören soll. Der Junge schüttelt entschieden den Kopf – er möchte wissen wie es weitergeht, denn: »Mir tut das arme Skelett so leid. Es kann doch nichts dafür, dass es so aussieht. Hoffentlich ist der kleine Fischer lieb zu ihm!« Am Ende wird alles gut, das Skelett verwandelt sich in einen stattlichen Mann, der sich um den kleinen Fischer kümmert. Das Kind fragt begeistert: »Können wir's nochmal lesen?«

Anonyme Beschreibung eines (Vor-)Leseerlebnisses

oben: *Der kleine Fischer Tong.* © 2014 Moritz Verlag unten: Bildausschnitt

Diese Anekdote veranschaulicht, dass Kinder anhand von Bilderbüchern, welche sie auf der Bild- und Textebene fordern, emotional wie kognitiv reifen. Deshalb sollten wir sie nicht unterschätzen: weder die Gedanken und Gefühle der Kinder, noch Bilderbücher in ihrer Wirkungskraft. Kindliche Betrachter ab dem Kindergartenalter benötigen auch nicht zwingend viel mehr Text, um mit einem Bilderbuch lange beschäftigt und erfüllt zu sein, was unter anderem Jon Klassen und Mac Barnett mit *Dreieck, Quadrat, Kreis* (NordSüd) beweisen. Text, Bild und Gesten der abstrakten Figuren sind minimalistisch gezeichnet und sprechen im Grunde lediglich mit den Augen. Trotzdem wecken sie tiefe Emotionen und erzeugen Empathie. John Hares *Ausflug zum Mond* (Moritz) und Aaron Beckers *Die Reise* (Gerstenberg) zeigen exemplarisch, wie ergiebig sogar der vollständige Verzicht auf Worte sein kann. Ausschließlich über narrative Bilder folgen Kinder versteckten Hinweisen, lassen die eigene Fantasie schalten und walten oder steigen gemeinsam mit anderen – Erwachsenen, Geschwistern, Freunden – in die dialogorientierte Bilderbuchbetrachtung ein: ein hervorragendes Instrument der Sprachförderung, auch für mehrsprachig aufwachsende Kinder.

Mac Barnett, Jon Klassen: *Dreieck Quadrat Kreis.* © NordSüd

Aspekte, Aufbau und Kindesentwicklung

Viel Text, minimalistische Bilder, kein Text: Was jedoch macht Bilderbücher für Kinder ab spätestens drei Jahren gemeinhin aus? Diese Frage beantwortet jedes Bilderbuch auf seine Weise. Der überwiegende Teil ist aus dünnen Seiten hergestellt, die jetzt ohne Mühe aufgrund fortgeschrittener motorischer Fähigkeiten umgeschlagen werden können. Im Durchschnitt umfassen Bilderbücher für Kinder ab ungefähr drei Jahren sechszehn bis zweiunddreißig Seiten. Auch große Formate, quer oder hochkant, prägen die Bilderbuchlandschaft. Komplexere, durchgängige Geschichten sind ab jener Entwicklungsstufe möglich, weil die Aufmerksamkeitsspanne, emotionale Reife und das Weltwissen der Kinder weiter angestiegen sind. Trotzdem kristallisieren sich in einer Gruppe gleichaltriger Kindergartenkinder ›visuelle Typen‹ und geduldige Zuhörer heraus. Wir nennen sie ›visuelle Typen‹, da sie – quirlig und voller Elan – innerhalb kurzer Zeit beim eher passiven Zuhören zappelig werden. Lieber bringen sie sich aktiv mit ein, indem sie zum Beispiel Bilddetails heraussuchen und neben dem Erzählen über Beobachtungen mit dem Finger über die Seiten wandern, also ›körperlicher‹ lesen.

Interaktion lieben indes bereits Kleinkinder. Eine der meistverkauften Hartpappen dieser Art ist Jörg Mühles *Nur noch kurz die Ohren kraulen* (Moritz). Zweijährige schmieren mit imaginierter Creme das illustrierte Gesicht eines Hasen sorgsam (immer wieder und noch einmal) ein, während Dreijährige beispielsweise mittels gewonnener Zahlenkenntnisse so oft auf einen gelben dicken Punkt drücken, wie es Hervé Tulletts *Mitmach Buch* (Velber) verlangt und sehen beim Umblättern entsprechend viele neue gelbe dicke Punkte. Die Piste eines Hasen machen sie steiler und seine Abfahrt Seite für Seite turbulenter, indem sie *Hase fährt Ski* (Gerstenberg) schräg halten. Mitmachbilderbücher haben Konjunktur. Der Schwierigkeitsgrad der darin befindlichen Aufgabenstellungen steigert sich parallel zum zunehmenden Alter der Kinder. *Pierre, der Irrgartendetektiv* (Prestel junior) ist ein solches Exempel: Die Übersicht bei extrem kleinteiligen Zeichnungen zu behalten, verzwickte Labyrinthe zu durchschauen und die Konzentration ausreichend lange zu halten, bis die Lösung des Rätsels gefunden ist – dieses Niveau bewältigen oftmals erst Kinder im Grundschulalter.

Optisch präsentiert sich das Bilderbuch nun mit allen erdenklichen Spielarten: Bunt- und Bleistiftzeichnung, Acryl- und Aquarellmalerei, Collagen, digital bearbeitete und erstellte Zeichnungen, Fotografien, abgelichtete gebastelte Kulissen. Der Ideenvielfalt sind keine Grenzen mehr gesetzt. Hinzu kommt, je nach Geschichte, eine Ausweitung der Schauplätze, Figuren und zeitlichen Ebenen. Wimmelbücher von Peter Knorr (Beltz & Gelberg) oder etwa des ausgezeichneten Thé Tjong-Khing (Moritz) fordern Kinder heraus, indem sie Handlungen rein bildnerisch vermitteln. Nicht nur die Konzentration, auch die narrative Fähigkeit eines Kindes ist gefragt und wird gefördert: Es erzählt und interpretiert selbst, was die Bilder teils offensichtlich, teils nun jedoch auch nur andeutungsweise zeigen. Jedes Mal lässt sich frei und neu ein Geschehen fokussieren. Damit geht automatisch eine Erweiterung des lexikalischen Wissens einher. Gerade diese spielerische Freiheit und aktive Lesart regt zum Gespräch zwischen dem Kind und erfahrenen Mitbetrachtern an. Das können ältere Kinder, Geschwister oder Erwachsene sein, weswegen Wimmelbücher – im Übrigen auch Sachbilderbücher – oft lange ›mitwachsen‹ und viele Altersklassen ansprechen.

Ab dem Kindergartenalter werden Emotionen allmählich differenzierter in Wort und Bild dargestellt. Das Einnehmen anderer Perspektiven und das Hineinversetzen in andere Menschen gelingen Kindern mit etwa vier Jahren stetig besser. In der Entwicklungspsychologie spricht man in diesem Zusammenhang von der Fähigkeit zur ›Mentalisierung‹. Dass die Gedanken- und Gefühlswelt anderer nicht mit der eigenen identisch ist, lernen sie dabei ebenfalls. Auch finden Kinder mit der Zeit mehr Worte für innere Zustände, mit denen sie ihre oft diffusen Gefühle besser vermitteln können. Wer mehr über Emotionen weiß, kann auch eher Strategien entwickeln, mit ihnen umzugehen. Doch dies ist ein langer Prozess. Eigene Gefühle und die anderer Menschen exakt zu deuten, nachzuvollziehen oder Impulshandlungen gar zu regulieren, ist nach wie vor kompliziert und deshalb ein beliebtes literarisches Themenfeld. Affektkontrolle erlernen Kinder im Laufe der Jahre anhand vieler Erfahrungen. Säuglinge werden noch von nicht greifbaren, irritierenden Emotionen überschwemmt, die sie nicht alleine steuern beziehungsweise verstehen können. Erst mit der Zeit lernen Kinder, autonom damit umzugehen und zum Beispiel Angst selbst einzuschätzen, zu verstehen und zu verarbeiten.

Im dritten und vierten Lebensjahr testen Kinder oft intensiv während der berühmten Trotzphase ihre Grenzen (und die anderer). Ab dem Kleinkind- und Kindergartenalter dienen Bilderbuchcharaktere mit ähnlichen Herausforderungen als Vorbilder und Identifikationsfiguren, mit denen Gefühle und Situationen hypothetisch miterlebt werden. Die Abgrenzung und Stellung der eigenen Person innerhalb der Kindergartengruppe sowie der Vergleich mit Eigenschaften und Verhaltensweisen anderer Kinder ist ein wichtiger Bestandteil des Alltags. Kinder entwickeln zunehmend ein Gespür für Diversität und die eigene Identität. Mehr oder weniger offensichtlich pädagogische Geschichten beschreiben damit einhergehende Wutausbrüche, Mut und Angstzustände, die Kunst des Teilens, freundschaftliche Bindungen außerhalb der Familie oder Sorgen, wie Schlafprobleme. Ab circa drei bis vier Jahren erzählen sie außerdem von einschneidenden, belastenden Erfahrungen, von getrennten Eltern, schweren Krankheiten und dem Tod – oder dem Coronavirus. Wo noch Worte fehlen und diese erst gemeinsam gefunden werden müssen, sind Bilderbücher wertvolle Helfer.

Je differenzierter die Emotionen literarischer Figuren beschrieben werden, desto feiner kann die Darstellung ihrer Mimik ausfallen und als erzählendes Element zum Einsatz kommen. Psychische Zustände äußern sich nicht bloß in Körperempfindungen, wie Bauchweh bei Angst oder dem heftigen Aufstampfen bei Wut, sondern auch in entsprechenden Gesichtsausdrücken. Bis sich das Verständnis von illustrierter Mimik vollständig herausgebildet hat, sind Kinder jedoch bereits im Grundschulalter. Axel Scheffler und Julia Donaldson vereinen in *Riese Rick macht sich schick* (Beltz & Gelberg) Illustrationen voller Mimik und Gestik mit gereimten Texten, um schon jüngeren Kindergartenkindern Empathie anhand der Taten des herzensguten Riesen als Reaktion auf die Sorgen und Nöte seiner Bekanntschaften näherzubringen. Dreijährige verwechseln allerdings teils noch Lächeln und Freude mit Wut, sobald die Zähne einer abgebildeten Person zu sehen sind und das Bild nicht im unmittelbaren Kontext einer erzählten Geschichte steht. Mies Van Houts *Heute bin ich* (aracari) zeigt auf jeder Seite einen bunten Fisch, dessen Stimmung Mimik und Farbgebung widerspiegeln. Seine Verfassung wird mit einem Wort benannt: Traurig, wütend, nervös, betrübt, neidisch oder sorglos. Ein Objekt, ein Wort, eine Emotion - und doch hochkomplex. Bilderbücher wie dieses geben in der Arbeit mit Kindergruppen oder im zweisamen Miteinander Denk- und Gesprächsanstöße: Wie siehst du aus, wenn du traurig bist? Wie sieht deine Mutter aus, wenn sie traurig ist - oder dein guter Freund? Wie fühlt sich Traurigsein an? Fühlt es sich bei jedem gleich an? Wie kannst du jemandem helfen, der traurig aussieht?

Mies Van Hout,
Heute bin ich. © aracari

Neben der bildnerischen Ausgestaltung emotionaler Zustände erlaubt die voranschreitende Kindesentwicklung auch Verfremdungen sowie abstraktere Zeichnungen und Figuren. Es kann auf das vorhandene Wissen um die Wirklichkeit aufgebaut werden. Man nehme nur Sven Nordqvists Bilderbuchklassi-

Sven Nordqvist, *Wie Findus zu Pettersson kam.*

ker *Pettersson und Findus* (Oetinger), dessen Zielgruppe Kinder ab circa vier Jahren sind. Dass der alte Eigenbrötler Pettersson krumme Nägel an die Wäscheleine im Schuppen hängt, bringt einen erst dann zum Lachen, wenn man weiß, was der ursprüngliche Zweck von Wäscheleinen ist und dass Nägel sich nicht von alleine geradebiegen, indem sie an jener Leine hängen. Steht am Wegesrand ein mannshoher Pilz, wird auch diese Verfremdung als solche von Kindern entlarvt. Mit vier, fünf Jahren weiß ein Kind außerdem: Mucklas gibt es nicht. Es sind winzige, fantastische Wesen, der Einbildungskraft des Autor-Illustrators entsprungen, um den Geschichten von Pettersson und seinem neugierigen, kindlichen Kater mehr Zauber zu verleihen. Apropos Zauber: Das ›magische Bewusstsein‹ von Kindern ermöglicht es ohnehin, wirkungsvoll glaubhafte Geschichten mit sprechenden Tieren zu erzählen. Anthropomorphismus, die Vermenschlichung, ist ein gängiges Stilmittel bis hin zur Kinderliteratur, das Tiere als Protagonisten auftreten lässt.

Geschöpfe wie Drachen, Einhörner und Feen nehmen gleichfalls Einzug in das Bilderbuch. Fantasie und Realität sind noch lange eng miteinander verwoben. Erst mit der Zeit lernen Kinder zwischen ihnen zu unterscheiden. Mitunter imaginieren sie bis in die Grundschulphase hinein das Magische hinter den Dingen. Bis dahin beginnt jene Grenzziehung stückweise, während Kinder im Spiel so tun ›als ob‹ – als ob ihre Kuscheltierkatze beispielsweise der Bilderbuchfigur Findus und diese wiederum einer echten (obwohl imaginierten) Katze entspricht. Wenn der Elefant einer Geschichte nicht einschläft, weil er Angst im Dunkeln bekommt, erfährt das Kind wiederum über die Erlebnisse des literarischen Helden, wie man doch in den Schlaf findet und Herausforderungen des Alltags meistert – und dass man nicht alleine mit seinen Problemen ist.

Bilder dürfen zunehmend auch über den vorgegebenen Text hinaus eigene Geschichten erzählen oder gar das Gegenteil des Erzählten darstellen. Bild und Text erzählen also parallel bis gegenläufig. Redewendungen und Sprichwörter wiederum sind vorerst erklärungsbedürftig und nur mithilfe der Erläuterungen erfahrener (Vor-)Leser verständlich. Gesagtes wird noch wörtlich genommen. Basiert Humor in einer Geschichte auf Ironie, muss das Sprachverständnis des Kindes recht ausgeprägt sein. Für etwaige Sprachspiele und Bedeutungsverschiebungen sensibilisiert das häufige Vorlesen und Erklären solcher sprachlichen Eigenheiten ungemein.

Wie stark das Vorlesen von Bilderbüchern zur Sprach- und Horizonterweiterung beiträgt, hängt indes auch von der Qualität der Texte ab. Satzstrukturen sollten in Anbetracht der Tatsache, dass Kinder keine Leser, sondern Zuhörer sind, nicht verschachtelt sein. Trotz der für das Kindergartenalter komprimierten Form und der damit einhergehenden gebotenen Kürze, kann eine bildhafte, treffende Wortwahl hingegen die Fantasie anregen und mit neuen Wörtern zur Vergrößerung des Sprachschatzes beitragen. Diese kostbare ›Begleiterscheinung‹ garantiert längst nicht jedes Bilderbuch. Manche Handlungsabläufe sind platt konstruiert oder streifen nur oberflächlich die Gefühlswelt. Andere sind raffiniert erzählt und fördern das Empathievermögen von Kindern. Bilderbücher tragen zum Verständnis der Geschlechter bei, sind geschlechtsneutral beziehungsweise frei von Rollenklischees oder verstärken diese. Selbiges gilt für Illustrationen und ihr geschicktes Zusammenspiel mit dem Text. Alles ist möglich und die Nachwirkung einer Geschichte im positiven wie im negativen Sinne enorm, wobei verschiedene Weltanschauungen naturgemäß unterschiedliche Bewertungen erzeugen.

Zur Fortführung und Vertiefung der genannten Aspekte dient das Kapitel ›(Bilder-)Bücher als Helfer in der Not – sensible Themen, therapeutische Aspekte‹ (siehe Kap. 2.5). Dieser Themenabschnitt demonstriert, inwiefern (Bilder-)Bücher in schwierigen Lebenslagen Trost spenden, aufklären, zu Reflexionen auf Augenhöhe der Kinder anregen und ihnen, sowie letztlich auch Angehörigen, helfen, den Umgang mit schwierigen Situationen zu bewältigen.

Erzählendes Bilderbuch – kurz & knapp zusammengefasst

- Ab ca. Mitte 3. Lebensjahr, 3 Jahren;
- Etwa 32 Seiten oder mehr;
- Ab ca. 3+ oft dünne Seiten, großformatige Bücher;
- Abstraktere, künstlerische Zeichnungen und Verfremdungen; ab ca. 4+;
- Parallele bis gegenläufige Texte und Bilder: Bilder dürfen zunehmend über den Text hinaus eigene Geschichten erzählen;
- Ausweitung der Schauplätze und Figuren;
- Komplexere, durchgängige Geschichten möglich;
- Gefühle allmählich stärker mittels Mimik dargestellter Figuren erkennbar;
- Einnehmen anderer Perspektiven, Feinabstufungen von Emotionen;
- Ab ca. 4+ sensible Themen wie Trennung, Tod oder schwere Krankheit;
- Redewendungen, Sprichwörter, ansatzweise Ironie ab ca. 4+ / 5+ verständlich, aber erklärungsbedürftig (Gesagtes wird vorerst wörtlich genommen).

Das Sachbilderbuch – Wege der Wissensvermittlung

Armstrong, Lindbergh, Edison … jetzt hab' ich sie endlich ALLE. Sie glauben ja gar nicht, wie ich mich darauf freue, mir meinen Enkel auf den Schoß zu setzen und diese herrlichen Bücher mit ihm zu lesen!

Ein Großvater mit vor Begeisterung glühenden Wangen
in der Buchhandlung bei seinem Kauf der
Mäuseabenteuer von Torben Kuhlmann

In den letzten zwei Jahrzehnten vollzog sich ein enormer Wandel im Segment des Kindersachbuchs. Während es im Zuge ernüchternder PISA-Ergebnisse zuerst eine Hochkonjunktur erfuhr, sank die Nachfrage bald aufgrund der rasant steigenden digitalen Konkurrenz. Dies betraf insbesondere höhere Altersklassen, da hier die Nutzung von Internetquellen bei der Recherche von Informationen zur Wissensvermittlung exponentiell anstieg. Infolgedessen suchten Autoren, Gestalter und Verlage kreative Wege für eine Neupositionierung des Sachbuchs. Dies schlug sich vor allem in der Gestaltung und Adressierung nieder: In vielen Fällen öffnete sie sich gleich für mehrere Altersklassen. Kindersachbücher sind nun oftmals wahrhaftige Familienbücher. Auf ästhetischer wie literarisch-informativer Ebene spricht ein einziger Titel häufig parallel mehrere Altersstufen zugleich an. Mediale Veränderungen, die zuvorderst ältere Grundschulkinder oder Jugendliche betrafen, wirkten sich somit zusätzlich auf das Sachbilderbuch für jüngere Kinder aus. Jener Trend hält ungebrochen an. Auch mit der äußeren Form wird gespielt: Weit ausklappbare Leporellos von Prestel junior oder Usborne etwa eröffnen riesige Panoramablicke. Auf der anderen Seite findet eine starke Differenzierung statt, um möglichst jede kindliche Entwicklungsstufe abzudecken.

Sowohl Fotografien als auch Illustrationen und Grafiken prägen das Sachbilderbuch. Manche schwören auf den Einsatz von Illustrationen, weil sich mit ihnen Abbildungen leicht auf ausschlaggebende Merkmale reduzieren und Sachverhalte altersgerecht veranschaulichen lassen. Besonders im Baby- und Kleinkindalter ist eine solche Reduzierung notwendig. Andere präferieren die neutrale Klarheit einer realen Fotografie, zum Beispiel freigestellt mit weißem Hintergrund, wie man sie aus dem Programm des Dorling Kindersley Verlags kennt. Letztlich entscheidet zumeist der Geschmack der Eltern, welches Sachbilderbuch zumindest die jüngeren Kinder in Händen halten. Beide Formen der Darstellung haben ihre Berechtigung, sofern sie Wissen adäquat vermitteln und eine Einheit mit informativen Texten bilden.

Grundformen informativer Literatur

Prinzipiell unterscheidet man im Sachbuch-Segment zwischen zwei Grundformen: Je nachdem, wie Wissen vermittelt wird, lassen sich bereits Bilderbücher in ›sachlich informierende‹ oder ›erlebnishaft gestaltete‹ Sachbücher unterteilen. Dabei ist das Alter der Zielgruppe nicht festgelegt. Selbst Hartpappen für die Allerkleinsten umreißen häufig ein Wissensgebiet, etwa Bauernhoftiere, Fahrzeuge oder Musikinstrumente, und können theoretisch als erste informative Literatur gelten. Vereinzelt vereinen diverse Titel in verschiedenen Altersklassen beide Grundformen des Sachbuchs. So entstehen Mischformen, die als Hybride zudem Gattungsgrenzen zwischen Sachbuch und Fiktion beziehungsweise erzählender Literatur überschreiten. Eine klare Trennung ist mitunter unmöglich, höchstens die Tendenz zur einen oder anderen Vermittlungsart erkennbar. Eine der erfolgreichsten Mischformen der letzten Jahre ist Torben Kuhlmanns mehrfach ausgezeichnete Serie der Mäuseabenteuer. Gespickt mit Andeutungen historischer Hintergründe und wissenschaftlichen Erklärungen in Form detailgetreuer nostalgischer Illustrationen, begeben sich junge Betrachter und Zuhörer sowie Vorlesende oder ältere, bereits eigenständig lesende Kinder auf den Spuren von Charles Lindbergh, Neil Armstrong, Thomas Edison und Albert Einstein. Diese spezielle literarische Form verbindet also einerseits emotionale, unterhaltende und sachliche Elemente. Andererseits weist sie an einigen Stellen beziehungsweise auf einzelnen Bildseiten einen typischen Sachbuchcharakter auf.

Torben Kuhlmann, Lindbergh. *Die abenteuerliche Geschichte einer fliegenden Maus.* © NordSüd
unten: Bildausschnitt

In die Kategorie der **sachlich informierenden Bücher** fallen Texte, welche Wissen in nüchternem, neutralem und sachlichem Ton vermitteln. Basierend auf deutlich herausgestellten Fakten verhelfen leicht verständliche und kindgerecht aufbereitete Texte, Zusammenhänge nachzuvollziehen. Darstellungen anhand von Bildern, wie Fotografien, Illustrationen und Grafiken, begleiten die Texte und unterstützen zusätzlich den Verstehensprozess. Dies erfordert je nach Altersklasse, insbesondere bei kleinen Kindern, eine Reduzierung der Abbildungsinhalte auf wesentliche Merkmale.

Die Einbindung interaktiver Elemente, wie Stellen zum Ertasten, Klappen, Pop-ups und Soundmodule, kombiniert Infor-

oben: *Wieso? Weshalb? Warum? Wir entdecken Insekten.* © Ravensburger

unten: Sharon Rentta, *Finn, der Feuerwehrelch.* © Gerstenberg

mation und Unterhaltung. Auch unterschiedliche Sinne werden über das Hören und Erfühlen von Details aktiviert. Beispiele für sachlich informierende Bilderbücher sind *Wieso? Weshalb? Warum?* (Ravensburger) und *WasIstWas Kindergarten* (Tessloff) mit in die Seiten eingearbeiteten Klappen. Die Reihen *Meyers kleine Kinderbibliothek* und *Licht an* (Fischer Sauerländer) fördern das spielerische Entdecken mittels teils transparenter Folien. Dies ist ganz im Sinne der Embodiment- (Verkörperung) beziehungsweise Embodied-Cognition-These der Kognitions- und Neurowissenschaft sowie Lernforschung: Kognitive Prozesse werden mit sensomotorischen Erfahrungen vernetzt und setzen sich dadurch besser im Gedächtnis fest. Nicht umsonst nutzen kleine Kinder ihre Finger zum Abzählen, um sich abstrakte Zahlen besser vorzustellen.

Bücher in Kombination mit digitalen Stiften, wie *BOOkii* (Tessloff) oder *tiptoi* (Ravensburger), erweitern Sachbilderbücher um eine zusätzliche Ebene, die außerhalb von PC, Tablet und Smartphone Features ermöglicht, welche über das Medium Buch nicht umsetzbar sind. Den Vorteil der ›Schutzzone‹ Buch wissen viele Eltern zu schätzen. Als abgewandelte Variante der Reihe *Wieso? Weshalb? Warum?* (Ravensburger) setzte sich bislang vornehmlich *tiptoi* mit einer großen Bandbreite an gängigen Themen für Kinder ab vier Jahren am Markt durch.

Wer an Sach(bilder)bücher denkt, hat zuerst sachlich informierende Titel vor Augen. Je älter Kinder werden, desto mehr kristallisieren sich jedoch gewisse Vorlieben heraus oder sie sind schlichtweg so gut ausgestattet mit Titeln zu einem Sachthema, dass neue Buchvarianten zwecks Abwechslungsreichtum gesucht werden. **Erlebnishaft gestaltete Sach(bilder)bücher** bieten diese Variation, indem sie Wissen auf indirekte Weise vermitteln und Informationen in eine Geschichte einbetten. Von einem oder wenigen Charakteren getragen, sprechen sie Kinder somit zusätzlich auf der emotionalen Ebene an. Dies schließt detaillierte Abbildungen zu Sachverhalten oder Objekten nicht aus. Sharon Renttas Bilderbücher, etwa *Finn, der Feuerwehrelch* (Gerstenberg), transportieren Informationen hauptsächlich über den visuellen Weg anhand zahlreicher Details. Die heitere Geschichte sorgt für Auflockerung und Unterhaltung. Ein regelrechter Klassiker der Themenbilderbücher und indirekten Wissensvermittlung für Kinder ab drei Jahren ist die Reihe *Conni* (Carlsen). Ob Zahnarzt oder Flughafen: Gemeinsam mit Conni durchleben kleine Kinder Erfahrungen auf einem bestimmten Themengebiet. Ähnlich verhält es sich mit der Reihe *Ich habe eine Freundin / einen Freund, die / der ist…* (Carlsen), welche Berufe aufgreift. Durch die Verknüpfung mit Charakteren sind Leser, Zuhörer und Betrachter näher am Geschehen und Sachwissen dran. Abstraktes wird greifbarer. Dieses Prinzip führt sich bis ins Erwachsenenalter fort.

Sachbilderbuch – kurz & knapp zusammengefasst

- ›Sachlich informierend‹: Neutral, vorwiegend nüchtern anhand von Fakten kindgerecht vermitteltes Sachwissen;
- ›Erlebnishaft gestaltet‹: Über den emotionalen Weg indirekt anhand einer Erzählung und mittels literarischer Figuren dargestelltes Sachwissen;
- Hybride Mischformen verbinden verschiedene Vermittlungswege;
- Sprachlich und gestalterisch vereinfachte Darstellung, insbesondere bei Kleinkindern und Kindergartenkindern mittels Illustrationen;
- Zusatzelemente (Klappen, Folien, Soundmodule etc.) sprechen mehrere Sinne an.

2.5 (Bilder-)Bücher als Helfer in der Not – sensible Themen, therapeutische Aspekte

Frau Wambold, das können Sie doch nicht bringen: morgens um 9:45 schon Bilderbücher über den Tod!

Angehender Buchhändler im Unterricht zur Kinder- und Jugendliteratur

Ist das traurig – aber eigentlich auch schön!

Weinendes, positiv berührtes Grundschulkind nach der Lektüre von Erlbruchs *Ente, Tod und Tulpe*

Kann man das ›bringen‹: Schon morgens über den Tod in der Kinder- und Jugendliteratur sprechen? Für dieses Thema gibt es keine gute oder schlechte Uhrzeit. Steht ein trauernder Elternteil um die genannte Zeit in einer Buchhandlung und bittet um Hilfe bei der Suche nach einem Trost spendenden Bilderbuch für das eigene Kind, wäre ein Verweis auf die frühe Stunde wenig zielführend und gewiss nicht empathisch. Und wie kann ›Lesefreude‹ und Leseförderung mit solch sensiblen Aspekten zusammenhängen? Indem zum Beispiel die Auswirkungen einer kompetenten Titelauswahl sowie behutsam vermittelten Lektüre Angstbewältigung und vieles mehr ermöglichen – auch wieder mehr Freude am Leben.

Verkaufsschlager sind sie selten, aber notwendig und mitunter viel zu wenig beachtet: Bilder- und (illustrierte) Kinderbücher zu kontroversen, unbequemen und tiefgehenden Aspekten des Lebens. Sie machen jedoch Kinder von klein auf sensibel für das eigene Emotionsgefüge und das ihrer Mitmenschen. Therapiebegleitend, in Kindergärten, Schulen, in Gruppen oder im Kreise der Familie können solche Titel Kindern in Notlagen sogar helfen, sich zu öffnen. Denn oft nehmen Trauer oder Angst innerlich so viel Raum ein, dass für positive Erlebnisse kaum mehr Platz ist. Geschichten mit kindgerechten Lösungsansätzen, die zu ersten Schritten der Trauerarbeit oder Problembewältigung führen, schaffen hierfür wieder neuen Raum.

Um derartige Aspekte genauer zu beleuchten, wurden für diese Publikation Erkenntnisse der Entwicklungspsychologie berücksichtigt und Gespräche mit praktizierenden Kinder- und Jugendpsychologinnen und -psychologen geführt, deren Namen aus Anonymitätsgründen nicht genannt werden. Ihre langjährige Erfahrung zeigt, wie vielseitig insbesondere Bilderbücher mit psychologischen Inhalten einsetzbar sind. Gerade jüngere Kinder ab circa drei Jahren finden über den Weg des Bildes in Kombination mit textbasierten oder frei erdachten und somit individuell gestalteten Geschichten einen spielerischen Zugang zu belastenden Themen, welche – aus dem alltäglichen Kontext herausgenommen – leichter annehmbar sind. Der Wortschatz kleinerer Kinder fällt außerdem noch deutlich geringer als der von Jugendlichen aus. Emotionen lassen sich für sie noch kaum in Worte fassen. Auch deshalb ist das Erzählen anhand von Bildvorlagen ideal: Das sprachliche Ausformulieren des Betrachteten kann an den Entwicklungsstand des Kindes angepasst werden.

Betroffene Kinder werden beim gemeinsamen Lesen eines Buches nicht explizit angesprochen. Niemand konfrontiert sie etwa mit der Aussage »Du verhältst dich falsch, du bist zu aggressiv«. Anhand einer Buch-Figur, die externalisiert ›neben‹ ihnen steht, erhält das diffus wahrgenommene Problem einen greifbareren Charakter und ist aufgrund der Distanz weniger einschüchternd. Aus einer Geschichte heraus können sich Rollenspiele entwickeln sowie freie Dialoge zwischen Therapeuten und Eltern mit dem Kind. Dies wiederum stabilisiert Eltern und Kinder gemeinsam. Ein nicht unerheblicher Aspekt – denn auch Eltern stehen bisweilen hilflos und verzweifelt den Verhaltensweisen und Ängsten ihres Kindes gegenüber. Über den Weg der mit Bildern und Texten aufgebauten Geschichte lernen Kinder Schritt für Schritt ihre Emotionen zu erforschen, sie anderen und sich selbst zu erklären und zu verstehen, was hinter unangenehmen Gefühlen steckt. Hierdurch entsteht bei Kindern und Eltern größere Klarheit, was als Grundlage für Stabilität erforderlich ist.

Bei tiefgreifenden Problemen, zum Beispiel bei Missbrauch oder schwer erkrankten Elternteilen, entstehen Bücher oft in Zusammenarbeit mit wissenschaftlich geschulten Experten. Einige solcher Titel bieten Verlage im Set mit Arbeitsvorlagen für Pädagog*innen an, um den Dialog in Gruppen zu erleichtern. Manche Kinder finden sich hierbei wieder und suchen außerhalb der Familie Hilfe oder erzählen zuhause von ihrer Erfahrung mit dem Buch. Genannt wurde seitens einer Psychologin das Erlebnis eines siebenjährigen Mädchens, dessen Vater unter schweren Depressionen litt. Erst als in seiner Klasse Claudia Gliemanns, von Nadia Faichney illustriertes Bilderbuch *Papas Seele hat Schnupfen* (Monterosa) zu jenem Thema erarbeitet wurde, wagte das Kind endlich das Gespräch, welches innerhalb der Familie zuvor tabu war. Inzwischen wird die Familie dank dieses ersten entscheidenden Impulses therapeutisch begleitet.

Neben sensiblen Themen von Verlust- und Versagensängsten bis hin zu sozialer Ausgrenzung kommt die Frage nach dem Tod zwangsläufig irgendwann auf. Ravensburger erweiterte die wohl bekannteste Kindersachbuchreihe für die Altersklasse der Vier- bis Siebenjährigen *(Wieso? Weshalb? Warum?)* aus diesem Grund »auf vielfachen Wunsch von Eltern und Pädagogen« (Presse-Information ravensburger.de) um den Titel *Abschied, Tod und Trauer*. Dass der Tod zum Leben gehört, wie verschieden sich Trauer anfühlt, wie man Trost findet, welche Vorstellungen vom Tod existieren und was danach auf der Welt geschieht – dies sind grundlegende Fragen, welche in diesem und anderen Büchern für Kinder aufgeworfen und soweit wie eben möglich beantwortet werden. Je nach Alter der Zielgruppe und Konzept werden einzelne Aspekte herausgestellt. Sachlich, aber behutsam, frei heraus und provokant bis humorvoll, in eine Erzählung und in ausdrucksstarke oder besänftigende, ruhige Bilder eingebettet – vielfältige Varianten machen einen individuell gewünschten oder notwendigen Zugang möglich. Im Folgenden werden einige Aspekte zusammen mit Titelbeispielen angeführt, die man bei einer Buchauswahl berücksichtigen kann.

Fragestellungen und Titelvorschläge zu Tod, Trauer und Abschied

- Soll die Geschichte auf einen konkreten Fall vorbereiten? Anette Bley lässt in *Und was kommt nach tausend?* (Ravensburger) einen Mann vor seinem natürlichen, altersbedingten Tod mit einem Mädchen über verschiedene Bestattungsarten und den Kreislauf des Lebens sprechen. Das Mädchen weiß, dass er bald sterben muss. Sensibel, dennoch mit Humor spricht der Großvater in Jutta Bauers *Opas Engel* (Carlsen) vor seiner letzten Ruhe mit dem Enkel über sein langes Leben und den Schutzengel, der ihn stets begleitete. Am Ende der Geschichte wird jener Schutzengel zum neuen Begleiter des Enkels und verbindet ihn mit dem nun verstorbenen Großvater. Das Band zwischen Enkel und Großvater bleibt somit über den Tod hinaus bestehen.

Anette Bley, *Und was kommt nach Tausend?* © Ravensburger

- Hat das Kind bereits Erfahrungen mit dem Thema Tod gesammelt oder wird allgemein der Tod als Thema aufgegriffen und eine erste Basis geschaffen, um darüber zu sprechen? Den Kreislauf des Lebens und dass der Tod schlichtweg dazugehört, erklären Elisabeth Helland Larsen und Marin Schneider mit *Das Leben und ich. Eine Geschichte über den Tod* (Kleine Gestalten).
- Soll die Geschichte nach einem konkreten Trauerfall Trost spenden, Ideen zur Trauerbewältigung geben, eher auf die Hinterbliebenen Bezug nehmen und den Umgang mit Trauer und Tod thematisieren? Anette Bley greift auch diesen Aspekt in *Und was kommt nach tausend?* (Ravensburger) auf. Spezieller ist Marit Kaldhols *Abschied von Rune* (Ellermann), da sie den Tod eines Kindes, der besten Freundin, anspricht. Roddy Doyle wiederum erzählt in *Ganz die Mutter* (Carl Auer), wie Kinder als Teil ihrer Eltern auch nach dem Tod eines Elternteils ein Stück von ihnen in sich tragen.
- Gibt es einen religiösen Hintergrund für das Kind? Wie ist das Kind diesbezüglich geprägt? Gibt es am Ende eines Lebens in der Geschichte zum Beispiel einen Himmel beziehungsweise einen Gott für Verstorbene, einen Schutzengel oder eine Wiedergeburt? Möchte man eine atheistische Weltanschauung vermitteln oder offenlassen, was nach dem Tod geschieht? Offen ist etwa Brigitte Endres' *Wo gehst du hin, Opa?* (aracari). Stian Hole hingegen stellt in *Annas Himmel* (Hanser) als Ort des Danach einen herrlichen, bunten Garten Gottes dar, in dem Verstorbene zusammen mit anderen Toten ›weiterleben‹. Sachlich, lebensnah und direkt widmet sich Pernilla Stalfelt vielen Fragen mit *Und was kommt dann? Das Kinderbuch vom Tod* (Moritz).
- Soll das Kind lernen, mit der Trauer anderer Hinterbliebener umzugehen und sie zu verstehen? In Wendy Meddours *Warum bist du traurig, Opa?* (Knesebeck) hilft ein Enkel seinem Großvater mit gemeinsamen Ausflügen und offe-

nen Gesprächen, langsam über den Verlust der Großmutter hinwegzukommen. Marina Jansohns *Papas Päckchen* (Jacoby & Stuart) nimmt wortwörtlich und bildhaft das Sprichwort ›Jeder hat sein Päckchen zu tragen‹ als Ausgangspunkt für ihre Geschichte zur Trauerbewältigung auf. In einem schweren, zugeschnürten Paket steckt sinngemäß die verstorbene Mutter. Erst als der Junge seinem Vater begreiflich macht, dass die Mutter in den Herzen und Gedanken der beiden weiterexistiert, gibt der Vater das Paket und somit seinen übermächtigen Kummer ab. Inka Pabst und Mehrdad Zaeri thematisieren in *Joshua – Der kleine Zugvogel* (Tulipan) wiederum ›Sternenkinder‹ beziehungsweise den Tod eines ungeborenen Kindes und die emotionale Herausforderung für die ganze Familie.

- Soll das Buch eine Beerdigung zeigen und erklären? Welche Form der Beerdigung wird dargestellt? Überall auf der Welt gibt es unterschiedliche Arten, Menschen zu bestatten und Traditionen, die Toten an ihrem Ruheort oder anlässlich eines bestimmten Tages zu ehren. Auf heitere und zugleich tiefgründige Weise führt Ulf Nilsson mit *Die besten Beerdigungen der Welt* (Moritz) an das Thema heran.
- Wird eine Personifizierung des Todes eingesetzt? Falls ja, wie? Hilft dies einem Kind die Angst davor zu verlieren oder ist es aus persönlichen Gründen kontraproduktiv? Ein Klassiker, Wolf Erlbruchs *Ente, Tod und Tulpe* (Kunstmann), stellt einen freundlichen, geduldigen, empathischen Tod vor. Er ist keine Schreckgestalt, sondern eine Art Gefährte, was der folgende Satz ausdrückt: »Ich bin schon in deiner Nähe, solange du lebst – nur für den Fall.«
- Ist es hilfreich, wenn Tiere als Protagonisten fungieren (Anthropomorphizierung), sodass eine gewisse Distanz zwischen dem Kind als Betrachter, Leser oder Zuhörer und den handelnden Figuren entsteht, weil eben nicht Menschen agieren (siehe Kindertherapie mit Tierfiguren)? Auch in Fabeln werden Tiere vermenschlicht, um moralische Aussagen verblümt zu vermitteln. Tiere sind bei Kindern beliebt, noch weit bis in die Grundschule hinein – ob im wahren Leben oder als Protagonisten einer Geschichte. Im Rahmen der *Kinder-Medien-Studie* (2019) bildeten sie mit 79,6% das liebste Interessengebiet unter den Vier- bis Fünfjährigen. Britta Teckentrup erzeugt in *Der Baum der Erinnerung* (arsEdition) eine tröstliche Stimmung anhand kräftiger, lebensbejahender Farben und mittels untereinander eng befreundeter Tiere, die ausschließlich

zur Sprache kommen. Ein Klassiker der Tiergeschichten über den Tod ist Susan Varleys *Leb wohl lieber Dachs* (Betz).

Britta Teckentrup, *Der Baum der Erinnerung*. © 2013 arsEdition GmbH

- Soll über die Geschichte hinaus mit dem Kind aktiv gearbeitet werden, indem zusätzlich Anregungen zum gemeinsamen Gespräch, zum Malen, Einkleben von Fotos et cetera im Buch vorhanden sind? *Weil du mir so fehlst. Dein Buch fürs Abschiednehmen, vermissen und erinnern* (Carlsen) ist ein Mitmachbuch von Ayse Bosse und Andreas Klammt und erst für Kinder ab dem Grundschulalter zur Trauerbewältigung geeignet, denn man sollte dazu in der Lage sein, Worte für die eigenen Gefühlszustände zu finden und sie richtig zuzuordnen. Wie fühlt sich innere Leere und das Vermissen an? Warum spürt man Wut statt Traurigkeit? Und ist nicht vielmehr die Wut Resultat von Trauer und Hilflosigkeit? All dies sind schwierige Fragen für kleine Menschen, die noch lernen, Emotionen überhaupt zu deuten und zu regulieren. Der später erschienene, an vielen Stellen illustrierte zweite Band *Einfach so weg* (Carlsen), führt dieses Konzept für Jugendliche und Erwachsene fort. Auch die Reihe *Psychologische Kinderbücher* (Hogrefe) bietet Ideen, aktiv mit der Geschichte *Opas Stern. Ein Trost- und Erklärbuch für Kinder und ihre Eltern* zu arbeiten.
- Können Sach(bilder)bücher auf möglichst neutrale Weise in das Thema einführen? Zumeist bilden sie ein breites Spektrum an gängigen Fragen und Antworten ab. Gravierende Unterschiede bilden dennoch die jeweiligen Schwerpunkte, die Darstellungen in Bild und Text und die intendierten Adressaten. Während sich *Wieso? Weshalb? Warum? Abschied, Tod und Trauer* (Ravensburger) mit abmildernd kindlich-sanften Zeichnungen im Stil der bekannten Reihe an Kinder ab vier Jahren richtet, wirkt Pernilla Stalfelts *Und was kommt dann? Das Kinderbuch vom Tod* (Moritz) sowohl inhaltlich als auch gestalterisch deutlich eigensinniger, keinesfalls naiv-kindlich und scheut nicht vor Witz zurück, um die Angst vor dem Tod zu nehmen. Einige Titel, wie die *Psychologischen Kinderbücher* des Hogrefe Verlags, verbinden wiederum erzählende und informative Literatur.

Neben dem Tod erfordern weitere kontroverse, sensible und tabuisierte Aspekte des Lebens Bücher, die kleinen und größeren Kindern (und Erwachsenen) Verständnishilfen geben. *KIMI. Das Siegel für Vielfalt* stellt Titel zu den Themen Rassismus, Ausgrenzung, körperliche Beeinträchtigung, Trauer oder Empathie vor (kimi-siegel.de). Auch der Katalog *Kolibri. Kulturelle Vielfalt in Kinder- und Jugendbüchern* bietet aktuelle Leseempfehlungen (baobab.ch). *Die Romantherapie für Kinder* (Insel) listet in einem umfangreichen Buch klassische und neue Titel ›für alle Lebenslagen und Leiden von A bis Z‹ auf, welche sich als eine Art therapeutische Hilfe für kleine Kinder bis Teenager eignen. Nicht alle Stichworte fallen in den Bereich der sensiblen Themen: Die *Romantherapie* von E. Berthoud, S. Elderkin und T. Bünger beginnt mit ›Abenteuerlust‹ und endet mit dem Eintrag ›Zwilling; einer sein wollen‹ und verweist an dieser Stelle auf das Stichwort ›Einsamkeit‹. Doch auch Depression, Missbrauch oder zum Beispiel der Tod sind vertreten. 2017 erschienen, ist dieser Titel – privat oder für Schulen, Kitas, Bibliotheken und etwa Buchhandlungen – durchaus als Ideengeber verwendbar.

Fast alle der im Folgenden aufgelisteten Titel sind im Buchhandel zu finden und für das gemeinsame, private Lesen gedacht. Nicht selten stecken bekannte Autor*innen und Illustrator*innen dahinter, wie etwa Wolf Erlbruch. Ein Titel wie Stefan Mosters und Nadia Faichneys *Die glückliche Amsel* (Monterosa) hingegen ist explizit für den Einsatz in Therapien konzipiert und wird erst ab zehn Jahren empfohlen. Hogrefes Reihe *Psychologische Kinderbücher* entstand fachübergreifend in Zusammenarbeit mit den Fachbereichen Psychologie, Germanistik und Kunst. Sie bietet über den Text hinaus Anregungen zur Bewältigung der Probleme. Durch ihr Konzept spricht sie allgemein Kinder zwischen sechs und zwölf Jahren an, eignet sich aber auch für den Einsatz in Therapien.

Titelvorschläge für weitere sensible Themen

Scheidung

Sauermann, Marcus: *Der Kleine und das Biest*, (Klett Kinderbuch)

Rickert, Anne: *Das Gute daran* (Tyrolia)

Maxeiner, Alexandra und Kuhl, Anke: *Alles Familie! Vom Kind der neuen Freundin vom Bruder von Papas früherer Frau und anderen Verwandten* (Klett Kinderbuch)

Geschlechterrollen

Ulmen-Fernandes, Collien: *Lotti und Otto* (Edel Germany)

Brichzin, Kerstin: *Der Junge im Rock* (Minedition)

Orghandl, Franz und Strozyk, Theresa: *Der Katze ist es ganz egal* (Klett Kinderbuch)

Love, Jessica: *Julian ist eine Meerjungfrau* (Knesebeck)

Beeinträchtigungen, Down-Syndrom

Hundertschnee, Nina und Grigo, Pe: *Leopeule* (Dragonfly)

Müller, Birte: *Planet Willi* (Klett Kinderbuch)

Osberghaus, Monika und Klein, Horst: *Alle behindert. 25 spannende und bekannte Beeinträchtigungen in Wort und Bild* (Klett Kinderbuch)

Demenz

Baltscheit, Martin: *Die Geschichte vom Fuchs, der den Verstand verlor* (Beltz & Gelberg)

Welsh, Clare Helen: *Mit Opa ist alles anders* (Tigerstern)

John, Kirsten und Gehrmann, Katja: *Opa Rainer weiß nicht mehr* (Knesebeck)

Psyche

Reihe *Psychologische Kinderbücher* (Hogrefe): Geschichten inklusive praktischer Übungen und Aufgaben, unter anderem zu den Themen
Trennungsangst (*Die kleine Eule Luna*),
Sozial ängstliche Kinder (*In Gedanken ein Fuchs*),
ADHS (*Zappel-Zirkus Zacharias*)

Häusliche Gewalt, Angst der Kinder vor verbalen und körperlichen Auseinandersetzungen der Eltern

Wirsén, Stina: *Klein* (Klett Kinderbuch)

Dahle, Gro und Nyhus, Svein: *Bösemann* (NordSüd)

Sexueller Missbrauch

Endres, Brigitte: *Was ist los, Joschi Bär?* (aracari)

Moster, Stefan und Faichney, Nadia: *Die glückliche Amsel* (Monterosa)

Armut

Dubois, Claude K.: *Stromer* (Moritz)

Spilsbury, Louise und Kai, Hanane: *Wie ist es, wenn man arm ist?* (Gabriel)

Gefängnis

Osberghaus, Monika und Engelhardt, Thomas: *Im Gefängnis* (Klett Kinderbuch)

Krieg und Flucht

Spilsbury, Louise und Kai, Hanane: *Wie ist es, wenn es Krieg gibt? Alles über Konflikte* (Gabriel)

Dubois, Claude K.: *Akim rennt* (Moritz)

Zanotti, Carolina: *Punkte. Wir sind viele!* (360 Grad)

Boie, Kirsten: *Bestimmt wird alles gut* (Klett Kinderbuch)

Tan, Shaun: *Ein neues Land* (Carlsen)

2.6 Illustration – Gestaltungsphilosophien als Orientierungspunkte

Guck mal, wie der auf dem Bild glotzt. Die Augen ... so riesig. Sauwitzig!

Ein Junge über eine Zeichnung von Anke Kuhl

Zu wissen, welche ›Philosophie‹ eine Person vertritt, die ein Buch illustriert, ist neben allen bislang genannten Aspekten eine weitere Orientierungshilfe im gigantischen Meer der Bücher. Offensichtlich pädagogische (Bilder-)Bücher zeigen Betrachtern ohne Umschweife, worum es geht. Sie kommen direkt auf den Punkt, und Fragen rund um ein begrenztes Thema werden möglichst klar beantwortet. Der Buchtitel ist bereits Programm und zeigt, wohin Text und Bild führen. Eltern dürfen in der Regel darauf vertrauen, dass die zu lernende Botschaft evident und verständlich ist. Dies wird üblicherweise für den Bereich der Alltagstätigkeiten und häufig wiederkehrenden sozialen Interaktionen oder zur unmissverständlichen Moralvermittlung genutzt: in den Kindergarten gehen, mutig sein, teilen, nicht lügen, Regeln einhalten.

Statt Gedankenströme erkennbar in vorgegebene Bahnen zu lenken, sollen andere Bilderbücher subtil zu neuen Fragen und freier Kopfarbeit anregen. Indem sich Rezipienten in eine Geschichte vertiefen, beantwortet diese einerseits – wenn auch indirekt – im Raum stehende Fragen und fordert andererseits Kinder zum selbstständigen Denken und Philosophieren heraus. Eine solche Form des Bilderbuchs erfordert jedoch erwachsene Mitbetrachter und Vorlesende, die sich bereitwillig und mit Zeit auf entstehende Gespräche einlassen. Britta Teckentrups reich illustrierte, mit spärlichen Texten versehene Bücher folgen jenem Prinzip. *Die Schule* (Jacoby & Stuart) gibt genug Anregungen her, um über ein Jahr hinweg Jugendliche eines Leseclubs und Auszubildende mit Körper- und Mehrfachbehinderungen im Diskurs miteinander zu beschäftigen (BuchMarkt Special Junge Zielgruppe, 2019). Antje Damm gehört ebenfalls zur Gruppe derjenigen, die für ähnlich konzipierte Titel bekannt und geschätzt werden. Im Gegensatz zu Britta Teckentrup arbeitet sie vorwiegend mit Fotografien und Collagen. *Frag mich* (Moritz) oder *Was wird aus uns* (Moritz) stoßen mit kurzen Fragesätzen zum ausgiebigen Nachdenken an. Gemeinsam mit anderen oder allein für sich, je nach Altersstufe und Situation.

Wolf Erlbruch wurde 2017 als erster deutscher Autor und Illustrator mit dem renommierten Astrid Lindgren Memorial Award ausgezeichnet. *Ente, Tod und Tulpe* gilt als Klassiker unter den Bilderbüchern über den Tod und lädt beim (Vor-)Lesen unweigerlich zum Dialog ein. Gleich einem Kammerspiel sehen wir bloß zwei Figuren im Gespräch miteinander: Die naive, neugierige Ente und den freundlichen, geduldigen, für alle Fragen offenen Tod in persona, vor dem sich kein Lebewesen zu fürchten braucht. Anhand des Gesprächsverlaufs der literarischen Figuren und ihren dezenten, aber symbolträchtigen Gesten, führt die Geschichte Kinder in das Thema ein. Dabei lässt der Tod etwa die Frage nach der Existenz einer Hölle unbeantwortet. Am Schluss legt er die verstorbene Ente behutsam in einen Fluss, dessen Ende wir nicht sehen. Wohin die Reise nach dem Sterben geht, bleibt offen. Somit erlaubt Wolf Erlbruch eine freie Auslegung, unabhängig konfessioneller und kultureller Hintergründe. Er schafft eine anregende Gesprächsbasis zwischen den Generationen, ohne zu werten oder Meinungen vorzugeben. Dies zeichnet auch sein gesamtes Werk aus.

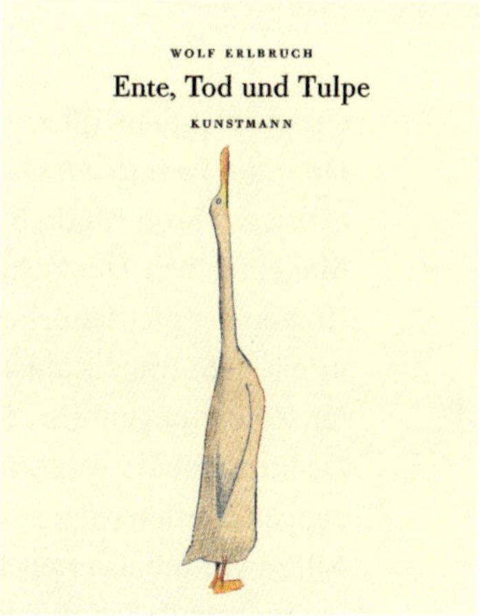

Wolf Erbruch, *Ente, Tod und Tulpe.* © Antje Kunstmann

Kathrin Schärer wiederum ist eine veritable Spezialistin auf dem Gebiet der Vermittlung emotionaler Kinderthemen mittels Anthropomorphisierung. Tierfiguren durchleben Sorgen und Herausforderungen des Kinderalltags. *Mutig, Mutig* (Atlantis) und *Der Tod im Apfelbaum* (Atlantis) schenken Einblicke in typische Verhaltensformen und zeigen zugleich Lösungsansätze. Nur eben mit einer gewissen Distanz aufgrund der tierischen Charaktere, deren Mimik jedoch stets fein herausgearbeitet und hierdurch letztlich doch menschlich wirkt.

Für das Aufgreifen reibungsstarker, kontroverser Themen sorgt unter anderen Anke Kuhl mit weniger poetisch-zarten, dafür ausdrucksstarken und oft schelmisch-humorvollen Zeichnungen. Unbequemen Fragen begegnen ihre Illustrationen mit entschärfendem Witz. Für *Alles Familie! Vom Kind der neuen Freundin vom Bruder von Papas früherer Frau und anderen Verwandten* (Klett Kinderbuch) erhielt sie zusammen mit Alexandra Maxeiner den Deutschen Jugendliteraturpreis. Auf Ecken und Kanten der menschlichen Spezies, soziale Ausgrenzung und Vorurteile geht Anke Kuhl anhand unverwechselbarer, unverkrampfter Zeichnungen ein. Sie fördert darüber hinaus den offenen Diskurs, sobald essentielle zwischenmenschliche Fragen angegangen werden sollten, jedoch die Scheu seitens der Kinder oder Eltern vor tabuisierten Themen im Wege zu stehen droht.

Während sich einige Illustrator*innen den dunklen, nachdenklich stimmenden oder kontroversen Themen widmen, forciert Daniel Napp das Aufzeigen der hellen, leichten und fröhlichen Momente im Leben. Sobald eine Geschichte ins Bedrohliche oder Traurige kippt, fängt er die Stimmung mit seinen Bildern auf, verleiht ihr einen ermutigenden Dreh, ohne ins Banale oder Beschönigende abzurutschen. Klassiker wie *Latte Igel* wurden von Daniel Napp neu modern bebildert und gewannen an Frische und Leben. Für eher ängstliche Kinder ist dies eine gute Hilfe beim Umgang mit zwischenzeitlich ernsten oder scheinbar beängstigenden Textpassagen.

So ließe sich die Liste der Gestaltungsphilosophien lange fortführen. Die wenigen, wenngleich bekannten angeführten Namen sollen exemplarisch verdeutlichen, inwiefern das Vertiefen in Stile und Philosophien eine weitere Option ist, passende Bücher für spezielle Situationen und Geschmäcker zu finden. Dabei reduziert sich diese Möglichkeit längst nicht auf das Segment der Bilderbücher. Denn zahlreiche Illustrator*innen nehmen sich auch des Kinderbuchs an und verleihen mit ihren Bildern umfangreichen Texten eine weitere Dimension, häufig jedoch mit Schwarz-Weiß-Zeichnungen. Gerade im Kinderbuch dient ihre Auswahl für bestimmte Geschichten oder Sachbücher als wertvoller Anhaltspunkt, um welchen Stil, welche Stimmung, welchen ›Ton‹ und welche Form der Vermittlung von Werten und Inhalten es sich handelt – selbst ohne die genaue Kenntnis des Textes.

Hrsg. v. Jutta Bauer und Katja Spitzer, *Das Beste von Allem*. © Aladin

Was ein bestimmter Illustrations- respektive Gestaltungsstil an Assoziationen und Gefühlen in einem Kind, Jugendlichen oder Erwachsenen auslöst, ist höchst individuell. So fühlen sich die einen zu einem illustrierten Buch hingezogen, die anderen nicht. Besonders bei emotional tiefgreifenden Inhalten spielt das ›Wohlbefinden‹ bezüglich der Bilder eine beträchtliche Rolle. Um jenen Sachverhalt zu veranschaulichen, zeigte ich im Rahmen einer anonymen Umfrage über zwanzig Gruppen von durchschnittlich je fünfundzwanzig erwachsenen Personen eine Doppelseite mit siebzehn vollkommen andersgearteten Illustrationen zu einem Thema: dem Tod. Eine dafür prädestinierte Vorlage war die Anthologie *Das Beste von allem* (Aladin). Mit Beiträgen von circa sechzig Illustrator*innen der deutschsprachigen Illustrationsszene stellte sie genügend Abwechslungsreichtum bereit. Weniger als etwa zehn verschiedene Meinungen, welche Abbildung als persönlicher Favorit galt, gab es innerhalb einer Gruppe nie. Die meisten Abbildungen erhielten lediglich ein oder zwei Stimmen, was die Divergenz individueller Geschmäcker und Assoziationsketten zutreffend veranschaulicht.

Shaun Tan *Zikade.* © Aladin

Das besondere und künstlerische Bilderbuch

Der Gattung Bilderbuch zugehörig, jedoch vorwiegend für erfahrene Leser und Betrachter gedacht, sind künstlerisch gestaltete Bilderbücher. Im Mittelpunkt steht hier die Illustration – jedoch nicht aus didaktischen oder entwicklungsbedingten Gründen, sondern in erster Linie aus ästhetischen. Schaut man sich auf dem Buchmarkt um, fällt ein Anstieg solcher Titel auf. Die Bereitschaft, mehr Geld in aufwendig gestaltete Bücher zu investieren, wächst. Sie sind einzigartige Kunstwerke und bilden in gewisser Weise aus visueller sowie haptischer Sicht einen Gegenpol zur digitalen Bilderwelt. Viele Buchhandlungen räumen ihnen mittlerweile einen gesonderten Platz in der Kinder- und Jugendbuchabteilung ein oder präsentieren das ›besondere Bilderbuch‹ zwischen Geschenkbüchern, dem Bereich ›Lebenshilfe‹, ›Kunst‹ oder ›Graphic Novels‹, da es nicht selten sogar bibliophile Erwachsene anspricht. Oftmals bilden künstlerische Bilderbücher einen fließenden Übergang zwischen Illustration und Kunst respektive Malerei. Ihre Texte zielen ebenfalls häufig auf ältere, erfahrene Leser*innen ab, sprechen Konflikte und Hoffnungen einer erwachsenen Lebenswelt an oder erfordern das Einfühlen in abstrakte Gedankengänge, zu denen erst Jugendliche einen Zugang finden. Mit *Zikade* (Aladin) beispielsweise kritisiert Shaun Tan trotz weniger Worte mithilfe ausdrucksstarker Bilder die emotionsarme, unmenschliche Arbeitswelt anonymer Großraumbüros und die Unterdrückung des Individuums. Als Preisträger der international renommiertesten Auszeichnung für Leistungen im Bereich der Kinder- und Jugendliteratur, dem Astrid Lindgren Memorial Award, ist der australische Autor-Illustrator ein typischer Vertreter jener Form des ästhetisch anspruchsvoll illustrierten Bilderbuchs, für das vorwiegend Jugendliche, bisweilen aber auch Kinder oder Erwachsene als Rezipienten infrage kommen. Sein früherer Titel *Ein neues Land* (Carlsen) erzählt ohne Worte auf rein visueller Ebene älteren Kindern oder Jugendlichen vom Gefühl des Fremdseins, vom Auswandern in Kriegszeiten und dem Aufeinandertreffen andersgearteter Kulturen.

Als weiterer Illustrator künstlerischer Bilderbücher ist Benjamin Lacombe zu nennen, der Märchen und Kinderbuchklassiker, wie Grimms *Schneewittchen* oder Lewis Carrolls *Alice im Wunderland* (Jacoby & Stuart) mit unverwechselbaren Bildern neu interpretiert. Auch seine Biografie und Hommage an Frida Kahlo, *Frida* (Jacoby & Stuart), erzeugt im Zusammenspiel mit Zitaten und Texten von Sébastian Perez eine spezifische, Aura-bildende Stimmung. Echte Klassiker der ›eigensinnigen‹ Bilderbuchkunst im deutschsprachigen Raum sind des weiteren Nikolaus Heidelbach und Wolf Erlbruch. Unter den Verlagen stechen neben den bereits genannten mixtvision, Kleine Gestalten, Tintentrinker, Bohem oder Kunstanstifter hervor.

Benjamin Lacombe *Frida*
© Jacoby & Stuart

2.7 Auszeichnungen für Bilderbücher

Massentaugliche, tendenziell geschlechtsspezifische Themen zu bedienen, gefällige Bilder einzusetzen oder trendorientierte Titel und Lizenzeinkäufe sind Wege, sich rasch am Buchmarkt zu platzieren. Ein Gegengewicht bilden Titel, welche einen tiefergehenden Anspruch verfolgen und gedankliche sowie emotionale Horizonte gezielt erweitern und den Blick für besondere und experimentelle Gestaltungsarten öffnen. Neue Wege zu beschreiten, Geschichten einmal anders aufzurollen, unkonventionelle Illustrationen und ungewohnte Themen aufzugreifen, erfordert Mut. Auszeichnungen verhelfen derartigen Projekten zu einer größeren Aufmerksamkeit in der Öffentlichkeit und Fachwelt. Neben international renommierten Auszeichnungen, wie dem Astrid Lindgren Memorial Award (ALMA), existieren landesspezifische und kleine regionale Preise. Im Folgenden soll eine Auswahl überregional bekannter, allerdings zum Zwecke der Eingrenzung im deutschsprachigen Raum verliehener Auszeichnungen mit verschiedenen Schwerpunkten vorgestellt werden. Titelarchive, aktuelle Nominierungs- sowie Prämierungslisten und ausführliche Jurybegründungen stellen die jeweiligen Institutionen unter anderem auf ihren Websites zur Verfügung.

Allgemeine und spezielle Auszeichnungen für Bilderbücher

(Internet-Links zu den jeweiligen Preisen werden im Anhang unter der Rubrik ›Preise und Auszeichnungen‹ angeführt)

Astrid Lindgren Memorial Award (international) Weltweit gilt der abgekürzt ALMA genannte Preis neben dem Hans Christian Andersen-Preis als wichtigste internationale Auszeichnung im Bereich der Kinder- und Jugendliteratur. Jährlich wird er über den staatlichen Kulturrat Schwedens an Autor*innen, Illustrator*innen, mündliche Erzähler und herausragende Personen oder Vereinigungen der Leseförderung vergeben. Bislang erhielt Wolf Erlbruch als einziger Autor-Illustrator Deutschlands diese Ehrung.

Hans Christian Andersen-Preis (international) Alle zwei Jahre vom International Board on Books for Young People (IBBY) verliehen, gilt diese Auszeichnung neben dem ALMA als renommierteste im Bereich der Kinderliteratur. Geehrt werden jeweils parallel Autor*innen und Illustrator*innen für ihr Gesamtwerk, mit dem sie die Kinderliteratur maßgeblich prägten. Zu den geehrten Schriftstellern des deutschsprachigen Raums zählen Erich Kästner und James Krüss, zu den Illustrator*innen Wolf Erlbruch, Jutta Bauer und Rotraut Susanne Berner.

Der Deutsche Jugendliteraturpreis, Sparte Bilderbuch und Sparte Sachbuch Als Staatspreis für Literatur, seit 1956 vom Bundesministerium für Familie, Senioren, Frauen und Jugend gestiftet, wird der Deutsche Jugendliteraturpreis jährlich verliehen. Die Organisation der Preisfindung und Bekanntgabe der Nominierungen sowie Prämierungen erfolgt über den Arbeitskreis für Jugendliteratur (AKJ). Die Kritikerjury besteht aus der/dem Vorsitzenden und acht Juroren (je zwei Fachleute der Sparte Bilderbuch, Kinderbuch, Jugendbuch, Sachbuch).

Eine unabhängige, aus Jugendlichen bestehende Jury verleiht seit 2003 zusätzlich und autonom den **Preis der Jugendjury.** Alle Jurys prüfen Bücher aus der Produktion des Vorjahres – Übersetzungen und inländische Titel – und nominieren sechs davon pro Sparte. Die Bekanntmachung der Nominierungsliste findet im Rahmen der Leipziger Buchmesse statt. Während der Frankfurter Buchmesse erfolgt im Herbst die Prämierung der Siegertitel und die Übergabe der Preisstatue, welche die Figur ›Momo‹ aus Michael Endes Kinderbuchklassiker darstellt.

Zudem wird seitens einer Sonderpreis-Jury für das kinderliterarische Gesamtwerk im jährlichen Wechsel ein Sonderpreis an deutsche Autor*innen, Illustrator*innen und Übersetzer*innen vergeben; seit jüngster Zeit auch der Sonderpreis Neue Talente.

In den Bereich der Kategorie Sachbuch fallen im Rahmen des Deutschen Jugendliteraturpreises auch Sachbilderbücher. Eine Altersbegrenzung außer dem Jugendalter als Obergrenze ist nicht vorgegeben.

Troisdorfer Bilderbuchpreis Der Troisdorfer Bilderbuchpreis wird alle zwei Jahre von der Stadt Troisdorf für herausragende Illustrationen in Kinder- und Jugendbilderbüchern und besondere Leistungen auf dem Gebiet der künstlerischen Buchillustration verliehen. Der Preis bezieht sich auf deutschsprachige Bilderbücher. Vertreter des Bilderbuch-Museums Burg Wissem der Stadt Troisdorf bilden gemeinsam mit zwei Fachwissenschaftlern eine Jury, welche bis zu drei Titeln prämiert und einen Förderpreis vergibt. Eine Auswahl der eingereichten Arbeiten präsentiert im Anschluss das Museum Burg Wissem.

Der Lesekompass Unter den bisher genannten Auszeichnungen nimmt Der Lesekompass (bis 2019: Leipziger Lesekompass) eine Sonderstellung ein: Er nominiert und prämiert explizit Werke der Kinder- und Jugendliteratur, welche sich zur Kombination von Leseförderung und ›Lesespaß‹ eignen. Dies spiegelt sich auch in der Jury wieder. Fachleute aus dem Buchhandel, aus Bibliotheken, Schulen, Kitas und Jugendliche sowie Blogger geben Empfehlungen ab. Diese beziehen sich auf zehn Bücher und Medien (Hörbücher) aus den Kategorien 2 bis 6 Jahre, 6 bis 10 Jahre und 10 bis 14 Jahre. Gegründet wurde Der Lesekompass seitens der Leipziger Buchmesse und der Stiftung Lesen. Bilderbücher sind vorwiegend Teil der Kategorie 2 bis 6 Jahre.

Jugendsachbuchpreis Ausschließlich für informative Kinder- und Jugendliteratur verliehen, ist der Jugendsachbuchpreis in die Kategorien Original, Lizenztitel, Sachbuch Plus, Mint Preis und Non-Book aufgeteilt. Eine konkrete Altersabgrenzung ist nicht gegeben, weswegen auch Sachbilderbücher für diverse Altersklassen infrage kommen. Die Prämierung der Titel erfolgt unter anderem durch den Vorsitz des Vereins für Leseförderung e. V., Erzieher*innen sowie Kinder.

Die Silberne Feder Herausragende Bilder-, Kinder- und Jugendbücher, die sich den Themen Gesundheit und Krankheit widmen, würdigt der Deutsche Ärztinnenbund mit der Silbernen Feder. Der Preis wird alle zwei Jahre für erzählende Literatur oder Sachbücher verliehen.

Serafina – Preis für Illustration Den Nachwuchspreis für Illustration vergibt die Deutsche Akademie für Kinder- und Jugendliteratur zusammen mit dem Börsenblatt und der Frankfurter Buchmesse an junge deutschsprachige Illustrator*innen aus dem Bereich der Kinder- und Jugendliteratur.

3

Märchen, Lyrik und Vorlesebücher

Irgendwie gruselt es mich bei ein paar Märchen, wenn ich sie vorlese. Aber meine Tochter liebt sie. Wahrscheinlich machen wir Erwachsenen uns einfach zu viele Gedanken … und haben zu viele Assoziationen im Kopf. Ich sag nur: Horrorfilm!

Eine Mutter über ihre Märchen-Lektüreerlebnisse mit ihrem Kind

Zu Beginn dieses Buches gab ein Blick auf den Buchmarkt Aufschlüsse über die Entwicklung der unterschiedlichen Segmente der Kinder- und Jugendliteratur. Der in *Buch und Buchhandel in Zahlen* angeführte Bereich ›Vorlesebücher, Märchen, Sagen, Reime, Lieder‹ soll nun in einem kleinen Exkurs näher betrachtet werden, wobei sich Altersklassen und bisweilen auch literarische Gattungen überschneiden. Im Folgenden werden deshalb Reime und Lieder unter dem Oberbegriff ›Lyrik‹ zusammengefasst. Sagen wiederum finden im Abschnitt ›Märchen‹ kurz Erwähnung.

Märchen

Die erste Ausgabe der *Kinder- und Hausmärchen* von Jacob und Wilhelm Grimm erschien im Jahr 1812. Seitdem sind unzählige Einzelausgaben der beliebtesten Märchen, wie *Dornröschen* oder *Aschenputtel*, und neu zusammengestellte Anthologien erschienen. Neben dem Unterhaltungsaspekt jener einprägsamen Geschichten, die zum literarischen Kulturgut wurden, stand die erzieherische Intention, Kindern grundlegende, universell gültige Werte und Verhaltensformen mit auf den Weg zu geben. Nach über zweihundert Jahren sind jedoch überholte Geschlechterrollen und Stereotypen Stoff für hitzige Debatten – privat und in der Fachwelt. Fest steht hingegen, dass Märchen nach wie vor mit kleinen und älteren Kindern gelesen sowie auf Theaterbühnen aufgeführt werden. Ferner dienen sie auch als Inspirationsquelle für neue Bücher oder Filme.

Einschlägige Fachliteratur widmet sich ausführlich dem Phänomen der oftmals grausamen Märchenwelt und warum sie die meisten Kinder dennoch nicht erschüttert, sobald sie ihren inneren ›Märchenschalter‹ umlegen und die Gesetzmäßigkeiten jener Welt als fern ihrer eigenen erkennen. Typische Formulierungen wie »Es war einmal …« und märchenimmanente Erzählstrukturen verleihen den Texten einen unverwechselbaren Charakter. Sie verweisen auf eine Vorzeit fern unserer heutigen Lebenswelt. Einprägsame Sentenzen und Sprüchlein geben Kindern rasch das triumphale Gefühl, Eingeweihte zu sein, und graben sich tief ins Langzeitgedächtnis ein:

Heute back ich, morgen brau ich,
übermorgen hol ich der Königin ihr Kind;
ach wie gut, dass niemand weiß,
dass ich Rumpelstilzchen heiß!

Wer erinnert sich nicht sogar im Erwachsenenalter noch an jenen boshaften Ausruf – wahrscheinlich in Kindertagen von den Eltern oder Großeltern während der Märchen-Lektüre vorgetragen – aus Grimms *Rumpelstilzchen*? Mehrfach wiederkehrende Handlungsabläufe mit wenigen Variationen verstärken diese lang anhaltende Textsicherheit. Davon motiviert, rezitieren schon kleine Zuhörer innerhalb kürzester Zeit ganze Abschnitte, noch ehe

links: *Die 100 schönsten Märchen der Brüder Grimm* (Illustrationen Daniela Drescher). © Urachhaus)
rechts: *Die schönsten Märchen* (Illustrationen Nikolaus Heidelbach). © Beltz & Gelberg)

sie von Erwachsenen vorgelesen werden. Sie stecken mitten im Geschehen.

Für das Kindergartenalter eignen sich vorwiegend Märchen mit einem positiven Ende. Am ehesten ist dies in den verbreitetsten Märchen der Brüder Grimm der Fall. *Die Bremer Stadtmusikanten* oder *Der Froschkönig* folgen zuverlässig dem Schema: Das Gute obsiegt, das Böse unterliegt. Schwarz-Weiß-Zeichnungen der Figuren und die Einordnung in schablonenartige Stereotypen (gut und böse) machen das Geschehen vorhersehbar und für Kindergartenkinder verständlich. Sie müssen keine Angst haben, denn schließlich wird alles gut. Dessen dürfen sie gewiss sein. Illustrationen, die das Böse noch nicht zu drastisch darstellen, verringern zusätzlich das Aufkommen von Furcht.

Märchen(anthologien) werden für Kinder ab circa zwei Jahren angeboten. Diese Ausgaben passen sich mit extrem gekürzten, vereinfachten und noch stärker schematisierten Varianten dem Entwicklungsstand der Kleinkinder an. Großflächige, oftmals farbintensive und verharmlosende Bilder unterstützen für gewöhnlich den ersten Zugang zur Märchenwelt. Je höher das Alter der Zielgruppe, desto künstlerischer und freier fällt die Gestaltung aus. Hierdurch entstehen ganz eigene Interpretationen des Inhalts. Aus ein und demselben Märchen arbeiten Illustrator*innen mit bildnerischen Mitteln beispielsweise das Verwunschene, Zauberhafte oder Gruselige heraus und setzen dieses in Szene. Verschiedene Lesarten und Interpretationsspielräume sprechen somit unterschiedliche Zielgruppen oder Stimmungswünsche an.

Hans Christian Andersen konfrontiert Lesende und Zuhörer bei allerlei Märchen mit einem traurigen Ende. Die melancholische Stimmung, wie wir sie aus *Das Mädchen mit den Schwefelhölzchen* und *Die kleine Meerjungfrau* kennen, durchdringen und verarbeiten Kinder mitunter erst im Grundschulalter. Sagen, Legenden und Fabeln werden ebenfalls hauptsächlich für Grundschulkinder und ältere Rezipienten nacherzählt. Die griechische und nordische Mythologie etwa zieht mit ihren Archetypen und mächtigen, gewitzten, bisweilen brutalen wie rachsüchtigen Göttern und übernatürlichen Wesen immer noch Generation für Generation in ihren Bann. Neben Anthologien, welche jene Motive versammeln, finden sich Elemente dieser Mythen in modernen Abenteuergeschichten der Kinder- und Jugendliteratur: Rick Riordans beliebte Reihe *Percy Jackson* (Carlsen) demonstriert zum Beispiel die Zeitlosigkeit jener faszinierenden, alten Stoffe. Derlei Geschichten inszenieren darüber hinaus illustrierte Ausgaben auf bisweilen künstlerischem Niveau. Mit bildnerischen Mitteln werden für höhere Altersklassen Aspekte wie das Poetische, Geheimnisvolle, aber auch das Unheimliche und die Bösartigkeit mancher Figuren hervorgehoben.

Nostalgische Titel aus der Kindheit der Eltern oder Großeltern bestehen neben modernen Einzelausgaben und Sammlungen. Eine der umfangreichsten Anthologien, die bekannte europäische Märchen für jüngere und ältere Kinder vereint, ist *Das große Märchenbuch* (Diogenes), von Tatjana Hauptmann durchgängig illustriert.

Lyrik

Kennst du den schon:
»Was ist rot und sitzt auf der Toilette? Eine Klomate!«

Ein lachender Grundschüler zu seinem Freund
während eines Klassenausflugs, mit
Was liegt am Strand und redet undeutlich? in der Hand.

Lyrik findet man schon in Büchern für die Allerkleinsten. Häufig in Form simpler, eingängiger Kniereiterverse und Fingerspiele. Somit erleben Säuglinge und Kleinkinder Sprache mit mehreren Sinnen, was ihrer Wahrnehmung und Entwicklungsphase entgegenkommt. Beim Hören bestimmter Signalworte eines Reimes werden zumeist in Interaktion mit Bezugspersonen Bewegungsabläufe nachgeahmt. Eine Verknüpfung von Körpererfahrung und dem Klang der Worte entsteht. Wiederholungen tragen außerdem zum Memorieren derselben bei. Diese erste Begegnung mit Lyrik hat eine lange Tradition und wird bis heute fortgeführt. Bebilderte, robuste Hartpappen fungieren in den ersten zwei bis drei Lebensjahren gleichermaßen als Bilderbuch und ›Nachschlagewerk‹ mit Reimen sowie Anleitungen für begleitende Bewegungsspiele.

Ab dem Kindergarten- und Grundschulalter steigen das lexikalische Wissen und das Sprachverständnis sprunghaft an. Parallel dazu weitet sich das Spektrum lyrischer Formen aus – auf sprachlicher wie inhaltlicher Ebene. Sprachexperimente, wie das Weglassen, Hinzufügen oder Vertauschen von Buchstaben, regen zum gezielten Umgang mit Lauten (Phonemen) an, aus denen sich wiederum Worte zusammensetzen: Das ›phonologische

Jörg Mühle, Moni Port, *Was liegt am Strand und redet undeutlich? Rätselwitze und Quatschbilder.* © Klett Kinderbuch

oben: linke Buchseite
rechts: rechte Buchseite

Bewusstsein‹ wird geschärft. Spielerisches Erkunden von Bedeutungsverschiebungen und das Austesten der eigenen Sprachfähigkeit, etwa anhand von Zungenbrechern, macht nicht nur Spaß, sondern trägt indirekt auch zu einer höheren Schreib- und Lesekompetenz bei. Die Aufteilung von Worten in Silben und die präzise Artikulation von Vokalen oder Konsonanten beispielsweise ist einerseits die Grundbedingung für manchen lyrischen Wortwitz, andererseits eine Grundvoraussetzung für korrekte Orthografie und exaktes (Vor-)Lesen.

Sprachspiele für Grundschulkinder und ältere bietet insbesondere Klett Kinderbuch erfolgreich an. *Was liegt am Strand und redet undeutlich? Rätselwitze und Quatschbilder* von Jörg Mühle und Moni Port oder *Alle Kinder. Ein ABC der Schadenfreude* von Anke Kuhl und Martin Schmitz-Kuhl reüssierten regelrecht zu ›modernen Klassikern‹.

In der Regel laden bekannte Anthologien wie *Dunkel war's, der Mond schien helle* (Hrsg. Edmund Jacoby, Gerstenberg) und neue Sammlungen mit einer Auswahl an Gedichten zum Entdecken von Lyrik ein. Insbesondere Tiergedichte von James Krüss gehören nach wie vor zu den Klassikern der Kinderlyrik. Modernisierungen älterer Gedichte finden in vielfältiger Weise auf gestalterischer Ebene statt, indem sie von neuen Illustrationen und einem zeitgemäßen Layout umrahmt werden. Neuerscheinungen erzeugen mitunter eine stärkere Wechselwirkung zwischen Wort und Bild, etwa Lyrik-Comics (Beltz & Gelberg). Anhand der Reihe *Poesie für Kinder* bringt der Kindermann Verlag Balladen und Gedichte der Weltliteratur auch einer jungen Leserschaft näher. Johann Wolfgang von Goethes *Zauberlehrling* und *Erlkönig* oder etwa Theodor Fontanes *Herr von Ribbeck auf Ribbeck im Havelland* erscheinen bereits als aufwendig illustrierte Bilderbücher.

Johann Wolfgang von Goethe, *Der Zauberlehrling. Poesie für Kinder.* © Kindermann

Im Jugendbuch ragen unter anderem Werke der Poetry-Slam-Szene heraus, etwa Lucia Lucias *Texte, die auf Liebe enden* (Fischer, 2019). Normalerweise live während eines ›Dichterwettstreits‹ mit performativen Elementen vorgetragen, handelt es sich im Falle der Bücher um verschriftlichte Fassungen jener Texte, unter anderem in Versform. Ganze Versromane wiederum führen Lesende in komplexe Geschichten hinein. Aufgrund der kurzen Zeilen und dichten Erzählstruktur entsteht eine intensive Auseinandersetzung mit der verwendeten Sprache und einzelnen Worten. Die Metrik ist frei, folgt einem eigenen Rhythmus und ist nicht an Reime gebunden. Für seinen Versroman *Ich weiß, heute Nacht werde ich träumen* (Thienemann) wurde Steven Herrick mit dem Deutschen Jugendliteraturpreis geehrt.

Als kinderlyrik-spezifische und renommierte Auszeichnung ist der **Josef Guggenmos-Preis für Kinderlyrik** anzuführen. Er wird von der Deutschen Akademie für Kinder- und Jugendliteratur verliehen. Zu den bisherigen Preisträgern zählt unter anderem Arne Rautenberg, dessen Gedichte durch verschiedene lyrische Strukturen geprägt sind.

Vorlesebücher

Mein Kind braucht keine Bilder mehr!

Aussage einer Mutter im Hinblick auf ihre dreijährige Tochter.
Gleichzeitig häufige Sentenz von Eltern auf der Suche
nach Vorlesebüchern für Kindergartenkinder.

Ob kleine Kinder keine Bilder ›brauchen‹, sobald sie eine gewisse Aufmerksamkeitsspanne an den Tag legen, sei dahingestellt. Das Angebot der Vorlesebücher startet bei zwei Jahren. Die meisten Titel für diese Altersklasse beinhalten durchaus noch Illustrationen, oft als Texthintergrund. Argumente für den kostbaren freien Dialog anhand von Bildern und deren Anstoß zur Fantasie wurden bereits vorgestellt (siehe Kap. 2). Trotz dieser wissenschaftlich belegten Tatsache ist das Verständnis von früher Leseförderung nicht bei allen Erziehenden gleichermaßen ausgeprägt. Viele verstehen unter dem Begriff ›Vorlesen‹ nicht das Betrachten von Buchillustrationen und das gemeinsame Erzählen darüber. Diesen Sachverhalt veranschaulichte auch die Vorlese-Studie der Stiftung Lesen aus dem Jahr 2019 (siehe Kapitel 1.5). Mit der exemplarisch zitierten Aussage einer Mutter ist in der Regel der Wunsch von Eltern gemeint, sich früh mit dem Kind Büchern zu nähern, deren Texte umfangreicher ausfallen und welche weniger zum Betrachten ausgelegt sind. Ihre Intention dahinter ist unterschiedlicher Natur – das Ritual des ruhigen und stetigen Vorlesens, etwa beim Zubettgehen, ist einer. Denn Bilder fordern Kinder regelrecht zum Fragen und Zeigen heraus. Insofern sind Vorlesebücher situationsbedingt eine gute Ergänzung zu Bilderbüchern. Vor allem später, wenn gegen Ende der Kindergartenzeit der Weg zum Selbstlesen geebnet wird.

Unter Vorlesebüchern versteht man gemeinhin Geschichten, die sich insbesondere für Kinder eignen, die noch gar nicht oder noch nicht flüssig lesen, jedoch bereits lange konzentriert zuhören können. Durch die reduzierten Bildanteile schulen sie neben der Aufmerksamkeit die Vorstellungskraft der Zuhörenden, welche später beim Selberlesen vonnöten ist, sobald das Bild nicht mehr überwiegt. Oft sind es Anthologien mit kurzen, einem bestimmten Alter angepassten Geschichten. In dieser Hinsicht unterscheiden sie sich von einem Großteil der erzählenden Bilderbücher, deren Altersangabe überwiegend nur den Verlagsinformationen in Bibliografier-Systemen oder Vorschauen zu entnehmen sind. Eltern orientieren sich im Falle der Vorlesebücher folglich häufiger an vorgegebenen Alterszuordnungen. Darauf spezialisiert sind beispielsweise Ellermann und der Ravensburger Verlag.

Vorlesebücher werden verstärkt auf eine Art und Weise gestaltet, die mehrere Altersklassen gleichzeitig anspricht. Insofern ist eine Trennung zwischen Titeln, die vorwiegend zur eigenen Lektüre der Kinder gedacht sind, und Vorlesebüchern unscharf. Anspielungen in Text und Bild sowie Motive, die nur erfahrenere Leser*innen verstehen, existieren neben altersgerechten Inhalten in ein und derselben Geschichte. Sprachlich einfach gehaltene, typografisch übersichtlich gesetzte und reich illustrierte, kürzere Geschichten für Kinder, die dem Erstlesebuch allmählich entwachsen sind, fungieren parallel als Vorlesetitel für Jüngere. Ein typisches Beispiel hierfür ist Megumi Iwasas *Viele Grüße, Deine*

Giraffe aus der Reihe *Für Kinder, die schon gerne selber lesen* (Moritz, siehe Kap. 5.2). Von Jörg Mühle über viele Seiten hinweg illustriert, wurde es 2018 mit dem Deutschen Jugendliteraturpreis in der Sparte Kinderbuch ausgezeichnet.

Klassiker, wie *Pippi Langstrumpf* oder Preußlers *Die Kleine Hexe,* lesen Eltern bereits Vorschulkindern vor, statt sie später den Kindern zur eigenen Lektüre an die Hand zu geben. Infolgedessen verändern sich seit einigen Jahren Bildanteile, Farbigkeit und oft Formate beliebter Klassiker zugunsten einer größeren Tauglichkeit als Vorlesebuch. Einige Klassiker der Kinder- und Jugendliteratur werden wiederum speziell für jüngere Adressaten umgeschrieben und in vereinfachter Form neu erzählt.

Unter den meistverkauften Vorlesebüchern befinden sich vorwiegend Reihentitel rund um Klassiker und moderne Figuren (Börsenblatt 44, 2019). Charaktere wie *Bobo Siebenschläfer* (Rowohlt), *Conni* (Carlsen), *Peppa* und Helden aus *Paw Patrol* (Nelson) sind in vielen Familien parallel aus Fernsehserien bekannt. Im Falle von *Bobo Siebenschläfer* schlug sich dieser Umstand auf die Optik der Bücher nieder, welche modernisiert und an die Serien angepasst wurde. Trotzdem koexistieren, wie bei Märchen- und Lyrikanthologien, nach wie vor nostalgisch anmutende, klassisch illustrierte Titel neben modernen Ausgaben.

4

Erstlesebücher – Konzepte für den Leseanfang

Mein Sohn hat sich mit dem Sportteil der Zeitung das Lesen beigebracht. Er wollte immer sofort alle Ergebnisse der Spiele wissen und nicht abwarten, bis wir sie ihm endlich vorlasen. Verrückt!

Ich habe zwei Töchter und die jüngere lernte das Lesen mit diesen Silbenbüchern. Später hatte sie ein viel besseres Gespür für Rechtschreibung als ihre Schwester. Vielleicht lag es wirklich an dieser Methode?!

Erfahrungsaustausch zweier Mütter in der Buchhandlung

Das Lesen müssen alle Kinder lernen – ob sie wollen oder nicht. Einige Kinder sind wild darauf, angespornt aufgrund der eigenen Neugierde oder durch größere Geschwister. Andere tun sich aus diversen Gründen schwer oder sind unmotiviert, weil ihnen der Bezug zum Buch und zum Lesen fehlt. Auf Erstleser zugeschnittene Methoden und verlagsspezifische Reihen gibt es seit einigen Jahrzehnten in rauen Mengen. Nicht alle stimmen mit den spezifischen Bedürfnissen eines Erstlesekindes überein und einige werden vorrangig didaktischen Zielsetzungen, nicht jedoch literarischen Wünschen gerecht. Man muss offen für Experimente sein und austesten, welches Konzept den besten Zugang zum Lesen bietet und einem Kind viel Freude bereitet. Denn ohne Spaß zieht sich der Prozess des Lesenlernens zäh hin. Sobald der eigene Zugang zu Literatur mit übergroßen, frustrierenden Anstrengungen oder Langeweile verbunden ist, wird er manchmal gar nicht mehr freiwillig gewählt. Um dem vorzubeugen lohnt es sich, ins Füllhorn des breit gefächerten Angebots zu schauen und gezielt auszuwählen. Spezielle Methoden und Gestaltungsformen, die im Folgenden näher dargestellt werden, helfen Lernschwierigkeiten und persönliche Besonderheiten aufzugreifen. Trotz des allgemeinen Konsenses bezüglich der positiven Auswirkungen einiger Methoden, ist dies im Einzelfall keine Erfolgsgarantie. In der Regel verhilft Legasthenikern zum Beispiel das Markieren von Silben zu ersten Erfolgserlebnissen. Doch was, wenn ein Kind dieses Konzept ablehnt? Dann muss eine individuelle Lösung gesucht werden. Hierfür ist der Trend eines sich ausweitenden Spektrums an Erstlesetiteln ermutigend.

Kindern während des Lesenlernens weiterhin vorzulesen, stärkt nicht nur die emotionale Bindung, sondern auch die Gewissheit: Bücher zu lesen ist etwas Wunderbares. Sich darüber im Laufe der Lektüre oder danach im gemeinsamen Gespräch auszutauschen, gibt diesem Erleben von Literatur außerdem einen besonderen, lange im Gedächtnis haftenden Stellenwert. Komplexere Geschichten, auf deren Inhalt sich die zuhörenden Kinder konzentrieren können, ohne mühsam Buchstaben und Worte zu entschlüsseln, erweitern ihren Wortschatz, ihr Gespür für Sprache und nicht zuletzt ihr literarisches Verständnis. Ein großes lexikalisches Wissen hilft ihnen beim ersten Lesen, indem Wörter schneller erkannt und automatisch schon im Geiste vervollständigt werden, bevor sie sie laut aussprechen.

Quergedacht

Als Anreiz zum ersten Lesen dienen auch Bilderbücher. Obwohl sie größtenteils für Kindergartenkinder konzipiert sind, können persönliche Lieblingsbilderbücher anhand kurzer Textabschnitte, textunterstützender sowie texterweiternder Bilder und der bereits bestehenden Vertrautheit mit dem Inhalt ein guter Einstieg ins Lesen sein. Wer den Inhalt bereits kennt, kann sich mehr auf das Lesen konzentrieren. Manche Bilderbücher sprechen zudem auf verschiedenen Ebenen unterschiedliche Altersklassen an. Somit verlieren sie im Grundschulalter nicht an Reiz – ganz im Gegenteil. Der zuvor verborgene Sinn bestimmter Andeutungen wird entschlüsselt, was das Lesevergnügen in doppelter Hinsicht steigert: Die Kinder sind nun selbst (Vor-)Lesende und erleben sich zugleich als reifere Rezipienten. Einige Bilderbücher adressieren aufgrund ihrer Gestaltung, ihres Inhalts oder Wortwitzes ohnehin erst ältere Kinder. Die dennoch geringe Textmenge garantiert auch in diesem Fall einen raschen Leseerfolg und zugleich eine ansprechende Lektüre – ohne offensichtlich didaktischen Hintersinn, wie ihn Erstlesereihen in der Regel ausstrahlen.

Gängige ›formale‹ Kriterien von Erstlesetiteln

- Klares Schriftbild, einfache Druckschrift (ohne Serifen, oft als ›Fibelschrift‹ bezeichnet);
- Große Schriftzeichen;
- Großer Zeilenabstand (Durchschuss), geringe Zeilenlänge;
- Keine Worttrennung;
- Linksbündiger Flattersatz (deutlicher Zeilenanfang, luftiges Satzbild);
- Zahlreiche textbegleitende und -unterstützende Illustrationen;
- Einfache Syntax (keine verschachtelten, sondern kurze Sätze);
- Kurze Kapitel;
- Geringer Umfang (ca. 40 bis 60 Seiten);
- Altersgerechte Sprache, in der Regel geläufige Wörter.

Auch das Lesen groß gedruckter Überschriften im vertrauten Rahmen der gemeinsamen Lektüre von Kinderbüchern ist ein erster Schritt zum eigenständigen Lesen. An Comics hingegen denken nur wenige Erwachsene oder wenn, dann nicht gern, weil sie oftmals nicht als anspruchsvolle Lektüre gelten. Dabei lohnt sich ein genauer Blick auf das vielseitige und durchaus auch aus literaturästhetischer Sicht teils hochwertige Angebot. Vorteile für Leseanfänger sind die zusammenhängenden Bilderfolgen, welche den Leseprozess anhand ihrer unmittelbaren Wirkung unterstützen sowie die geringen Textmengen in den Sprechblasen, welche recht schnell bewältigt sind und motivierende Erfolgserlebnisse ermöglichen. Allerdings muss berücksichtigt werden, dass Schriftart und -größe von Comics variieren und nicht immer für Leseanfänger geeignet sind.

Besondere Konzepte und Methoden

Buchstaben (Grafeme) nicht bloß zu entziffern, sondern entschlüsselte Worte in einen Sinnzusammenhang zu bringen und Rezeptionskompetenz zu besitzen, sind zwei verschiedene Paar Schuhe. Manche Titel gehen vorwiegend auf das allererste Erlernen von Buchstaben und basale Lesefertigkeiten ein. Sie bedienen gewissermaßen die erste Stufe jenes Lernprozesses. Die zweite Stufe bezieht das Textverständnis mit ein. Hier lockern Rätselfragen nicht nur lineare Fließtexte auf, sondern sorgen auch für Interaktivität: Sie geben Erziehenden oder anderen Lesebegleitern Aufschluss darüber, inwiefern ein Kind tatsächlich versteht, was es liest, und wie sich das Lesen allmählich zu einem ›automatisierten‹ Prozess entwickelt. Im Rahmen der IGLU-Studien ist jener Aspekt des Lesevermögens ein entscheidender Knackpunkt. Gemäß IGLU waren 18,9 Prozent der Viertklässler Deutschlands 2016 nicht in der Lage, sinnentnehmend zu lesen, und befanden sich somit auf dem Weg, funktionale Analphabeten zu werden. Dabei würde schon ein tägliches Lesetraining von etwa zehn Minuten ausreichen, um anhand jener Kontinuität die Lesekompetenz eines Kindes zu festigen. Diese Richtlinie gibt der Bundesverband Legasthenie und Dyskalkulie als Orientierung selbst bei Lese- und Rechtschreibschwierigkeiten an.

Gerade kognitiv sehr wache Kinder vermissen mitunter einen spannenden Gehalt bei Erstlesetiteln: »Vom Bilderbuch [und Vorlesebuch] sind die Kinder ein Fünfgängemenü gewohnt. Und jetzt bekommen sie mit den Erstlesebüchern Tütensuppe serviert« (aus: *Mit Bilderbüchern wächst man besser,* Thienemann). Die notwendigen formalen Kriterien sind zwar erfüllt, gestalterisch der Weg zum Lesenlernen geebnet – Motivation und Lesefreude erzeugen jedoch immer noch interessante, anregende Lesestoffe und narrative Bilder, welche den knappen Text kreativ erweitern. Eine seitens genderbewusster Erwachsener geäußerte Kritik bezieht sich außerdem auf vielfach verwendete Rollenklischees, ›Schubladendenken‹ und die mittels Buchtitel explizit vorgegebene Einteilung in Erstlesebücher für Jungen und Mädchen. Die Ausweitung an Themen und Gestaltungsformen setzt sich hingegen auch im Erstlesebereich fort. Mithilfe einer kompetenten Beratung kann durchaus etwas Geeignetes gefunden werden. Lesefreude, echte Identifikationsmöglichkeiten und Erfolgserlebnisse beim Start ins Lesen spornen an und erzeugen Selbstbewusstsein. Umso wichtiger ist es, ein passendes Konzept für die individuellen Bedürfnisse eines Kindes zu finden.

Bilder ersetzen einige Hauptwörter Obwohl Vorschulkinder in der Regel noch nicht selbst lesen, sind einige aus verschiedenen Gründen doch neugierig darauf. Um generell das ›Prinzip Lesen‹ näher kennenzulernen, bietet sich das Konzept ›Bilder ersetzen einige Hauptwörter‹ geradezu an. Vorschulkinder bekommen hier das Gefühl zu lesen, indem sie vorerst lediglich Bilder benennen, die alle paar Worte anstatt eines Hauptwortes in den Text integriert sind. Sie verfolgen mit, wie der vorgelesene Text von links nach rechts, von oben

oben: Annette Moser, *Die kleine Eule sucht ihr Zuhause. Bildermaus, Mit Bildern lesen lernen.* © 2019 Loewe Verlag GmbH

unten: Innenabbildung: Text: Annette Moser, Illustrationen: Elke Broska

nach unten voranschreitet. Nach und nach erkennen sie erste Buchstaben bis hin zu einzelnen, kurzen Wörtern. Der Aufbau und die Optik eines Erstlesebuchs werden ihnen allmählich vertraut und der Weg zum selbstständigen Lesen eines Textes ist geebnet.

Vertauschen Leseanfänger nach einiger Zeit noch immer ähnlich aussehende Buchstaben wie ›b‹ und ›d‹, die je nach Schriftbild bloß gespiegelt erscheinen, besteht eventuell der Verdacht auf Legasthenie beziehungsweise eine Lese-Rechtschreib-Schwierigkeit (LRS). Selbiges gilt für die Häufung von Buchstabenauslassungen und -umstellungen oder wenn insgesamt die Zuordnung von Schriftzeichen zu akustisch-sprachlichen Informationen (Phonemen) problematisch ist. Ein weiteres Warnsignal sind Laute, die einen ähnlichen Klang haben und vertauscht werden. In diesem Fall sollten Experten hinzugezogen und befragt werden. Laut Bundesverband Legasthenie und Dyskalkulie (bvl-legasthenie.de) sind etwa 3 Prozent bis 8 Prozent aller Kinder betroffen. Erfahrungsberichte vieler Kinder und Erwachsener mit einer Lese-Rechtschreib-Schwierigkeit zeigen, dass es trotzdem Systeme gibt, die das Lesen erleichtern. Ein oft genanntes Beispiel folgt dem Konzept des Ersetzens einiger

Hauptwörter innerhalb eines kleinen Textblocks durch jeweils entsprechende, symbolische Bilder, die wie kleine ›Ruheinseln‹ den Text auflockern, zum Beispiel bei der Reihe *Leselöwen Bildermaus* (Loewe). Mehrere Wörter hintereinander am Stück mühsam zu lesen fällt zumeist leichter, wenn sich rasch ein kleiner Erfolg einstellt. Bei diesem System steht also hauptsächlich der Faktor Motivation durch abwechselnde Elemente im Vordergrund.

Auch Kindern mit geringen Deutschkenntnissen kommt diese Methode entgegen. In einer Art Glossar werden für gewöhnlich am Ende der Geschichten nochmals alle Bilder gemeinsam mit dem dazugehörigen Wort abgebildet. Bild, Bedeutung und Wort lassen sich miteinander verknüpfen und zusammen einprägen.

Martin Klein, Becker, Stéffie *Baumhausgeschichten. Leserabe, 1. Lesestufe. Leichter lesen lernen mit der Silbenmethode.* © Ravensburger

Die Silbenmethode Eine weitere Erleichterung beim Lesenlernen ist die Strukturierung der Worte. Farblich unterschiedlich markierte Sprechsilben trennen ein mehrsilbiges Wort in kleine ›Pakete‹ beziehungsweise Wortgruppen auf. Lange Begriffe, wie etwa Drachenkinder, wirken daraufhin schon optisch überschaubarer. Ursprünglich für Schultexte konzipiert, hielt dieses Konzept Einzug in den Kinderbuchmarkt. Der Schulbuchverlag Mildenberger und der Kinder- und Jugendbuchverlag Ravensburger schlossen sich einst zusammen und brachten Erstlesebücher der Reihe *Leserabe* mit zweifarbigen Silbenmarkierungen heraus.

Inzwischen ist die Silbenmethode Bestandteil mehrerer Erstlesereihen auch anderer Verlage. Mitunter finden sich neben der Untergliederung in zwei Farben auch Versionen mit drei Farben. Je nach Schule oder Region lernen Kinder die eine oder andere Variante kennen. Dies sollte daher vor der Auswahl eines Buches für die private Lektüre abgeklärt werden.

Gemeinsam und abwechselnd mit dem Kind lesen Gängige Erstlesebücher sind für manche Kinder eine große Herausforderung, weil sie alleine ein ganzes Buch bewältigen müssten. Ferner entfällt womöglich der Austausch über das Gelesene mit den Eltern. Jener Alleingang ist es, den das Konzept des gemeinsamen oder abwechselnden Lesens aushebelt. In der Reihe *Erst ich ein Stück, dann du* (cbj) beispielsweise übernehmen Leseanfänger nur wenige, in großer Fibelschrift gesetzte Zeilen, welche in längere Textabschnitte mit kleiner Schrift eingebettet sind. Diese erstrecken sich über mehrere Seiten und eignen sich aufgrund der deutlich kleineren Schriftgröße nur für geübte Leser*innen. Erwachsene oder ältere Geschwister nehmen Erstleser während des gemeinsamen Vorlesens gewissermaßen an die Hand.

Jenes geteilte Leseerlebnis erzeugt bisweilen den notwendigen Mut, sich an einen Text heranzuwagen. Selbst Eltern, deren Zeit ein knappes Gut ist, können diese Lesezeit mit dem Ritual des abendlichen Vorlesens verbinden: Der Umfang solcher Erstlesebücher übersteigt bei weitem den eines gängigen Erstlesetitels und gibt genügend Lesestoff für diesen Zweck her. Dies sind ideale Voraussetzungen für ›dialogisches Lesen‹, das erwiesenermaßen auch zu einem besseren

Wort- und Textverständnis führt. Durch das laute Vorlesen ihres Textabschnitts werden sich Kinder zudem stärker der Lautklänge in Verbindung mit den entsprechenden Buchstaben bewusst, als es beim stillen Lesen der Fall ist. Jener Umstand ist wiederum dem korrekten Schreiben von Wörtern zuträglich.

Das gleiche Konzept verfolgen auch *Gemeinsam lesen* (Carlsen) oder *Ich für dich, du für mich* (Loewe). Die Reihe *Lesenlernen in 3 Schritten* (Loewe) vereint die Silbenmethode mit dem Prinzip des gemeinsamen, abwechselnden Lesens und dem Ersetzen einiger Hauptwörter jeweils in einem Buch in drei aufeinander folgenden Abschnitten.

Interaktion anhand von Rätselfragen Beim Lesen einer Geschichte gut aufzupassen und aktiv in eine Geschichte einzutauchen: Dazu animieren Erstlesetitel mit Rätseln. Inzwischen beinhalten viele Reihen Fragen zum Text am Ende des Buches. Die Reihe *Leseprofi* (Duden) hingegen integriert derartige Knobeleien direkt in die Geschichten. Zum Fördern des Leseverständnisses sind diese kurzen Leseetappen bis hin zur nächsten Rätseleinheit somit für Leseanfänger ein leichterer Einstieg. *Leseprofi Leseanfang* verbindet zudem Worte in Großbuchstaben mit Worten in Groß- und Kleinschreibung und Fibelschrift. Hierdurch steigern Kinder ihre Lesekompetenz noch langsamer in kleinen Schritten.

Crossmediale Verknüpfung anhand beliebter Figuren und Themen anderer Medien Wie die Vorlese-Studie der Stiftung Lesen 2019 belegte, wachsen etliche Kinder in Deutschland ohne Bücher auf. Die Zahl der Eltern, die selten bis nie vorlesen, beläuft sich auf 32 Prozent. Geschichten lernen deren Kinder aus Fernsehserien, Filmen oder Computerspielen kennen. Um dennoch eine motivierende Basis für das Lesenlernen zu schaffen, setzen einige Reihen auf vertraute Inhalte aus anderen Medien. Spannungsgeladene Animationsserien, Filme und dazugehörige Computerspiele, die in fantastische Welten entführen, dienen als Vorlage, etwa für die Erstlesereihe *Superleser* (Dorling Kindersley). Mittels der Bücher des Ameet Verlags tauchen Erstleser in die Welt von Disney und LEGO sowie in die damit zusammenhängenden Serien und Filme wie *Ninjago* und *Star Wars* ein. Auch Ravensburger als traditioneller Kinder- und Jugendbuchverlag widmet längst einen Teil seines Programms speziell für Erstleser aufbereiteten Adaptionen zu Disneyfilmen.

Beliebte Reihen und Buch-Charaktere höherer Altersklassen Etwas Beliebtes lesen, das ansonsten erst die älteren Kinder als Lektüre wählen, ist aufregend und reizvoll. Die Reihe *Bücherhelden* (Kosmos) spielt mit jenem Anreiz und adaptiert Bestseller-Reihen erzählender Kinderliteratur, wie *Die ???*, *Die !!!* oder *Sternenschweif*, für Leseanfänger. Zusätzlich lockern alle paar Seiten Rätsel den Fließtext auf und schulen das Textverständnis. Der Bogen zwischen dem ersten Lesen und komplexeren Texten kann außerdem anhand jener Bindung an eine groß angelegte Reihe gespannt werden.

Berühmte Autor*innen und Charaktere aus der Kinderbuchwelt Das *Sams*, die *Kinder aus Bullerbü* und *Pippi Langstrumpf* kennen Kinder aus Vielleser-Familien oft schon vor dem Eintritt in die erste Klasse. Figuren aus gerne vorgelesen Klassikern nehmen in der Reihe *Lesestarter* (Oetinger) einen prominenten Platz ein. Ebenso Titel berühmter Autor*innen, wie Kirsten Boie, Cornelia Funke, Christine Nöstlinger oder Erhard Dietl mit seinen frechen *Olchis*. Sie sind

Kindern vertraut und begleiten diese bis in die Schulzeit hinein. *VORLesestarter* (Oetinger) bietet außerdem dialogisches Vorlesen anhand von Fragen und Rätseln im Text als Vorübung zum eigenen Lesen an. Ältere, aber ähnliche Erstlesetitel des Oetinger Verlags laufen noch unter dem Reihentitel *Büchersterne*.

Sachgeschichten für Wissensdurstige Die meisten Sachbücher für Grundschüler sind zumindest hinsichtlich ihrer Texte angesichts einer relativ kleinen Schriftgröße nicht für Leseanfänger geeignet. Wissbegierige Erstleser profitieren jedoch von der Reihe *Was Ist Was. Erstes Lesen* (Tessloff). Der Klassiker unter den Kindersachbuchreihen wurde jüngst extra den Anforderungen eines Erstlesetitels angepasst. Schon Leseanfänger können sich somit Sachwissen, das sie brennend interessiert, selbst über Bücher erschließen und vertiefen. Rätsel laden zum Mitdenken ein und sorgen für eine spielerische Verinnerlichung der Informationen und einzelner Begriffe. Allerdings erfordert die Textmenge ein deutlich größeres Durchhaltevermögen als diverse andere Erstlesetitel. Die verwendeten Fachbegriffe in den informativen Texten verstärken jenen Effekt. Trotzdem ›beißen‹ sich Erstleser eher durch, sobald ihr Interesse ernstlich geweckt ist – zumal sich die Umschreibung ›Erstes Lesen‹ nicht zwingend auf die absolut ersten Leseerfahrungen beziehen muss, sondern weiter gesteckt als frühe Stufe des Lesens verstanden werden darf. Sachgeschichten für Leseanfänger bietet auch Dorling Kindersley innerhalb der Reihe *Superleser* an.

Fernab von Stereotypien Etwas aus der Reihe tanzt das *Tulipan ABC* (Tulipan) mit außergewöhnlichen Geschichten und Illustrationen. Eher geschlechtsneutral gestaltet, spricht es Familien an, die Erstlesebücher ohne Klischees präferieren. Mo Willems emotionsstarke Serie rund um die besten Freunde Schwein und Elefant entfernt sich wiederum komplett von der gängigen Optik und Erzählweise, die viele Erstlesebücher auszeichnet: Ausdrucksstarke Mimik, Situationskomik mitten aus dem Leben und authentische (Kinder-)Freundschafts-Episoden, wie sie *Muss ich was abgeben?* (Klett Kinderbuch) zeigt, werden von wenigen Worten begleitet. Hier stellen sich Leseerfolge schnell ein.

Erstlesebücher – kurz & knapp zusammengefasst

- Unterschiedliche Konzepte kommen speziellen Lese- und Lernbedürfnissen entgegen (LRS, keine oder kaum vorhandene Lesesozialisation etc.);
- Ersetzen einiger Hauptwörter durch Bilder;
- Markierung der Sprechsilben;
- Gemeinsames Vorlesen anhand unterschiedlich groß und klein gesetzter Schriftblöcke;
- Steigerung des Leseverständnisses anhand interaktiver Rätselgeschichten;
- Crossmediale Verbindung mittels Figuren und Themenwelten aus anderen Medien;
- Beliebte Reihen aus dem Segment für ältere Kinder auf Erstleseniveau heruntergebrochen;
- Anknüpfen an Vorlese-Klassiker in vereinfachter Form;
- Sachwissen für Leseanfänger aufbereitet;
- Alternativ zu Erstlesetiteln: Bilderbücher, Comics.

5 Das Kinderbuch

Nachdem die Hürde des Lesenlernens genommen ist, folgt – je nach Lesekompetenz – Stück für Stück das deep reading, das vertiefte Lesen. In dieser Phase entwickeln sich die Lesegewohnheiten und -fähigkeiten der Kinder sehr unterschiedlich. Neben individuellen Gründen sind die zunehmende Konkurrenz der digitalen Medien und deren Auswirkungen auf Seh- und Lesegewohnheiten zu konstatieren, wie Studien sie belegen. Der soziale Hintergrund gilt in Deutschland ebenfalls als ein entscheidender Faktor für den Verlauf der Lese-Vita beziehungsweise Literacy-Erfahrungen eines Kindes. Im Folgenden werden erkennbare Tendenzen aufgegriffen und die verschiedenen Arten der Kinderliteratur, vom erzählenden bis zum Kindersachbuch, näher betrachtet. Dabei werden Aspekte hervorgehoben, die Leselust wecken.

5.1 Aktuelle Entwicklungen

Die Bandbreite vom unterhaltungsorientierten, nach genretypischen Mustern gestrickten Pageturner bis hin zum vielschichtigen, inhaltlich wie sprachlich anspruchsvollen Kinderbuch ist groß. Spezielle Auszeichnungen für Kinder- und Jugendliteratur, wie der Deutsche Jugendliteraturpreis, beziehen sich auf Titel, die sich vom leicht konsumierbaren Mainstream abheben. Bestsel-

Cornibus. Loewe Wow! Text: Jochen Till, (Illustration Raimund Frey).

lerlisten repräsentieren im Gegensatz dazu eher den gängigen Geschmack und aktuelle Trends. Offensichtlich ist: Die Seh- und Lesegewohnheiten der Kinder verändern sich weiter, wie KIM-Studien mit Hinblick auf die Smartphone- und Internetnutzung verdeutlichen. Einer der größten Kinder- und Jugendbuchverlage Deutschlands begründet hiermit eine neue Reihe: Für *Loewe Wow!* strebt Loewe ein aus seiner Sicht zeitgemäßes Text-Bild-Verhältnis von 90 Prozent Bild und 10 Prozent Text für Kinder zwischen sieben und elf Jahren an. Umgesetzt wird dieses Konzept weitgehend ohne gängige Comicelemente, wie Sprechblasen oder Panels, aber es lehnt sich daran an. Kinder sollen intuitiv mittels Bild und Text unterschiedliche, größtenteils jedoch visualisierte Handlungsstränge erfassen, welche sich mit schnellen Orts- und Perspektivwechseln einer filmischen Erzählweise annähern. Damit reiht sich der Verlag in gesteigerter Form in den Trend bildbetonter, neu strukturierter Kinderliteratur ein, um sich der technologisch geprägten Generation der ›Digital Natives‹ anzupassen, welche von Beginn an mit digitalen Medien und deren spezifischen Vermittlungsstrukturen aufwachsen. Bilder und Symbole verschmelzen beispielsweise innerhalb der Kommunikation via Smartphone als sinntragende Elemente mit Worten.

Digitale Texte beinhalten oftmals Hyperlinks zum raschen Wechsel in einen anderen Text hinein, werden von Video- und Audiosequenzen begleitet und erzeugen nahezu permanent neue Reize. Enhanced E-Books greifen diesen multimedialen Charakter ebenfalls auf. Der angesehene Hirnforscher Wolf Singer antwortete der Frankfurter Allgemeinen Zeitung auf die Frage, ob Kinder das Lesen auf Bildschirmen anders verarbeiten:

> *Für Kinder sind große Textstrecken, Sie nennen so etwas Bleiwüsten, nicht besonders attraktiv. Weil es in den elektronischen Medien so leicht ist, diese aufzulösen durch Grafiken, Karikaturen und Filmsequenzen, ist man in den digitalen Medien für Kinder zunehmend versucht, solche Tricks zur Steigerung der Aufmerksamkeit anzuwenden und die Kinder so zu fesseln. Das ist nicht gut. Es kann vielleicht das Hinführen zu Texten erleichtern, aber irgendwann muss in der Entwicklung die Phase kommen, in der man lernt, sich eine halbe Stunde lang mit reinem Text zu befassen und der eigenen Phantasie und Vorstellungskraft Raum zu geben. Lesen ist ein kreativer Akt, der trainiert werden muss. Es muss Gelegenheit gegeben werden, Leerräume mit Phantasie auszufüllen.*
>
> (Aus: *Was passiert, wenn wir das richtige Lesen verlernen?* Faz.net, 2018).

Wie die europäische Forschungsinitiative Evolution of Reading in the Age of Digitisation (E-READ) mit Erkenntnissen aus über 50 Studien belegen konnte, entfaltet sich die Stärke des haptischen Mediums Buch und gedruckter Texte bei langen, insbesondere informativen oder komplexen Texten (ereadcost.eu). Auch Handlungsabläufe konnten wesentlich besser mit Printtexten richtig erfasst werden. Die Leseforscherin Maryanne Wolf greift Ergebnisse von E-READ auf und verweist in ihrem 2018 erschienenen, kritischen Werk *Schnelles Lesen, langsames Lesen. Warum wir das Bücherlesen nicht verlernen dürfen* (Penguin) auf die Auswirkungen digitaler Medien vor allem für Kinder und Jugendliche, deren ›Leseschaltkreis‹, deren Lesekompetenz und die damit verbundenen Denkprozesse sich erst entwickeln müssen. Kinder sind noch sehr leicht ablenkbar, reagieren schnell auf externe Reize und müssen noch lernen, ihre Aufmerksamkeit beim Lesen über einen längeren Zeitraum hinweg auf einen Text zu richten. Zudem entsteht echte Freude an einer Lektüre und die Möglichkeit des Eintauchens in eine Handlung erst, sobald die Konzentration nicht mehr vorrangig auf den Prozess des Lesens an sich gelenkt werden muss. Eine intensive Auseinandersetzung mit den Inhalten erzählender oder informativer Texte setzt sich darüber hinaus viel eher im Langzeitgedächtnis fest. In einer digitalen Welt sollten Kinder daher zwei Arten des Lesens erlernen: das ›langsame Lesen‹ von Printtexten und das ›schnelle Lesen‹ digitaler Texte.

Jochen Till, Raimund Frey
Cornibus. Loewe Wow!
© Loewe

Inwiefern sich Kinderbücher – um mediale Eigenheiten auszuloten und auszuschöpfen – zukünftig den digitalen und ›analogen‹ Lesarten in ihrer Gestaltung und Erzählweise annähern oder nicht, wird sich zeigen. *Loewe Wow!* zumindest ist eine Antwort auf neue Lesegewohnheiten und die Sorge um Leseschwund sowie sinkende Aufmerksamkeitsspannen. Beltz & Gelberg geht einen anderen Weg: Statt Schrift zwecks eines höheren Grades an Visualisierung als grafisches Element zu nutzen und etwa Lautstärke und Gefühlsregungen damit abzubilden, setzt der Verlag bei seiner Reihe *Super lesbar* auf ein schnörkellos-klares Schriftbild, einfache Sprache und eine Syntax ohne Schachtelsätze in Kombination mit einer altersgemäßen Geschichte. Leseniveau und Lesealter differieren gemäß Verlagsangabe um etwa zwei Jahre. Hintergrund ist das Ziel, die Kluft zwischen geringer Lesekompetenz und der hohen Erwartung an den Gehalt einer Lektüre zu reduzieren. Denn über andere Medien sind Kinder durchaus spannende Geschichten gewohnt.

Um neue Mediengewohnheiten leseferner Kinder für das Buch zu nutzen, knüpfen manche Titel an Gaming- oder Social-Media-Erfolge und Netflix-Serien an. Einigen Titeln verhilft dies über den medialen ›Umweg‹ zu neuer Aufmerksamkeit, etwa Tonke Dragts Klassiker *Der Brief für den König* (Beltz & Gelberg). Andere erscheinen erst nach dem Erfolg einer Serie als Netflix-Original. Anhand jener medialen Vernetzung wird außerdem evident, weshalb bereits Zehn- bis Zwölfjährige mit der Lebenswelt von Teenagern auch über diesen Weg in Kontakt kommen: Erste Liebe, Beauty, aber auch selbstauferlegte ›Coolness‹, um zu einer Clique zu gehören, werden thematisiert. Lesende verfolgen auch den Übergang literarischer Altersgenossen vom Kind zum Teenager mit. Literatur fungiert hierbei als eine Art Proberaum, in dem Kinder pubertäre Hochgefühle, Zweifel und Identitätskrisen schon einmal hypothetisch durchspielen können.

Neben klassisch gesetzten Texten finden sich zunehmend auch durchgehend aufwendig bebilderte Geschichten, die dem Prinzip des Bilderbuchs mit großen Bildflächen und künstlerisch gestalteten Doppelseiten folgen. Seit 2015 erscheint etwa J. K. Rowlings *Harry Potter* jährlich mit einem Band als farbige, von Jim Kay illustrierte Prachtausgabe (Carlsen). Ein für viele Wenigleser stellvertretendes Statement eines Viertklässlers zu seinem frustrierenden Lektüreerlebnis mit der normalen Ausgabe lautete: Ohne Bilder konnte er sich die Figuren rein aus der eigenen Vorstellungskraft heraus kaum vorstellen. Das Lesen von Umschreibungen der Charaktere und Schauplätze allein genügte nicht – der Funke sprang nicht über. Auch die Menge des Textes lähmte ihn zunehmend. Deshalb gab er auf und schaute sich lieber den Film an. Denn neugierig auf die Geschichte war er. Leseaffine und -erfahrene Kinder kennen dieses Problem nicht und tauchen sowohl anhand illustrierter als auch nicht bebilderter

Illustrator Sebastian Meschenmoser vor seinen Bildern zu Michael Ende *Die unendliche Geschichte.* Illustrierte Ausgabe © Thienemann

Ausgaben mühelos in die Handlung ein. Für sie stellen Bebilderungen keine Notwenigkeit, dafür jedoch eine ästhetische Erweiterung und Freude dar.

Mit Rick Riordans *Percy Jackson* veröffentlicht Carlsen seit 2019 eine weitere Bestseller-Reihe als Schmuckausgabe. Michael Endes *Unendliche Geschichte* wiederum brachte der Thienemann Verlag im gleichen Jahr als Prachtausgabe heraus, die der Bilderbuchillustrator Sebastian Meschenmoser gestaltete. Hinsichtlich der Veröffentlichung mehrerer reich und künstlerisch bebilderter Klassiker der Kinder- und Jugendliteratur heben sich auch der Coppenrath Verlag und Knesebeck hervor. Titel wie Jules Vernes *20.000 Meilen unter dem Meer* oder J.M. Barries *Peter Pan* erhalten durch ihre aufwendige Gestaltung und haptische Qualität die Aura eines kostbaren, besonders wertigen Kleinodes. Sie verlocken zum (generationenübergreifenden) intensiven Betrachten, zum Schmökern und bringen Klassiker wieder neu ins Gespräch.

Ein Trend, welcher sich vorwiegend auf den Bereich der Reihen bezieht, ist der Einsatz von Comic-Elementen. Sprechblasen und das Spiel mit Schriftgröße und Schriftart, die Emotionen widerspiegeln, lockern das zuvor gängige Layout von Fließtexten enorm auf. Mitunter erzählen Illustrationen eigenständige Geschichten parallel zum Text. Jeff Kinneys Comicromane um den Antihelden *Greg* trugen maßgeblich zu einem Durchbruch dieser Form auch in Deutschland bei. Seit vielen Jahren treten diese Grenzgänger zwischen Comic und Kinderbuch in den Vordergrund. Reihen wie *Gregs Tagebuch, Tom Gates* und *Lotta-Leben* folgen dem Prinzip tagebuchartiger Erzählungen im Kinderjargon. Eingängige Alltagssprache, etliche an Comics angelehnte Zeichnungen und ein entsprechend aufgelockertes Layout mit großem Durchschuss und frei gestalteten Textelementen kennzeichnen derartige Titel. Und unzählige Kinder lieben sie. Selbst wo man den Sprung vom wenig- oder nichtlesenden zum lesenden Kind am Ende der Grundschule schon verloren glaubte, kommt er unverhofft doch noch zustande. Sicher verwandeln sich nicht alle *Greg*- oder *Lotta*-Fans in Leseratten. Aber dass sich überhaupt einmal Erfolgserlebnisse einstellen, ein komplettes Buch freiwillig gelesen wird, stößt manche Entwicklung an – und die Tür zur Literatur auf.

Obgleich Comics letztlich für Viel- und Wenigleser gleichermaßen interessant sein können, bietet sich eine Heranführung an das Lesen mit Comics insbesondere für Kinder mit einer Vorliebe für digitale Spiele an. Sie sind dem Visuellen und weniger langen Texten verbunden. Gemäß der KIM-Studie 2018 liegen Konsolen- und Onlinespiele hinsichtlich der Themeninteressen mit 29 Prozent immerhin deutlich vor Büchern (15 %). Und Comics entsprechen ob der hohen Bildanteile jener visuell geprägten Spielewelt mehr als textlastige Kinderbücher. Leseanfänger erfahren zudem vom Bilderbuch ausgehend anhand der narrativen Funktion zahlreicher Bilder mit Comics einen sanften Übergang zu neuen literarischen Formen.

Innenabbildung aus: Patrick Wirbeleit, Uwe Heidschötter *Kiste*. © Reprodukt

Comic ist jedoch nicht gleich Comic: Im deutschsprachigen Raum demonstriert dies etwa der Max und Moritz-Preis als angesehene Auszeichnung für grafische Literatur und Comic-Kunst. Hochwertige, teils umfangreiche Comicbücher nehmen allmählich auch einen festen Platz innerhalb der Kinderliteratur ein und finden dort mit entsprechenden Auszeichnungen Beachtung. Mit dem Lesekompass prämiert wurden beispielsweise 2015 Patrick Wirbeleits und Uwe Heidschötters *Kiste* (Reprodukt) sowie 2019 Philip Waechters *Toni* (Beltz & Gelberg). Sabine Lemires *Mira – #freunde #verliebt #einjahrmeineslebens* (Klett Kinderbuch) nominierte die Fachjury 2019 für den Deutschen Jugendliteraturpreis. Auch die renommierte Illustratorin Anke Kuhl wurde nicht nur für Bilderbücher ausgezeichnet, sondern 2019 mit dem **Comicbuchpreis** der Berthold Leibinger Stiftung geehrt. Alle genannten Titel widmen sich mittels unverwechselbarer Illustrationen und origineller Texte den großen und kleinen Sorgen von Kindern auf authentische, zugleich fantasievolle Weise. Dass Reprodukt als Comic-Verlag nun bereits mehrfach neben Kinder- und Jugendbuchverlagen auf angesehenen Nominierungs- und Prämierungslisten, wie dem Deutschen Jugendliteraturpreis und dem Lesekompass, stand, ist ein Zeichen der Zeit. Nicht umsonst existieren bereits auch einige Bände der beliebten Reihe *Percy Jackson* als Carlsen Comics für Kinder ab zwölf Jahren, die an der Grenze zum Jugendbuch stehen, neben normalen und neuen Schmuckausgaben.

Als Graphic Novel mit fein herausgearbeiteten Zeichnungen setzt Carlsen die lange international gefeierte Trilogie *His Dark Materials* um, für die Philip Pullman mit dem Astrid Lindgren Gedächtnis Preis ausgezeichnet wurde – Stoff eines Schriftstellers also, welcher die weltweit höchstdotierteste Auszeichnung für Kinder- und Jugendliteratur erhielt. Auch Klassiker erhalten ein modernes Gewand, indem Text und Struktur anhand von Comics als Adaption der literarischen Vorlage verändert werden. Die preisgekrönte Illustratorin Isabel Kreitz gab zum Beispiel einigen Kinderromanen Erich Kästners mithilfe ihrer Comiczeichnungen ein neues Gesicht im Atrium Verlag. Carlsen Comics greift Enid Blytons Abenteuer-Reihe der *Fünf Freunde* in dieser Form mit nostalgisch anmutenden Bildern auf. Und Pénélope Bagieu modernisierte Roald Dahls Kinderbuchklassiker *Hexen hexen* als eindrucksvolle Comic-Adaption (Reprodukt) – ohne den schaurig-bösen wie rührend-humorvollen Ton des Autors zu verdrängen, welcher ihm stets eigen war.

Innenabbildung aus: *Sabine Lemire Mira. #freunde #verliebt #einjahrmeineslebens.* © Klett Kinderbuch

Eine steigende Menge an Mitmachbüchern reizt zudem auch weniger leseaffine Kinder, indem selbst längere, erzählende Texte anhand interaktiver Elemente, Rätsel und Aufgaben durchbrochen werden und Lesende auf diese Weise aktiv in das Geschehen einbinden. Ebenso beliebte Kreativbücher mit Anleitungen und

Impulsen, eigene Ideen niederzuschreiben, sind vorwiegend im Sachbuchsegment angesiedelt. Kindern mit Leseschwierigkeiten, etwa LRS oder geringen Deutschkenntnissen, bauen Titel in einfacher Sprache eine weitere Brücke (siehe Kap. 6.1). Der Spaß am Lesen Verlag ist auf dieses Konzept spezialisiert, führt jedoch vorwiegend Titel für Jugendliche und Erwachsene in seinem Programm, neben Klassikern, wie Rudyard Kiplings *Geschichten aus dem Dschungelbuch*. Mit der Reihe *Leichter Lesen* richtet sich Ravensburger hingegen direkt an Kinder. Auch Beltz & Gelberg bietet angelehnt an dieses Konzept die Reihe *Super lesbar* sowie vereinzelt Geschichten in einfacher Sprache an. Lange Sätze, eine komplizierte Syntax mit verschachtelten Nebensätzen, Fremdworte oder alltagsferne Begriffe entfallen zugunsten einer leichten Lesbarkeit mit überschaubaren Sinneinheiten:

> *Ich ging mit Opa zu seinem Angelplatz. Erstens brauchten meine Augen eine Pause von Pudeln und Arschbomben. Zweitens sollten die Großeltern nicht wieder enttäuscht sein.*
>
> (aus: *Milena Baisch Anton taucht ab. In Einfacher Sprache*, Gulliver, S. 21)

Welche Kinderbücher eine große Verbreitung finden, zeigt ein Blick auf die monatliche SPIEGEL-Liste unter der Rubrik Kinder- und Jugendbücher (spiegel.de) und Die ZEIT LEO-Bestsellerliste (leozeitverlag.de). Beide konzentrieren sich vorwiegend auf die Altersklasse der Fünf- bis circa Dreizehnjährigen. Vornehmlich überwiegen hier unterhaltsame Reihen und Serien. Gleiches zeigt der Jahresrückblick der Sonderhefte *Börsenblatt Spezial Kinder- und Jugendbuch* und *buchreport spezial Jahresbestseller:* Sie präsentieren die meistverkauften Kinder- und Jugendbücher. Es gibt aber auch Bücher, die fernab des Mainstreams mehr oder weniger explizit Themen ansprechen, wie psychische Probleme, Trauer, Verlust oder existentielle Nöte. Sie repräsentieren die ›Helfer in der Not‹ (siehe Kap. 2.5) – Titel, die tief berühren, lange nachwirken und das Reflektieren anstoßen. Herausragende Publikationen dieser Art finden sich vorwiegend auf Nominierungs- oder Prämierungslisten, zum Beispiel des Deutschen Literaturpreises.

5.2 Erzählende Kinderliteratur – Einzeltitel, Reihen und qualitative Aspekte

In Harry Potter steckt ja wirklich viel Magie drin. So Geschichten sind voll von Fantasie! Und zum Glück hat die hier ganz viele Seiten!

Höchst zufriedener Zehnjähriger in der Buchhandlung nach dem Lesen einiger Seiten aus *Harry Potter*

Buch und ich? Nein danke! Ich les' nix. Außer du hast was mit Fortnite, Minecraft oder FIFA für mich. Gibt es sowas überhaupt als Buch?

Fünftklässler beim Klassenbesuch in der Buchhandlung

Das erste Zitat stammt unverkennbar von einem buchaffinen Jungen, der große Mengen an Seiten als Geschenk betrachtet. Buchhandlungen sind für ihn ein vertrauter Wohlfühlort und nicht nur hin und wieder ein Pflichtprogramm bei Schulveranstaltungen. Das zweite Zitat gibt die Frage eines Elfjährigen Nichtlesers während einer Welttag-des-Buches-Veranstaltung wieder. Kaum ein Kind seiner Klasse las Bücher. Mit Bau-Tipps und Kurzfilmen der Lets-Play-Videos auf YouTube zu Minecraft-Spielen und Co. kannten sich hingegen fast alle aus – Jungen wie Mädchen. Nicht umsonst agieren neuerdings auf diesem Terrain, das bislang weitgehend am Buchmarkt vorbeiging und eigenen Regeln folgt, Kinder- und Jugendbuchverlage oder solche mit einem nennenswerten Programmbereich für Kinder und Jugendliche, beispielsweise Fischer oder Ullmann Medien. Der online von knapp drei Millionen Abonnenten gefeierte YouTuber Paluten stand 2018 wochenlang mit *Die Schmahamas-Verschwörung* auf Platz 1 der Spiegel-Bestsellerliste. Das durchgehend illustrierte Buch traf den Nerv einer riesigen Zielgruppe, die der Buchmarkt ansonsten eher nicht erreicht. Es zeigt, dass sich Kinder ab etwa neun Jahren angesprochen fühlen, welche nicht zwingend leseaffin, dafür jedoch begeisterte Minecrafter sind. Selbst der Verlag hinter diesem Projekt spiegelt einen neuen Zeitgeist wider: Community Editions steht ausschließlich für Influencer-Autoren, Blogger oder Instagrammer. Online-Welten werden in Bücherwelten verwandelt.

Doch zurück zu jüngeren Leser*innen und zum großen Kosmos des Kinderbuchs, der so viel mehr als das Ziel bereithält, sich den digitalen Medien anzunähern. Zweitlesebücher bilden eine Brücke zwischen dem Leseanfang und dem erzählenden Kinderbuch. Ihre narrativen Muster sind verhältnismäßig einfach, klar und anschaulich. Noch immer prägen Bilder und kleine Vignetten vor dem Kapitelbeginn diese Bücher. Viele Bilderbuchillustrator*innen nehmen sich auch der Gestaltung von Kinderbüchern an, meistens bis zur Altersklasse der Zehnjährigen. In diesem Zusammenhang sind unter anderem Anke Kuhl, Daniel Napp, Susanne Göhlich, Katrin Engelking oder Regina Kehn zu nennen. Einige Bilderbücher eignen sich ohnehin ebenfalls noch – oder sogar erst – für das Grundschulalter. Einen sanften Übergang zwischen Erstlesereihen und ›normalen‹ Kinderbüchern bieten Titel wie die nach dem Prinzip *Für alle, die schon gerne selber lesen* aus dem Moritz Verlag. Als Gewinner der Sparte Kinderbuch des Deutschen Jugendliteraturpreises 2018 motiviert zum Beispiel *Viele Grüße, deine Giraffe* anhand textbegleitender Illustrationen, großer Schriftzeichen, kurzer Kapitel und einer leicht verständlichen Sprache zum Selbstlesen. Auch die etablierte Reihe *Detektivbüro LasseMaja* (Ueberreuter) oder die neu gestartete Reihe *Lust auf Lesen* (Beltz & Gelberg) zielen auf jenen Brückenschlag ab. Inzwischen kursiert der Begriff ›Zweitlesebuch‹ für ähnlich aufgebaute Titel. Die Menge

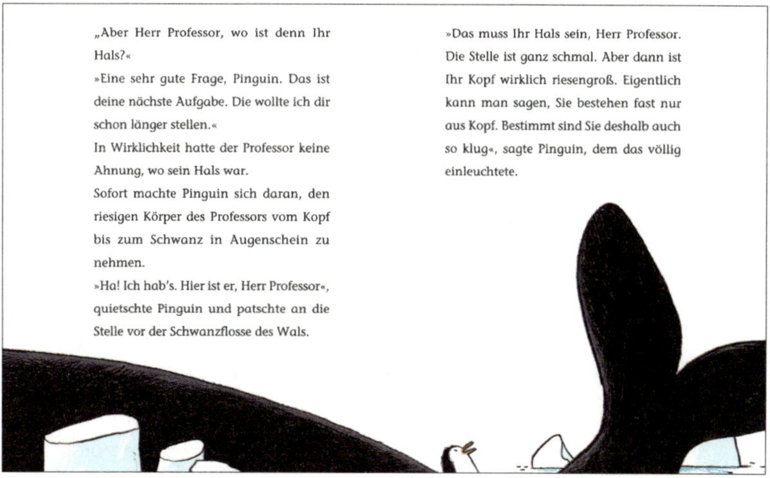

„Aber Herr Professor, wo ist denn Ihr Hals?«
»Eine sehr gute Frage, Pinguin. Das ist deine nächste Aufgabe. Die wollte ich dir schon länger stellen.«
In Wirklichkeit hatte der Professor keine Ahnung, wo sein Hals war.
Sofort machte Pinguin sich daran, den riesigen Körper des Professors vom Kopf bis zum Schwanz in Augenschein zu nehmen.
»Ha! Ich hab's. Hier ist er, Herr Professor«, quietschte Pinguin und patschte an die Stelle vor der Schwanzflosse des Wals.
»Das muss Ihr Hals sein, Herr Professor. Die Stelle ist ganz schmal. Aber dann ist Ihr Kopf wirklich riesengroß. Eigentlich kann man sagen, Sie bestehen fast nur aus Kopf. Bestimmt sind Sie deshalb auch so klug«, sagte Pinguin, dem das völlig einleuchtete.

Innenabbildung aus Megumi Iwasa & Jörg Mühle *Viele Grüße, Deine Giraffe*.

jener Bücher häuft sich deutlich, wodurch zwecks Abgrenzung eine eigene Bezeichnung nötig scheint.

Betrachtet man die Novitäten der letzten Jahre, fallen im Bereich der Erstlesetitel für Fortgeschrittene und der Zweitlesebücher Junior-Varianten erzählender Kinderbuchreihen auf. Somit erschließen sich auch jüngere Leser*innen Geschichten rund um beliebte, bei älteren Kindern bekannte Helden. Dadurch etwas mehr zu den Großen zu gehören, spornt an. Und sollte ein Kind der Reihe über beide Lesestufen hinweg treu bleiben, erzeugt dies eine stärkere Bindung an Reihen wie *Das magische Baumhaus* (Loewe), *Die drei ??? Kids* (Kosmos) *oder Die drei !!!* (Kosmos). Hakt man bei Kindern nach, weshalb sie Reihen lieben und bevorzugen, ist es vor allem jene enge Bindung an die Charaktere, mit denen sie über einen langen Zeitraum hinweg regelrecht zusammenwachsen.

Mit dem zunehmenden Alter der Kinder wächst erneut das Spektrum an Themen. Fantastische Kinderliteratur steht dabei neben realistischer. Gängige Motive wirklichkeitsnaher Geschichten sind das Familienleben, Freundschaft und Schulalltag. Auch zwischenmenschliche Konflikte bilden mehr oder weniger konkret das Zentrum der Handlungen. Mit Mobbing beispielsweise müssen sich manche Kinder außerhalb der elterlichen Schutzzone auseinandersetzen, häufig in der Schule. Authentische Geschichten hierzu können Hilfestellungen geben, Trost spenden und Mut machen. Gemeinsam mit den fiktiven Protagonisten wird erlebt, was in der eigenen realen Situation vielleicht doch auch möglich ist. Nicht-Betroffenen hingegen öffnen sie im besten Fall die Augen, stärken das Gefühl für Toleranz und den Gemeinschaftssinn. Im Kindersachbuch werden noch expliziter reale Erfahrungen mit Ausgrenzungen und die Frage, was vermeintlich ›normal‹ ist, angesprochen, um das Selbstwertgefühl der Kinder zu stärken.

Während die meisten Titel realistischer Kinderliteratur, auch zum Thema Flucht, kulturelle Auseinandersetzungen und interkulturelles Miteinander, in der Gegenwart angesiedelt sind, umreißen historische Geschichten Lebensumstände und Begebenheiten früherer Zeiten. Dazu zählt im Kinderbuch die zwar recht behutsame, aber doch ernsthafte Auseinandersetzung mit dem Zweiten Weltkrieg. Zumeist begleiten Leser*innen gleichaltrige Protagonisten. Somit ist die kindliche Sicht gewahrt und das kaum Fassbare, aber Faktische, authentisch vermittelbar. Als Standardwerk an der Grenze zur Jugendliteratur ist nach wie vor Judith Kerrs *Als Hitler das rosa Kaninchen stahl* (Ravensburger) zu nennen. Um wiederum dreißig Jahre Mauerfall zu feiern und Kindern die einstige Teilung und Wiedervereinigung Deutschlands näherzubringen, entstanden 2019 allein im Bereich Kinderbuch mehrere interessante Titel mit jeweils andersgearteten Herangehensweisen, sodass für jeden Lesetyp und jede Lesesituation (allein oder in der Gruppe) etwas dabei war: Sachbilderbücher, etwa Franziska Gehms und Horst Kleins *Hübendrüben*.

Als deine Eltern noch klein und Deutschland noch zwei waren (Klett Kinderbuch), erzählende Bilderbücher sowie Romane mit Kinderhelden als Akteure innerhalb jener bedeutenden Zeit, etwa Judith Burgers *Gertrude grenzenlos* (Gerstenberg).

Fantasy-Literatur ist nicht mehr wegzudenken. Bestsellerlisten belegen es unmissverständlich: Gestaltwandler, sprechende Tiere und übernatürliche Fähigkeiten wohin das Auge blickt. Zumeist bei jedem Geschlecht beliebt und offenbar auf magische Weise anziehend. Während sich in fantastischer und fantastisch-psychologischer Literatur reale und irreale Elemente vermischen, ist die Welt der reinen Fantasyromane irreal und in sich geschlossen. Beides fördert das Abtauchen in eine andere Welt, in der Dinge möglich sind, von denen Kinder ansonsten nur träumen. Als potenziell ›hochwertige‹ Kinderliteratur akzeptiert wurde Fantasy erst seit Romanen wie Michael Endes *Momo* aus den 1980er Jahren. Auch heute noch scheiden sich die Geister Erwachsener, die zum Teil der Fantasy aufgrund ihrer Realitätsferne einen geringen literarischen Wert beimessen. Dabei behandelt sie in vielen Fällen, genauso wie realistische Literatur, innere Konflikte, Ausgrenzung oder tiefe Freundschaft, die über Ängste hinweghilft – nur sind Moral, Werte, Konflikte und deren Lösungen mit einer ›magischen Hülle‹ verpackt. Manche Kinder filtern über diesen Weg eher Anregungen und Ermutigungen für sich aus Geschichten heraus oder lassen hilfreiche Identifikationsmomente überhaupt erst an sich heran. Die fiktive Figur des Jungen Bastian aus einem weiteren Klassiker von Michael Ende, *Die Unendliche Geschichte,* zeigt genau das: Als er in die zauberhafte Welt des Buches voller magischer Wesen eintaucht, erkennt er seine Stärken und schöpft Kraft aus diesem neuen Selbstbewusstsein.

Vielleser finden in umfangreichen fantastischen Romanen, die häufig aus Mehrteilern bestehen, genügend Lesestoff für ihr Bedürfnis, über einen langen Zeitraum in eine Geschichte abzutauchen. Auf der Suche nach ›dicken‹ Büchern werden oft Altersgrenzen überschritten, obwohl ausgesprochen leseaffine Kinder mitunter noch nicht reif genug für die unmittelbare, ungeschönte oder detaillierte Darstellungsweise in der realistischen Jugendliteratur im Hinblick auf Themen wie Tod, Gewalt oder Sexualität sind. Fantastische Literatur gestattet Lesenden mehr Distanz gegenüber drastischen Schilderungen aufzubauen, weil sie nicht Teil unserer echten Welt sind. Insofern verhilft diese Form der Literatur meist zu einem Mittelweg, wenn der frühe Schritt in höhere Altersklassen stattfindet. Manche Schilderungen sind in der Fantasy-Literatur jedoch derart grausam, dass die Distanz zur Realität nicht ausreicht, um für Jüngere geeignet zu sein. Daher ist auch hier eine genaue Betrachtung der Inhalte notwendig.

Fremde Länder und Kulturen lernen Kinder oftmals anhand spannungsorientierter Literatur kennen. Abenteuer in Form von Krimi- und Agentengeschichten sind ebenfalls ungebrochen als typische Genreliteratur beliebt. Selbiges gilt für Mädchenliteratur. Pferdebuch-Reihen wie Suza Kolbs *Die Haferhorde* (Magellan) und generell Tiere als Protagonisten genießen fast bis in das Jugendbuch hinein einen hohen Stellenwert. Seit über zehn Jahren demonstriert dies die groß angelegte Reihe *Warrior Cats* (Beltz & Gelberg) mit mehreren Staffeln, deren Zielgruppe hauptsächlich Zehn- bis Zwölfjährige sind.

Die Schere zwischen konventioneller, klischeehafter und emanzipierter Mädchenliteratur oder ›Jungsbüchern‹ klafft indes weit auseinander. Einerseits forcieren manche Verlage und Autor*innen verstärkt Diversität, geschlechtsneutrale beziehungsweise gendersensible Darstellungen, um Schubladendenken und feststehende Zuordnungen von Interessen und Eigenschaften aufzubrechen. Andererseits wird gezielt mit konservativen Geschlechterrollen gespielt. Einen Mittelweg bietet die aktuelle Kinderliteratur jedoch auch: Große Verlage repräsentieren mit ihrem Programm diverse Richtungen und sprechen unterschiedliche Zielgruppen an. Programme mittelgroßer und kleiner Verlage hingegen vertreten häufig deutlicher bestimmte Sichtweisen und Einstellungen.

Kinderbuchreihen

Wir stehen in einer Buchhandlung, DU spielst mit der Kindereisenbahn und suchst dir ausgerechnet diesen Quatsch aus: Die drei ??? Kids. Hast du etwa einen infantilen Rückfall?

Ausruf einer Mutter in Richtung ihres gemäß eigener Aussage hochbegabten siebenjährigen Kindes

Dieser Empörungsschrei bezüglich der literarischen Qualität einer beliebten Kinderbuchreihe wäre nicht entstanden, hätte sich das Kind einen preisgekrönten Einzeltitel ausgewählt. Die Reaktion der Mutter steht für eine Haltung, welche vor allem den Intellekt der (begabten) Kinder und die Förderung desselben fokussiert. Dabei wird die kindliche Freude an einem kleinen Lese-Abenteuer übersehen, auch wenn es keine tiefschürfenden Einsichten in die Welt nach sich zieht oder den Bildungsstand maßgeblich steigert. Kinderbuchreihen eilt nicht der Ruf eines hohen literarischen Niveaus voraus, denn innerhalb einer Reihe wiederholen sich stets ähnlich gestrickte Erzählmuster. Unterhaltung und eine leicht verständliche, lockere Sprache stehen im Vordergrund. Die größten Kritikpunkte dürften oberflächliche Betrachtungen und Klischees sein, wie typische Rollenbilder der Geschlechter, welche sich vornehmlich in diesem Zweig der Kinderliteratur ballen. Wer jedoch mit leseschwachen Kindern arbeitet oder zusammenlebt, kennt die positiven Aspekte von Reihen. Sie sind nicht zu unterschätzen, möchte man die Tür zur Literatur überhaupt erst einmal einen Spalt breit öffnen. Leseaffine Kinder wiederum genießen trotz großer literarischer Kom-

Jeff Kinney *Gregs Tagebuch. Von Idioten umzingelt.* © 2008 Baumhaus Verlag in der Bastei Lübbe AG

petenz den hohen Unterhaltungswert der Lektüre und die Bindung an vertraute Charaktere – wie jener Junge mit dem innigen Wunsch, einfach nur *Die drei ??? Kids* zu schmökern, wie viele andere Kinder auch.

Die von Erwachsenen gern als Schund verschrienen *Gregs Tagebücher* (Baumhaus) sorgten bei etlichen Kindern erstmals für Spaß am Lesen. Ein Buch ganz zu lesen ist ein Erfolgserlebnis, das ihnen zuvor fremd war. Buchhandlungen sahen insbesondere Jungen ab circa zehn Jahren oder älter plötzlich als neue Kunden freiwillig nach einem nächsten Buch fragen, dem neuen *Greg* von Jeff Kinney. Hier haben wir sie: die intrinsische Motivation. Den eigenen, inneren Antrieb und Wunsch, etwas selbst in die Hand zu nehmen, im Gegensatz zur extrinsischen Motivation, die nur Ergebnis eines Anreizes von außen ist. Lesestarke Kinder schmökern sich ohnehin kreuz und quer durch den verfügbaren Lesestoff, ob anspruchsvoll oder rein unterhaltend. Leseschwache und -unerfahrene Kinder hingegen fliegen nicht schnell über lange Sätze hinweg, ohne zu registrieren, wie viele Worte just in einem Rutsch und sinnentnehmend erfasst wurden. Wenn die Geschichte sie reizt, ist diese Hürde leichter zu nehmen – freiwillig. Ist das Lesen endlich nach mehreren Erfolgserlebnissen weniger anstrengend und keine scheinbar unüberwindbare Hürde mehr, öffnet sich ein Kind mit einer größeren Wahrscheinlichkeit freiwillig komplexeren Titeln. Um dies zu erreichen, sind Umwege wie *Greg* oder Alice Pantermüllers *Lotta-Leben* (Arena) nützlich. Beide weisen durchgehend comicartig illustrierte Textpassagen auf und durchbrechen die bei Wenig- oder Nichtlesern gefürchteten Bleiwüsten.

Bezüglich der bilderreichen Gestaltung und somit enorm aufgelockerten Erzählstruktur ist Gregs Tagebuch ein Beispiel der Extreme. Zu den beliebtesten Reihen für Grundschulkinder zählt derzeit Margit Auers *Die Schule der magischen Tiere* (Carlsen). Nina Dulleks Zeichnungen erweitern zwar auch den Text, die im Schnitt etwa zweihundert Seiten starken Bücher sind jedoch konventionell gesetzt und nur nach längeren Abschnitten anhand der Bilder unterbrochen. Trotzdem zeichnen sich die Bücher durch reihenspezifische Merkmale aus: Kinder wachsen mit den Helden der Geschichte über viele Bände und einen langen Zeitraum hinweg zusammen, das Handlungsgerüst ist bekannt, die optische Gestaltung wiederholt sich und der Wiedererkennungswert erzeugt – trotz unterschiedlicher Themen – Sicherheit. Andere Serien, wie Lena Hachs *Der verrückte Erfinderschuppen* (Mixtvision), sind nicht so umfangreich. Dennoch weisen sie fast alle Aspekte auf, die auch Reihen ausmachen.

Mitmachbücher

Was? Ich kann selbst entscheiden, was der Typ in der Geschichte macht? Und wenn der verreckt, fange ich nochmal neu an? Wie geil ist DAS denn? Hol ich mir gleich heut' Mittag!

Dieser euphorische Ausruf stammt von einem Fünftklässler. Während der Welttag-des-Buches-Veranstaltung in einer Buchhandlung ertönte er unüberhörbar. Der Junge kam tatsächlich am Nachmittag mit seinem Taschengeld, um zwei Exemplare der Reihe *1000 Gefahren. Du entscheidest selbst!* (Ravensburger) zu erstehen. In einer nicht allzu langen, spannenden Geschichte nach wenigen Seiten immer wieder selbst den Fortgang zu bestimmen, im Text vor- und zurückzuspringen und die Chance zu bekommen, bei einem ungünstigen Ausgang neu auszuloten, was

Magnus Myst *Das kleine böse Buch*.
© Ueberreuter, links: Cover,
rechts: Innenabbildung Seite 93

passiert, wenn man sich in einer beschriebenen Situation für eine andere Variante entscheidet – dass es ein solches Konzept überhaupt gibt, wissen weder alle Kinder noch alle Erwachsene, die lesefernen Kindern Bücher anempfehlen. Im zitierten Fall handelt es sich um den Schüler einer Klasse des Hauptschulzweigs einer Gesamtschule, in der es keine Vielleser oder tendenziell buchaffine Kinder gab. *1000 Gefahren. Du entscheidest selbst!* und die Serie um *Das Böse Buch* (Ueberreuter) von Magnus Myst, in der ebenfalls und auf abwechslungsreiche Weise Interaktion gefragt ist, ließen die Fünftklässler jedoch aufhorchen. Denn Konzepte wie diese brechen das gängige Prinzip einer durchgehenden Geschichte auf und lassen auch den Textumfang anhand interaktiver Elemente kleiner erscheinen als er tatsächlich ist.

Das aus dem Rollenspiel übernommene Konzept der Mitbestimmung des Geschichtsverlaufs findet man mittlerweile auch in Einzeltiteln anderer beliebter Kinderbuchreihen wie *Die drei*

??? mit *Die drei Fragezeichen-Kids und du* (Kosmos) oder *Sternenschweif & Du* (Kosmos). In der Regel sind diese und ähnliche Titel ab einem Alter von acht Jahren angesetzt. Für die Erstlesereihe *Tulipan ABC* gestaltete Zapf den Titel *Drachen an den Start* (Tulipan) auf ähnliche Weise und wurde hierfür mit dem Lesekompass ausgezeichnet.

Julian Press wiederum führt die Grundidee seines Vaters Jürgen Press, Autor des Kriminalklassikers *Die Abenteuer der Schwarzen Hand* (Ravensburger), fort und bindet Lesende aktiv in die Geschichte ein. Die Kriminalgeschichten seiner Reihe *Finde den Täter* (cbj) kombinieren jeweils gegenüberstehende Text- und Wimmelbild-Seiten. Durch das Zusammenspiel der beiden Komponenten ergibt sich des Rätsels Lösung. Beide Ebenen erfordern die Aufmerksamkeit der Kinder, um Hinweise aufzuspüren. Spielerisch werden das Textverständnis und die Konzentration auf Bilddetails geschult, ohne mit langen Textpassagen zu überfordern.

Vorteile für Wenig- oder Nichtleser

Kinderbuchreihen genießen bei Eltern mit hohen literarischen Ansprüchen und Pädagogen nicht selten einen mäßigen Ruf. Die Kritik: zu viele sich wiederholende Strukturen, zu viele Klischees und zu wenig komplexe Geschichten. Bei Comicroman-Reihen wie *Greg* und *Lotta* bemängeln sie die beträchtliche Fülle an Zeichnungen beziehungsweise den vergleichsweise geringen Textanteil. Comics und umfangreichere Comicbücher haben es in Deutschland noch schwerer. Gerade in diesem Segment entwickeln sich jedoch in den letzten Jahren durchaus anspruchsvolle Varianten. Lemires *Mira* (Klett Kinderbuch) etwa wurde 2019 für den Deutschen Jugendliteraturpreis nominiert, Philip

Waechters *Toni. Und alles nur wegen Renato Flash* (Beltz & Gelberg) für den Lesekompass 2019. Comicverlage, wie Reprodukt und Avant, tauchen mit diversen Titeln ebenfalls auf jenen renommierten Listen auf. Diese und vergleichbare Titel vereinen gut durchdachte, unverwechselbar und originell illustrierte Bildsequenzen sowie Geschichten, die weit davon entfernt sind, platte Stereotypen zu bedienen. Kinder, die aus welchen Gründen auch immer mit Leseschwierigkeiten kämpfen, suchen nicht automatisch dem Leseniveau entsprechend simple Unterhaltung – für diese Zielgruppe schließt sich hier nun die Lücke zwischen inhaltlichem Anspruch und leichter Lesbarkeit anhand kurzer Sätze, wenig Text pro Seite und einem großen Bildanteil, der die Textebene optisch unterstützt und lebendig macht.

Spannungsorientierte, temporeiche, humorvolle und fantastische Reihen mit jugendlichen Helden, wie die des Schriftstellers Rick Riordan, ziehen vornehmlich die gemeinhin als leseschwach wahrgenommene Gruppe der Jungen an. Mit kurzweiligen Romanen rund um die griechische, nordische und altägyptische Götterwelt voll witziger und cooler Dialoge begeistert Riordan seine Leserschaft Band für Band. Leseschwächere und bildaffine Kinder oder Jugendliche können mittlerweile auf einige Comicfassungen der Abenteuer von *Percy Jackson* (Carlsen) ausweichen. Ähnlich dem YouTube-Star Paluten, greift Cube Kid mit *Tagebuch eines Kriegers* (Ullmann) und weiteren Titeln wiederum die digitale Würfelwelt von *Minecraft* auf, jedoch als mehrbändige, mit Abbildungen und visuellen Effekten versehene Serie.

Bei einem Vergleich mit anspruchsvollen Einzeltiteln innerhalb der Altersklasse der Acht- bis Elfjährigen kennzeichnen Reihentitel oft eine größere Schrift, kürzere Kapitel, ein luftiges Layout sowie ein geringerer Seitenumfang. Zudem lockern häufiger Illustrationen und großzügig angelegte Vignetten die Texte bis in eine höhere Altersklasse hinein auf. Die Geschichten zielen auf Unterhaltung ab und erleichtern inhaltlich wie sprachlich einen schnellen Einstieg in den Text. Nicht zu unterschätzen ist der Sammeleffekt einer Reihe. Fragt man Viertklässler, wer *Gregs Tagebuch* gelesen hat oder zumindest kennt, melden sich normalerweise etliche Schüler. Ohne weiteren Anstoß folgt sogleich das Gespräch untereinander, wer schon wie viele Bände gelesen oder deren Verfilmung gesehen hat. Erfolgreiche Reihen finden oft den Weg ins Kino und erhalten aufgrund des Medienverbunds (Buch, Hörbuch, Film, Merchandising-Produkte etc.) mehr Aufmerksamkeit.

Mit dem großen Bekanntheitsgrad von Reihen geht ein gewisser Sammeleffekt einher. Sie bieten Gesprächsstoff für Pausenhöfe und privat, fungieren somit als sozialer Anknüpfungspunkt und erzeugen auch bei anderen Kindern Interesse an den Titeln. Weil die Entwicklung der Charaktere über mehrere Titel hinweg verfolgt wird, entsteht eine enge emotionale Bindung an literarische Figuren und deren fiktive Lebenswelt. Auch Vielleser zieht dieser Aspekt in den Bann einer Reihe: Sie fühlen sich darin ›zu Hause‹.

Das Erfolgserlebnis, ein ganzes Buch ›geschafft zu haben‹ und bei Gefallen auf vertrautem Terrain weiterlesen zu können, führt optimalerweise selbst bei Weniglesern zu einer Langzeitmotivation. Darüber hinaus ist die Themenvielfalt von Reihen mit in sich abgeschlossenen Geschichten etwa zu wechselnden geografischen Orten oder historischen Ereignissen individuell je nach Interessengebiet nutzbar. Der ähnliche Aufbau, Schreibstil und die Konstante der Charaktere erleichtern nach dem ersten Band die Konzentration auf den Inhalt und reduzieren die Überwindung, ein neues Buch zu lesen. Denn je weniger sich Kinder auf den Prozess des Dekodierens von Buchstaben und des flüssigen Lesens fokussieren müssen, desto größer fallen literarisches Verständnis und im Zuge dessen überhaupt erst Lesefreude aus.

Bekannte Kinderbuchreihen

Welche Reihen zu den aktuell meist verkauften gehören, ändert sich regelmäßig im Laufe weniger Jahre. Manche bleiben zwar über einen bemerkenswert langen Zeitraum hinweg bestehen, andere tauchen jedoch auf dem schnelllebigen Markt nur kurz auf und geraten bald wieder in Vergessenheit. Die meisten Kinderbuchreihen bewegen sich im Alterssegment von acht bis zwölf Jahre, wenn das Stadium des ersten Lesenlernens abgeschlossen ist. Je nach Statistik oder Bestsellerliste werden bereits Reihen für Elfjährige als Jugendbücher deklariert, obwohl im Allgemeinen eine höhere Altersklasse gemeint ist, wenn von Jugendlichen und Jugendliteratur die Rede ist. Außerdem zählen zu den Rezipienten beliebter Reihen ohnehin oft jüngere Leser*innen: Sie sind neugierig auf den Stoff, von dem so viele sprechen. Aus den genannten Gründen bezieht sich die folgende Auswahl der angeführten Reihen auf besonders umsatzstarke Titel bis zum Alterssegment der Zwölfjährigen, wie sie unter anderem im *Börsenblatt Spezial Kinder- und Jugendbuch* 2020 sowie auf den Spiegel-Bestsellerlisten veröffentlicht wurden.

Kinderbuchreihen – eine erste Auswahl

- *Die Haferhorde* (Suza Kolb; magellan)
- *Sternenschweif* (Linda Chapman; Kosmos, Carlsen)
- *Bitte nicht öffnen …* (Charlotte Habersack; Carlsen)
- *Die drei ???, Die drei ??? Kids* (Kosmos, dtv junior)
- *Die Schule der magischen Tiere* (Margit Auer; Carlsen)
- *Mein Lotta-Leben* (Alice Pantermüller; Arena)
- *Die drei !!!* (Kosmos, dtv)
- *1000 Gefahren* (Ravensburger)
- *Woodwalkers* (Katja Brandis; Arena)
- *Animox* (Aimee Carter; Oetinger)
- *Tom Gates* (Liz Pichon; Egmont Schneiderbuch, dtv junior)
- *Gregs Tagebuch* (Jeff Kinney; Baumhaus)

Qualitative Aspekte – auf der Suche nach dem ›guten‹ Kinderbuch

Keine Definition gibt an, wann ein Kinderbuch ›qualitativ wertvoll‹ ist. Die Beurteilung junger und erwachsener Leser*innen differiert aufgrund unterschiedlicher Anforderungen an ein ›gutes‹ Kinderbuch. Je nach Art der Zielsetzung erwarten die einen pädagogisch ›sinnvolle‹ Texte, die anderen leichte Unterhaltung und die Möglichkeit, sich träumend in einer Geschichte zu verlieren. Zudem wandeln sich Moden, pädagogische Vorstellungen, moralische Überzeugungen und literaturästhetische Ansichten.

Obwohl manche Titel Perlen der Kinderliteratur sind, verschwinden sie bisweilen schnell vom Markt. Sie sind schlichtweg durch das Netz der medialen Aufmerksamkeit gerutscht und im Meer tausender Novitäten einer Saison untergegangen. Vielleicht lag das Erscheinungsdatum ungünstig oder das Cover war irreführend und zog nicht die richtige Zielgruppe an. Häufig kommen gleich mehrere Ursachen zusammen, die nicht mit dem Gehalt eines Titels in Zusammenhang stehen. Dennoch gerät er im schnelllebigen Buchmarkt womöglich rasch in Vergessenheit: *Buch und Buchhandel in Zahlen* verzeichnete 2020 immerhin 7.969 neue Kinder- und Jugendbücher.

Die wissenschaftlichen, privaten und subjektiven Ansichten zur Qualität eines Kinderbuchs sind vielfältig und schwer auf einen Nenner zu bringen. Dennoch existiert ein roter Faden, der moderne und ältere Klassiker oder von Kindern geliebte Bestseller in mancherlei Hinsicht eint. Ihn auf jeden Titel und jedes Kind zu übertragen, ist vielleicht nicht möglich. Einige der folgenden Kriterien dienen jedoch als Wegweiser bei einer qualitativen, literaturästhetischen Einschätzung.

Qualitätskriterien für erzählende Kinderliteratur – eine Auswahl

Authentizität Familienalltag, Schule, Entwicklungsphasen, Sehnsüchte, Ängste, Ungewissheiten: Erfassen Autor*innen die Lebenswirklichkeit junger Leser*innen und fühlen sich in ihr Seelenleben ein, wirkt der Inhalt weder realitätsfern noch aufgesetzt. Knüpft der Text an echte Bedürfnisse der jungen Leserschaft an, finden Kinder sich auch darin wieder. Manche Geschichten dieser ›Güteklasse‹ könnten theoretische Erziehungsratgeber für Erwachsene ersetzen: Die wahre kindliche Sicht auf die Welt (auch auf das Handeln von Eltern) springt unmittelbar auf Leser*innen, gleich welchen Alters, über.

Identifikation Sind Identifikationsmöglichkeiten mit dem Protagonisten der Geschichte vorhanden, entsteht ein Bezug zur Lebenswelt der Leser*innen. Erzeugt ein Text Empathie, berührt er Lesende auch auf der emotionalen Ebene. Dies geschieht, indem literarische Helden beispielsweise nicht zu perfekt oder stereotyp, sondern wirklichkeitsnah beschrieben werden.

Charakterstärke Eigenwillige Protagonisten verhelfen als Vorbild zu mehr Selbstbewusstsein, indem sie innerhalb einer Geschichte Strategien entwickeln, um zwischenmenschliche Konflikte zu lösen, mit ihren Schwächen umzugehen sowie eigene Stärken herausfinden und nutzen. Mit den Worten des weisen, alten Zauberers und Schulleiters von Hogwarts, Albus Dumbledore: »Viel mehr als unsere Fähigkeiten sind es unsere Entscheidungen, Harry, die zeigen, wer wir wirklich sind.« (*Harry Potter und die Kammer des Schreckens*, Carlsen). Am Ende einer Geschichte sind optimalerweise die Hauptfiguren gereift. Fiktive, literarische Figuren können die Persönlichkeitsbildung von Kindern positiv beeinflussen und sie in ihrer Entwicklung begleiten.

Herausforderung Wird Kindern inhaltlich etwas zugetraut, fühlen sie sich auch ernst genommen. Kinderliteratur darf komplexe, sensible und kontroverse Aspekte behandeln, sprachlich herausfordern und somit in vielerlei Hinsicht den Horizont erweitern. Im Kontext einer Geschichte erschließen sich junge Leser*innen durchaus unbekannte Themen und Wörter. Außerdem stärkt das Erzeugen innerer Bilder hierzu ihre Vorstellungskraft: Eine Fähigkeit, die lebenslang von Vorteil ist – nicht nur beim Lesen literarischer Texte.

Reflexion Tiefgründige, vielschichtige Inhalte beschäftigen Lesende nicht nur während, sondern auch noch im Anschluss an die Lektüre. Sie regen zum Philosophieren, zum Nach- und Weiterdenken an: allein oder – noch besser – im Austausch mit anderen. Sie beflügeln durch Andeutungen und Spielräume die Fantasie. Zudem fördern sie die Kompetenz des vertieften Lesens (deep reading), weil Leser*innen komplexe Geschichten regelrecht verinnerlichen sowie sich intensiv und aktiv mit dem Inhalt auseinandersetzen. Eine nachhaltige Verknüpfung von Emotionen, Gedanken, Wissen und Gelesenem entsteht.

(Keine) Stereotypen Was für die Darstellung von Figuren und Handlungsweisen der archaischen Märchenwelt typisch ist, gilt in der heutigen Kinderliteratur nicht mehr als zeitgemäß – zumindest fernab des Mainstreams und unter dem Aspekt literarischer Qualität. Klischees bezüglich vermeintlich festgelegter Geschlechterrollen und männlicher beziehungsweise weiblicher Verhaltensweisen wirken schablonenhaft und stereotyp. Das Vermeiden oder ironische Spiel mit Klischees sowie eine differenzierte Figurencharakterisierung stärken die Offenheit für menschliche Vielfalt. Auch sich selbst finden die Leser*innen viel eher mit den eigenen Ecken und Kanten in einer solchen Geschichte wieder, was die Identifikation mit den literarischen Figuren erhöht.

Darüber hinaus erzeugen nur lebendig erzählte Geschichten große Spannung: Klug konstruierte Wendungen halten Überraschungen bereit und fesseln. Mit durchschaubaren Stereotypen gelingt dies nicht – deren Weg ist zu klar vorgezeichnet und vorhersehbar. Gute Unterhaltung hat viele Gesichter und schließt einen hohen literarischen Gehalt nicht aus.

Wertefundament und Menschlichkeit Kinder im Grundschulalter entwickeln einen mitunter starken Gerechtigkeitssinn und beginnen die feinen Nuancen des Gefühlslebens, sozialer Interaktionen und zwischenmenschlicher Wertschätzung zu begreifen. Was zeichnet zum Beispiel echte Freundschaften aus und was nicht? Wie verhalte ich mich fair? Auch das Handeln Erwachsener wird mehr und mehr infrage gestellt. Grundsteine für Werte festigen sich. Statt den moralischen Zeigefinger zu erheben und offensichtlich zu belehren, findet in feinsinnigen Geschichten eine subtile Wertevermittlung über die Handlungsweise der Protagonisten statt. Sie fördern soziale Kompetenz und Toleranz. Wertfrei, ohne Stigmatisierungen oder vorgegebene Normvorstellungen, werden beispielsweise verschiedene Familienstrukturen – Patchwork, Alleinerziehende, gleichgeschlechtliche Eltern – als selbstverständlich nebeneinander koexistierend beschrieben.

Neue Horizonte Wie fühlt sich ein gleichaltriges Kind, das nicht wohlbehütet aufwächst, sondern aus einem Land in Kriegszeiten fliehen muss? Wie gestaltet sich der Alltag eines Kindes, das (im Gegensatz zu dem Lesenden) im

Rollstuhl sitzt? Psychische Krankheiten sind nicht sichtbar, aber je nach Ausprägung eine schwerwiegende Belastung. Angststörungen etwa machen schon Kindern das Leben schwer und führen zu Ausgrenzungen. Anhand einer Geschichte in die Haut eines solchen Kindes zu schlüpfen, kann viele Handlungsweisen für Außenstehende verständlicher machen und ihnen helfen, offen auf Betroffene zuzugehen. Die in Romanen dargestellten Situationen und Beschreibungen tiefer liegender Ursachen für bestimmte Verhaltensweisen, zum Beispiel Aggression, müssen allerdings nicht traurig oder durchgehend ernst sein, um nachhaltig auf Lesende zu wirken – manches Kinderbuch sprüht sogar vor Witz, ohne an Tiefe zu verlieren.

Egal auf welche Weise: Horizonterweiternde Perspektiven einzunehmen ist eine bereichernde, wichtige Erfahrung und stärkt die Entwicklung von Empathie. Wer viele Facetten der Welt mit ihren Licht- und Schattenseiten, kulturelle Hintergründe, menschliche Schicksale und einem selbst fremde Lebensumstände kennenlernt, wird für die Emotionen und Lebensumstände anderer sensibilisiert. Dies wiederum fördert die Fähigkeit, Manipulation, Vorurteile und darauf basierende Argumentationsketten zu durchschauen. Derlei literarische Erfahrungen regen auch über die Lektüre hinaus zum kritischen Hinterfragen an.

Sprache Gehen Geschichte und Sprache Hand in Hand, wirkt die Wortwahl weder konstruiert noch sperrig, erzeugt dies ein authentisches Gefühl. Passen Sprache und Charaktere zusammen, werden Figuren lebendig und greifbar. Kinderliteratur kann den Wortschatz enorm erweitern und das Interesse an Sprache sowie die Lust auf den kreativen Umgang mit ihr wecken. Wer über einen großen Wortschatz verfügt, hat einen guten Zugang zu komplexen oder gar analytischen Texten, mit denen selbst wenig lesende Kinder spätestens ab der weiterführenden Schule konfrontiert werden. Mit einem umfangreichen lexikalischen Wissen vermag man sich anderen gegenüber deutlicher mitzuteilen. Auch das Argumentieren gelingt mit den geeigneten Worten besser und dadurch selbstbewusster. Dass selbst Fremdworte in Kinderliteratur kein Tabu sein müssen, beweist der vielfach ausgezeichnete Autor Andreas Steinhöfel in seinen preisgekrönten Romanen um Rico und Oskar. Denn der ›tiefbegabte‹ Rico erklärt mit seinen eigenen kindlichen Worten – und somit der jungen Leserschaft – schwierige oder im Alltag von Kindern weniger gebräuchliche Begriffe, sobald sie in der Geschichte auftauchen. Was zum Beispiel Depression bedeutet und welche Auswirkung sie auf das Gefühlsleben betroffener Menschen hat, versteht man mithilfe folgender Definition gewiss: »*DEPRESSION: Das graue Gefühl. Mama hat es mal so genannt, als wir uns über Frau Dahling unterhielten. Eine Depression ist, wenn all deine Gefühle im Rollstuhl sitzen. Sie haben keine Arme mehr und es ist leider auch gerade niemand zum Schieben da. Womöglich sind auch noch die Reifen platt. Macht sehr müde.*« (Aus *Rico, Oskar und die Tieferschatten*, Carlsen)

Das gute Ende Kinderliteratur darf und sollte sensible Themen nicht aussparen, nur weil die Rezipienten noch nicht erwachsen sind. Aspekte wie diese lassen Kinder nach jeder Lektüre ein bisschen mehr reifen. Entwicklungsbedingt ist ein Ende mit relativ klarer und weitgehend Mut erzeugender, positiver Auflösung für viele Kinder dennoch ein wichtiger Faktor, um möglicherweise emotional belastende Themen anzunehmen und zu verarbeiten. Demgemäß sind auch realistische, jedoch altersgerecht aufgearbeitete und entsprechend angemessene Anregungen zur Bewältigung von Problemen hilfreich.

Der rote Faden Wenn unlogische Konstellationen, Handlungsweisen oder Geschehnisse zu Ungereimtheiten in der Geschichte führen, verlieren Lesende den roten Faden und der Textfluss ist gestört. Selbiges gilt für zu viele Zeitsprünge und Parallelhandlungen, welche Grundschüler meist überfordern.

Das Zusammenspiel unterschiedlicher Ebenen Eine harmonische Einheit von Sprache, Inhalt und gegebenenfalls Illustrationen und Layout trägt maßgeblich zur nachhaltigen Wirkung und Freude am Lesen gelungener Kinderliteratur bei. Zu jener Wechselwirkung der Ebenen gehört auch die entwicklungs- beziehungsweise altersgemäße Einordnung der rezeptiven und kognitiven Fähigkeiten der Zielgruppe hinsichtlich Sprache, thematischer Aufbereitung und Gestaltung.

Statt Trend und Abklatsch Ältere und jüngere Klassiker der Kinderliteratur zeichnen sich vor allem durch zeitlose Themen und Werte aus, beispielsweise durch wahre Freundschaft und den Mut, sich für andere einzusetzen. Sie überdauern inhaltliche Trends und haben in jeder Hinsicht einen unverwechselbaren, originären Charakter – auch in erzählerischer Hinsicht oder bezüglich eingenommener Perspektiven. Somit bilden sie einen Gegenpol zu Titeln, welche aktuelle Bestseller oder Klassiker nachahmen und daher als Trittbrettfahrer-Literatur bezeichnet werden. Mancher Folgeband eines Bestsellers wirkt zudem lediglich wie ein Zitat seiner selbst und inspiriert nicht mit neuen Ideen.

Erzählende Kinderbücher – kurz & knapp zusammengefasst

- Zweitlesebücher bilden einen Übergang von Erstlesetiteln zu komplexerer Kinderliteratur;
- Neben Einzeltiteln dominieren Reihen die erzählende Literatur;
- Vorteile von Reihen besonders für Wenigleser: Oftmals größere Schrift, mehr Illustrationen, Sammeleffekt, hoher Bekanntheitsgrad und Gesprächsstoff als Anreiz, Langzeitmotivation mittels enger Bindung an Charaktere über mehrere Bände hinweg, Hemmschwelle bei zweitem Band aufgrund vertrauten Stils und Aufbaus niedriger;
- Mitmachbücher brechen anhand interaktiver Elemente linear erzählte Handlungen auf, deren Bewältigung lesefernen Kindern schwerfällt;
- Zunehmend grafisches Erzählen: Comicromane, Graphic Novels, umfangreiche Comicbücher, stark illustrierte Titel;
- Qualitätskriterien: Identifikationsmöglichkeiten, Reflexion anregen, Vermeidung von Klischees, differenzierte Figurencharakterisierung, subtile Wertevermittlung, altersgerechte Anregung zur Problembewältigung, horizonterweiternde Perspektiven, Bereicherung des Wortschatzes, Berücksichtigung rezeptiver Fähigkeiten, sinnige Handlungsstränge.

5.3 Das Kindersachbuch – Grenzgänger zwischen Information und Erzählung

Mein Sohn sollte für die Grundschule etwas über große Glocken herausfinden. Er hat im Internet nachgeschaut und … Was glauben sie, was er da außer Kirchenglocken noch gefunden hat?! Genau: Bilder von Hoden – oder großen Brüsten!

Bericht einer Mutter gegenüber einem Lehrer

Mit einem lektorierten Kindersachbuch hätte es diese Anekdote nicht gegeben. Dass Kinder im Laufe der Grundschulzeit zwecks Recherchen zu Hausaufgaben, später in der weiterführenden Schule für Referate, den schnellen, kostenlosen, riesigen Wissenspool des Internets wählen, ist allerdings zur Normalität geworden. Laut der KIM-Studien recherchiert bereits ein knappes Viertel der Sechs- bis Siebenjährigen im Internet für die Schule und nutzt über diesen Kanal Bilder, Grafiken, informative Texte und Video-Tutorials. Trotz oder gerade wegen seiner digitalen Konkurrenz, die ab etwa acht bis zehn Jahren zunehmend greift (KIM 2018), tritt das Kindersachbuch wie das Sachbilderbuch für jüngere Adressaten vielfältiger denn je auf – sowohl bezüglich seiner Gestaltungsarten als auch inhaltlich.

Zu allgemeinem Wissen gesellt sich entwicklungsgemäß zunehmend spezifisches Wissen, das an die Kenntnisse von bestimmten Inhaltsgebieten anknüpft, welche bereits angesammelt wurden. Aus Vorwissen und neuen Informationen spinnt sich also ein – je nach Förderung – immer dichter werdendes Netzwerk aus Hintergrundwissen, auf das Kinder zurückgreifen und das sie ständig weiter ausbauen. Wer viele Fakten und Zusammenhänge kennt, vermag auch rasch Analogien zu bilden – und zwar selbst, ohne Rückgriff auf externe Quellen. Kompetenz im MINT-Bereich (Mathe, Informatik, Naturwissenschaft, Technik) und sogar schwer fassbare, abstrakte Zusammenhänge werden in Kindersachbüchern vermehrt dargestellt: Evolution, Quantenphysik oder Chemie zum Beispiel. Auch führen diverse Titel junge Leser*innen auf vielfältige Weise an Kunst und Künstlerpersönlichkeiten heran. Aufwendig gestaltete Sachbücher dieser Art sprengen mittels anschaulicher und bisweilen ästhetisch herausragender Bebilderungen Altersgrenzen, sodass sie Erwachsene wie Kinder gleichermaßen begeistern. Zudem findet eine Sensibilisierung für Aspekte der Gesellschaft und Politik statt. Diskriminie-

Sheddad Kaid-Salah Ferrón, Eduard Altarriba *Professor Albert und das Geheimnis der Quantenphysik.* © Knesebeck

Monika Osberghaus, Horst Klein *Alle behindert. 25 spannende und bekannte Beeinträchtigungen in Wort und Bild.*

rung, Beeinträchtigungen und Menschenrechte sind zwar vielschichtige Themenkomplexe, aber mit gekonnter, kindgerechter Reduzierung auf das Wesentliche dennoch vermittelbar – sei es in Form eines Sachbilderbuchs oder weniger bilddominanter Formate. Selbiges gilt für (lebens)philosophische Fragen.

Die Zahl publizierter Einzelwerke und Anthologien mit Biografien berühmter Persönlichkeiten steigt. Diese Bücher zeigen, was ein Mensch trotz Stolpersteinen im Leben erreichen und bewegen kann – in manchen Fällen sogar schon in frühen Jahren. Das Credo jener Titel lautet: Glaube fest an dich, an deine Ziele und lass dich nicht so schnell beirren. Damit tragen Biografien mit etwas Glück nicht nur zur Allgemeinbildung, sondern auch zur Identitätsstärkung bei. Um ein Beispiel aus dem echten Leben anzuführen: Der zu Beginn des Kapitels 5.2 zitierte bekennende Nichtleser einer fünften Klasse verstummte gebannt, als aus dem Buch *Stories for Boys Who Dare to be Different – Vom Mut, anders zu sein* (Loewe) die Vita des Paralympics-Gewinners und Schwimmers Achmat Hassiem vorgelesen wurde. Denn wie ›Sharkboy‹ Hassiem wurde auch der Fünftklässler bei seinem Versuch, einem anderen Menschen in Not zu helfen, verletzt. »Ich bin gemessert worden. Guck, da ist noch meine Narbe! Danach hab' ich erst mal bereut, dass ich meinem Kumpel geholfen hab'. Aber ich glaub, es war doch gut. Krass, der Typ hat ja sogar sein Bein verloren und ist trotzdem voll der Held. Cooles Buch!« Mit anerkennendem Nicken revidierte jener Nichtleser seine

Meinung innerhalb einer Stunde in der Buchhandlung. Es gibt sie also doch – die Bücher, die zu einem passen. Ohne aktive Leseförderung hätte dieser Titel den Jungen womöglich jedoch niemals erreicht. Und es sind kompetente Personen vonnöten, die Bücher finden, welche Kinder über persönliche Erfahrungen berühren und eine Verbindung zu ihrer Lebensrealität herstellen.

Damit Kinder zu selbstbewussten und zugleich toleranten Menschen heranreifen, greifen Sach(bilder)bücher Aspekte des Bodyshamings auf, noch bevor Heranwachsende später in der Pubertät über die Maße kritisch voller Verunsicherung auf ihr Äußeres oder das anderer Menschen schauen. Es gilt früh zu hinterfragen, was in den Medien augenscheinlich als ›perfekt‹ gilt. Anna Fiskes *Alle haben einen Po* (Hanser) sowie Sonja Eismanns und Amelie Perssons *Wie siehst du denn aus. Warum es normal nicht gibt* (Beltz & Gelberg) führen etwa an Körperformen, Körperwahrnehmung und Schamgefühle auf witzige und zugleich ernste Weise heran. Inhaltlich weiter gesteckt und mit realen Kindheitserfahrungen aus der rückblickenden Sicht Erwachsener gespickt, ist das mehrfach ausgezeichnete Werk der Labor-Ateliergemeinschaft *Ich so du so. Alles super normal* (Beltz & Gelberg). Derlei Sachbücher eignen sich hervorragend für die eigene Lektüre, aber auch für das gemeinsame Lesen, den Dialog mit Vertrauten oder als Basis für die Arbeit mit einer Gruppe, zum Beispiel im Klassenverbund.

Labor Ateliergemeinschaft *Ich so du so. Alles super normal.* © Beltz & Gelberg

Inhaltlich betrachtet ist außerdem jüngst das Entstehen etlicher Veröffentlichungen zum Thema Umweltschutz, Nachhaltigkeit und Natur gewiss vor allem auf den ›Greta-Effekt‹ im Zusammenhang mit der Fridays-for-Future-Bewegung zurückzuführen. Das Angebot reicht von Sach(bilder)büchern als Einführung in den genannten

Innenabbildung aus Hélène Druvert *Ozeane. Die wunderbare Welt der Meere.* © Gerstenberg

Themenkomplex bis hin zu Anregungen für mehr Eigeninitiative.

Die Arbeitsgemeinschaft von Jugendbuchverlagen (avj) nennt in ihrem Flyer *Sachbücher machen Welten sichtbar* zehn gute Gründe für das Betrachten und Lesen von Sachbüchern. Die Essenz der Thesen lautet: Wissensaneignung mithilfe von Kindersachbüchern ist eine wertvolle Investition für die Zukunft. Denn wer sich auskennt, kann leichter mitreden und kritischer Fakten von Behauptungen und Meinungen unterscheiden. In Anbetracht der sozialen Medien und der schier endlosen Fülle an Beiträgen im Internet gewinnt diese Kompetenz enorm an Bedeutung. Das spielerische Erlernen von Sachthemen und Zusammenhängen findet im ›geschützten‹ Raum eines geprüften, lektorierten, extra auf Kinder abgestimmten Buches statt und nicht in den anonymen Weiten des Internets, in dem Sachwissen in allen erdenklichen Formen fundiert, laienhaft oder falsch und nicht zwingend altersspezifisch dargeboten wird.

Hinsichtlich der Vermittlung von Fakten über Bild, Text und Layout lassen sich Autor*innen, Illustrator*innen und Verlage immer spannendere und überzeugende Konzepte einfallen. Originelle Zeichnungen und Fotografien, Pop-up-Elemente, Klappen, Zauberlupen für ein 3-D-Gefühl oder filigrane Laserschnitte verwandeln Sachbücher in veritable Wunderkammern zum Vertiefen und immer wieder Hineinschauen – oft sogar für die ganze Familie. So wird selbst komplexes Wissen unterhaltsam, auf ästhetische Weise und trotzdem anschaulich dargestellt.

Davies, Carnovsky *Der menschliche Körper. Eine Entdeckungsreise mit der Röntgenlupe.* © Prestel

Auch das systematische Nachschlagen in Registern und Glossaren will gelernt sein. Sich dies früh in aller Ruhe und ohne schulischen Druck anzueignen, ist eine ideale Vorbereitung auf spätere Recherchen – egal ob online oder in Büchern. Dabei ist die Konzentration auf Wesentliches und sinnentnehmendes Lesen gefragt. Kompetenzen, die Kinder also nicht nur mittels erzählender Texte erlernen können.

Dass Jungen weniger als Mädchen lesen, ist nicht bloß ein Gerücht oder Klischee: Repräsentative Studien, Alltagserfahrungen von Buchhändler*innen, pädagogischen Fachkräften, Eltern und praxisnaher Leseförderung bestätigen es. Gemäß KIM-Studie (2018) lesen 20 Prozent der Jungen nie im Gegensatz zu 14 Prozent der gleichaltrigen Mädchen. Lesefaul oder leseschwach zu sein, hängt prinzipiell und natürlich unabhängig vom Geschlecht nicht automatisch mit einem mangelnden Interesse an bestimmten Themengebieten oder einem geringen Auffassungsvermögen zusammen. Genau hier greifen Sachbücher. Während erzählende Literatur gemeinhin lineares Lesen vom Anfang bis zum Ende einer Geschichte erfordert, erlauben Sachbücher Sprünge innerhalb eines Buches und das Rezipieren überschaubarer, kürzerer Textpassagen. Klassische, wenngleich modern gestaltete Kindersachbücher beinhalten zumeist neben Fließtexten auch Infokästen mit gesondert angeführten Erklärungen und speziellen Fakten. Ein solcher Aufbau ermöglicht das sukzessive Erfassen von Texthäppchen und somit schnellere Erfolgserlebnisse beim Lesen. Darüber hinaus unterstützen erklärende Grafiken, Illustrationen oder Fotografien den inhaltlichen Zugang. Die erfolgreichen *Tiptoi*-Bücher des Ravensburger Verlags richten sich ebenfalls an Grundschulkinder: Informationen werden hierbei über textunterstützende Bilder und die zusätzliche, auditive Ebene mithilfe eines digitalen Stifts vermittelt. Der Kindersachbuchverlag Tessloff bietet mit dem *bookii*-Stift ein ähnliches System an.

Sachbücher eignen sich somit hervorragend zur Förderung von Kindern und Jugendlichen mit einer geringen Lesekompetenz. Hieraus entstand die Idee eines reinen Sachbuchpreises seitens des **Vereins für Leseförderung**. Seit 2008 vergibt die Institution jährlich den **JugendSachbuchPreis** (jugendsachbuchpreis.verein-fuer-lesefoerderung.de). Er dient als Orientierung für alle, die Kindern mit Hemmungen gegenüber hohen Textanteilen und ohne eine bislang ausgeprägte Lesesozialisation den Weg zum Buch und zum eigenständigen Lesen bereiten möchten.

Welche Formen des Sachbuchs stehen Kindern darüber hinaus zur Verfügung? Unverändert existieren Reihenformate wie *Was Ist Was* (Tessloff) neben themenbezogenen Einzeltiteln. Beide Konzepte haben ihre Berechtigung und ihre jeweiligen Vorteile. Seitdem 1961 der erste *Was Ist Was*-Band – zunächst noch im Heftformat – und somit die erste echte Kindersachbuchreihe in Deutschland erschien, durchliefen die Bände zahlreiche inhaltliche und optische Überarbeitungen. Die Anzahl der Bilder und Grafiken nahm stetig zu. Lange Fließtexte findet man nur noch selten. Dafür mehr in kurze Passagen und Informationskästchen aufgesplittete Texte. Selbiges gilt für andere Kindersachbücher, die ebenfalls vor dem digitalen Umbruch oder während seiner Anfänge ins Leben gerufen wurden. Etwa *memo* (Dorling Kindersley), ehemals unter dem Namen *Sehen Staunen Wissen* als Lizenz bei Gerstenberg bekannt. Während die unverwechselbare Optik der Reihe mit dem Doppelseitenkonzept und den zumeist freigestellten, detaillierten Fotografien in den 1990ern das Kindersachbuch erneut revolutionierte, veränderten sich die Seh- und Lesegewohnheiten der Kinder weiter. Der in Deutschland noch recht junge, aber rasch reüssierende Verlag Usborne (Großbritannien) beispielsweise ergänzt die bestehenden Reihen um die Serie *Ich weiß jetzt 100 Dinge mehr.* Während bunte Grafiken, moderne farbstarke Computerzeichnungen und teils comicartige Elemente ihre Optik prägen, dominieren in den traditionellen Reihen Fotografien und naturgetreue Zeichnungen. Trotz komplexer Themengebiete, wie Naturwissenschaft oder Weltpolitik, bestechen die Titel der Usborne-Serie für Kinder ab acht bis neun Jahre durch kurze, verständliche Texte in relativ großer Schrift, die mit Alltagssituationen und Witz einen kindgerechten und offenbar zeitgemäßen Zugang erlauben. Je Seite oder Doppelseite wird lediglich ein Teilaspekt des Hauptthemas aufgegriffen und auf das Wesentliche reduziert. Bei diesem oder ähnlichen Konzepten müssen Kinder weder eine hohe Lesekompetenz noch Ausdauer besitzen, sondern vor allem Interesse für das jeweilige Wissensgebiet. Der Inhalt lässt sich Stück für Stück über Bilder und geringe Textmengen erschließen. In welcher Reihenfolge Kinder die Themenseiten betrachten, ist nicht vorgegeben und gestattet das willkürliche

Ich weiß jetzt 100 Dinge mehr. Abenteuer Naturwissenschaft. © Usborne

Springen im Buch, je nach Lust und Laune. Im Vordergrund steht eine unterhaltsame, lockere Wissensvermittlung in kleinen Schritten.

Weitere Beispiele für sachlich informierende Reihen und eine direkte Wissensvermittlung sind *Frag doch mal ... die Maus*! (cbj), *Abenteuer, Maja Nielsen erzählt* (Gerstenberg) oder die *Arena Bibliothek des Wissens* (Arena). Beispiele für erlebnishaft gestaltete Reihen, in denen Sachwissen in eine Geschichte eingebettet ist und indirekt auch über eine unterhaltende, emotionale Ebene dargeboten wird, sind *Tatort Geschichte* (Loewe), in der Regel *Das magische Baumhaus* (Loewe), *Die Zeitdetektive* (Ravensburger) oder *Der kleine Drache Kokosnuss* (cbj) mit informativen Sonderbänden. Neben diesen beiden Grundformen des Sachbuchs bilden einige Titel interessante Mischformen: Sie vereinen fiktive, kurzweilige Geschichten mit klar hervorstechenden, sachlich-neutralen Abbildungen oder rein informativen Textabschnitten. Abenteuerlich und humorvoll Erzähltes schließt in diesem Format eine deutlich erkennbare Darbietung von Fakten nicht aus. ›Hybride‹ Kindersachbücher entwickeln daher einen besonderen Reiz und sind nicht selten ausnehmend kunstvoll gestaltet (siehe Kap. 2.4).

Zudem haben manche Titel einen interaktiven Spiele- und Mitmach-Charakter: Rätsel werden mithilfe des neu erworbenen Sachwissens gelöst, Objekte fertiggemalt oder aufgeworfene Fragen weitergesponnen. Anhand dieser aktiven, teils kreativ und individuell gestaltbaren Tätigkeiten der Kinder werden die Informationen auf eine weniger abstrakt-theoretische, sondern mitunter praxisnahe, handlungsorientierte Weise vermittelt. Diese bezieht auch kognitive und motorische Fähigkeiten mit ein, was ebenfalls zur Festigung des gelernten Wissens und dessen Verankerung im Langzeitgedächtnis beiträgt.

Insgesamt kommt der Trend hin zu reich bebilderten und aufwendig gestalteten Kindersachbüchern den spezifischen Bedürfnissen wenig lesender Kinder zugute und macht zugleich Viellesern Spaß. Sogar Comics erobern allmählich das Terrain des Kindersachbuchs, wenngleich noch als Nischenprodukt. Daniel Casanave beispielsweise hilft mit seinen Comic-Zeichnungen die textbasierten Erklärungen in *Hubert Reeves erklärt uns die Artenvielfalt* (Jacoby & Stuart) zu verstehen und transportiert Zusammenhänge auch auf der unmittelbar zugänglichen Bildebene. Die Liste der Jahresbestseller führte gemäß *buchreport spezial* 2019 im Segment der Kinder- und Jugendsachbücher zudem die durchgängig bebilderte Ausgabe der *Guinness World Records* (Ravensburger) an. Aufgrund unzähliger Informationskästen, extrem kurzer Textabschnitte sowie zahlreicher Fotografien pro Doppelseite ist es ein ideales Werk für Sammler von Fakten – und zwar mit stark oder gering ausgeprägter Lesekompetenz. Wahre Begebenheiten, seien sie noch so kurios, sind für manche Kinder ohnehin spannender als Fiktion und motivieren sie daher mehr zum Lesen als fiktive Literatur.

Quergedacht: Kindersach(bilder)bücher können noch weitaus mehr. Wie praktische Erfahrungen zeigen, sind sie oftmals in hohem Maße für Kinder oder Teenager mit geistigen Beeinträchtigungen geeignet. Denn lange und komplizierte Texte stellen für sie eine große Hürde dar. Ein hoher Bildanteil und seine erklärende Funktion hingegen helfen, sich Inhalte über diesen Weg unabhängig von (informativen) Texten zu erschließen. Einige Eltern berichteten zudem, wie sehr sich ihre Kinder mit Down-Syndrom im Teenageralter – auch für ihr eigenes Selbstwertgefühl – eine weniger kindliche Gestaltung der Bücher wünschen, allerdings keinen Zugang zu umfangreichen, erzählenden Geschichten finden, die an Jugendliche gerichtet sind. Sachbücher für Kinder im Grundschulalter fallen inzwischen so vielfältig und spannend in ihrer Erscheinung und Themenwahl aus, dass sie

Qualitätskriterien für informative Kinderliteratur – eine Auswahl

Faktenlage Kinder verfügen noch nicht über genügend Weltwissen, um Fakten und Zusammenhänge stets zu hinterfragen. Umso wichtiger ist es, für diese Altersklasse Informationen nicht nur kindgerecht aufzubereiten, sondern aktuell zu halten und sorgfältig zu recherchieren. Kinder bauen auf dieses erste Wissen auf – es bildet das Fundament für weitere Wissensbausteine.

Recherche Hilfreich für das effektive Nachschlagen von Themen und Begriffen, die Kinder interessieren, sind ein Register respektive alphabetisch geordnetes Stichwortverzeichnis und ein Glossar am Ende des Buches. Weitere Hilfestellungen für die gezielte Recherche sind etwa hervorstechende textbegleitende Informationskästen und deutlich markierte Termini. In manchen Fällen bietet sich außerdem ein Farbleitsystem zur Orientierung in umfangreicheren Sachbüchern an, nach dem zum Beispiel die Farbe Blau für Technik steht oder Grün für Biologie.

Begriffserklärungen Glossare dienen nicht nur einem schnellen Überblick: Sie sind wertvolle Verständnishilfen. In aller Kürze wird die Bedeutung eines Begriffes erklärt. Auch innerhalb des Textes hervorgehobene Erläuterungen von Fachbegriffen und Fremdwörtern ermöglichen Kindern einen autonomen und ergiebigen Wissenserwerb.

Objektivität Ob für Erwachsene oder Kinder konzipiert: Seriöse Sachbücher vermitteln Informationen auf neutrale Weise. Statt zum Beispiel anhand eines Titels über Religionen Dogmen aufzubauen und Meinungen zu lenken, erlauben sie die Entwicklung einer freien, kritischen und vor allem eigenen Meinung.

Altersgerechte Darstellung Je nach Alter ist im Kindersachbuch eine entsprechend vereinfachte Aufbereitung der Inhalte notwendig. Dies bringt akzentuierte, deutliche Darstellungen in Bild und Text mit sich. Anregungen zur Anwendung des gelernten Wissens erlauben außerdem einen Lerntransfer. Experimente mit einfachen Mitteln etwa veranschaulichen die beschriebene Theorie und machen abstrakte Zusammenhänge lebendiger und greifbarer.

sich trotz der Reduzierung auf das Wesentliche für fast alle Altersklassen nach oben hin eignen und ansprechend sind.

Kindersachbücher ›Made in Germany‹ genießen international einen guten Ruf. Vom Sachbilderbuch bis zum Jugendsachbuch stehen sie innerhalb der Warengruppe Kinder- und Jugendbuch gemäß *Buch und Buchhandel in Zahlen* 2020 auf Platz 3 der Lizenzvergaben ins Ausland. Ein ästhetisches, auf den ersten Blick aufgrund seiner Gestaltung ansprechendes Sachbuch ist jedoch noch längst nicht inhaltlich und als Ganzes hochwertig. Einige der hier angeführten Kriterien sollten zumindest bei Kindersachbüchern erfüllt sein, deren Texte keinen vorrangig fiktiven Charakter aufweisen.

Kindersachbuch – kurz & knapp zusammengefasst

- ›Sachlich informierende‹ Titel bilden kindgerecht aufbereitete Fakten mittels Bild und Text neutral ab;
- ›Erlebnishaft gestaltete‹ Titel vermitteln Informationen indirekt anhand einer Geschichte, unterhaltend und Emotionen ansprechend;
- Mischformen stellen Erzählung und nüchterne, faktenorientierte Wissensvermittlung nebeneinander;
- Veränderte Seh- und Lesegewohnheiten aufgrund steigender Online-Recherchen beeinflussen Gestaltung und Aufbereitung der Texte;
- Trend zu haptisch und optisch aufwendig gestalteten Sach(bilder)büchern;
- Selten klare Altersgrenze aufgrund unterschiedlich komplexer Bild- und Textebenen (Bücher für die ganze Familie);
- Thematische Vielfalt, auch hoch abstrakte Inhalte (z.B. Quantenphysik);
- Positiv für ungeübte Leser*innen: Oft großer Anteil sinntragender Bilder und Grafiken, kurze Textabschnitte, teils interaktive Elemente;
- Qualitätskriterien: Aktualität und Richtigkeit der Fakten, objektive und kindgerechte wie akzentuierte Darstellung.

5.4

Auszeichnungen für Kinderliteratur

Auszeichnungen verhelfen herausragenden, aus der Masse hervorstechenden Titeln zu mehr Aufmerksamkeit in der öffentlichen Wahrnehmung. Auszeichnungen für Kinderbücher gelten in der Regel für die Altersklasse ab der Grundschulzeit bis etwa zwölf Jahre. Einige Preise sind bereits im Kapitel 2.7 genannt und beziehen sich ebenfalls auf verschiedene Altersklassen oder nur auf eine gesonderte Kategorie.

Allgemeine und spezielle Auszeichnungen für Kinderbücher

(Internet-Links zu den jeweiligen Preisen werden im Anhang unter der Rubrik ›Preise und Auszeichnungen‹ angeführt)

Astrid Lindgren Memorial Award (international) – ALMA Im Bereich der Kinder- und Jugendliteratur gilt der ALMA neben dem Hans Christian Andersen-Preis als wichtigste internationale Auszeichnung. Der staatliche Kulturrat Schwedens ehrt Autor*innen, Illustrator*innen, mündliche Erzähler*innen und herausragende Personen oder Vereinigungen der Leseförderung.

Hans Christian Andersen-Preis (international) Neben dem ALMA ist dieser Preis international betrachtet der renommierteste. Das International Board on Books for Young People (IBBY) verleiht ihn Autor*innen und Illustrator*innen alle zwei Jahre für ihr kinderliterarisches Gesamtwerk. Zu den Preisträgern Deutschlands zählen Erich Kästner und James Krüss.

Der Deutsche Jugendliteraturpreis, Sparte Kinderbuch und Sparte Sachbuch Für die Altersklasse der Sechs- bis Zwölfjährigen werden in der Sparte Kinderbuch sechs Titel im Rahmen der Leipziger Buchmesse von einer Fachjury im Frühjahr nominiert und ein Siegertitel auf der Frankfurter Buchmesse im Herbst prämiert. Der Deutsche Jugendliteraturpreis gilt als die wichtigste inländische Auszeichnung für Kinderliteratur.

Das Kindersachbuch ist gesondert in der Sparte Sachbuch vertreten, die sich jedoch nicht auf eine bestimmte Altersklasse bezieht. Inbegriffen sind auch Sachbilderbücher für kleinere Kinder oder Jugendsachbücher, die eine Fachjury auswählt.

Luchs des Jahres Monatlich werden von der Wochenzeitung Die Zeit und Radio Bremen Neuerscheinungen der Kinder- und Jugendliteratur mithilfe einer unabhängigen Jury ausgezeichnet. Einer jener zwölf Titel gewinnt am Ende den Luchs des Jahres und wird daraufhin parallel zur Leipziger Buchmesse offiziell prämiert. Ausgewählte Titel sollen fernab des Mainstreams weder Klischees noch Trends bedienen und jungen Leser*innen Inhalte bieten, welche zur Reflexion anregen.

Der Lesekompass Bücher mit unterhaltsamem Charakter, die sich zur Leseförderung von leseaffinen bis hin zu leseschwachen Kindern eignen, können in der Kategorie 6 bis 10 Jahre prämiert werden. Die Kategorie 10-14 Jahre umfasst Titel für Kinder und Jugendliche. Der in Informationsflyern abgebildete ›Kompass‹ ordnet allen ausgewählten Titeln Eigenschaften und Schwierigkeitsgrade zu, sodass Leseförderer und Eltern wie Kinder direkt erkennen, ob ein Buch beispielsweise als sehr humorvoll, spannend und für ungeübte Leser*innen eingestuft wird. Auch Kinder mit Leseschwächen sollen hier eine passende Lektüre finden.

Peter Härtling-Preis für Kinder- und Jugendliteratur Alle zwei Jahre vom Beltz & Gelberg Verlag gestiftet, werden noch unveröffentlichte, eingereichte Manuskripte aus dem Bereich der erzählenden Kinder- und Jugendliteratur für Zehn- bis Fünfzehnjährige prämiert. Im Anschluss erscheint der Titel als Buchausgabe bei Beltz & Gelberg.

KORBINIAN – Paul Maar-Preis Den Nachwuchspreis für deutschsprachige Autor*innen der Kinder- und Jugendliteratur verleiht die Deutsche Akademie für Kinder- und Jugendliteratur. Die Auszeichnung wurde vom Kinderbuchautor Paul Maar mit initiiert. Die Preisfigur, ein Bär, ist dem Attribut des Heiligen Korbinian nachempfunden.

Großer Preis, Deutsche Akademie für Kinder- und Jugendliteratur Nicht einzelne Kinder- und Jugendbücher, sondern Autor*innen und Illustrator*innen werden mit dem Großen Preis der Deutschen Akademie für Kinder- und Jugendliteratur Volkach für ihr Gesamtwerk geehrt. Ausgezeichnet wurde zum Beispiel Uwe-Michael Gutzschhahn, Übersetzter und Autor zahlreicher Kinderbücher sowie Kindergedichte. Auch wissenschaftliche und publizistische Arbeiten zur Kinder- und Jugendliteratur umfasst der Große Preis.

Jugendsachbuchpreis Der Jugendsachbuchpreis setzt sich aus den folgenden Kategorien zusammen: Original (im deutschsprachigen Raum produziert),

Lizenztitel (Lizenz aus dem Ausland), Sachbuch Plus (Papierseiten plus Zusatzelemente wie Soundmodule), Mint Preis (Mathematik, Informatik, Naturwissenschaft, Technik) und Non-Book (Quizblöcke, Kartenspiele etc.). Der Preis umfasst unterschiedliche Altersklassen. Er ist aus dem Gedanken der Leseförderung und aus praktischen Erfahrungen heraus entstanden. Besonders mithilfe von Sachbüchern gelangen Mitgliedern des Vereins für Leseförderung e.V. gute Erfolge in der Arbeit mit Kindern und Jugendlichen, vor allem mit Jungen. Wenigleser konnten die kurzen Textabschnitte leichter bewältigen und fanden anhand der oftmals zahlreichen textbegleitenden Abbildungen einen schnellen Zugang zum Inhalt des Buches. Über die Vereinsarbeit hinaus soll die Auswahl der ausgezeichneten Titel anderen Leseförderern (privaten oder Institutionen) und Eltern eine Orientierung bezüglich herausragender Novitäten im Kinder- und Jugendsachbuch geben. Die Jury bilden Lehrer*innen aus dem Grund- und Sekundar-1-Bereich, Erzieher*innen, Kinder und Jugendliche sowie der Vorsitz des Vereins für Leseförderung.

Wissensbücher des Jahres, Kategorie ›Perspektive – Das Sachkundigste Jugendbuch‹ Die *bild der wissenschaft* zeichnet Bücher aus, welche kompetent und in spannender Form Themen aus Forschung und Wissenschaft aufgreifen. Dieser Preis wird in sechs Kategorien vergeben. Eine davon bildet das Jugendsachbuch ab, wobei Kindersachbücher miteingeschlossen sind.

Die Silberne Feder Herausragende Bilder-, Kinder- und Jugendbücher, die sich den Themen Gesundheit und Krankheit widmen, würdigt der Deutsche Ärztinnenbund mit der Silbernen Feder. Der Preis wird alle zwei Jahre vom Deutschen Ärztinnenbund für erzählende Literatur oder Sachbücher verliehen.

KIMI. Das Siegel für Vielfalt Diese Auszeichnung berücksichtigt neben Bilder- und Jugendbüchern auch erzählende Kinderliteratur, die ein Verständnis von Vielfalt fördert. Fremdenhass, Geschlechterrollen, Armut, Ausgrenzung oder Beeinträchtigungen gehören zu den Themen der ausgewählten Titel. Die Jury bilden unter anderem Fachleute aus den Bereichen der Erziehungs- und Literaturwissenschaft oder Kulturanthropologie.

Hansjörg Martin-Preis Auf Kinder- oder Jugendkrimis bezieht sich der Hansjörg Martin-Preis und wird vom SYNDIKAT vergeben. Unter der Mitwirkung von Kindern, Jugendlichen und Autor*innen zeichnet die Jury den aus ihrer Sicht herausragendsten Kinder- oder Jugendkrimi des Jahres aus.

6

Das Jugendbuch

Der ›Leseknick‹ bei Jugendlichen, wie die Leseforschung den gravierenden und raschen Abfall der Lust auf Bücher bezeichnet, ist lapidar formuliert ein alter Hut. In dieser Phase massiver körperlicher wie psychischer Veränderungen verbringen viele Heranwachsende nach den ohnehin langen Schultagen lieber Zeit mit Gleichaltrigen, möglichst ohne die wachsamen Eltern. Bewusst abgegrenzt von der Welt Erwachsener tauschen sie Neuigkeiten und intime Gedanken aus, hören zusammen oder allein Musik, gehen Liebesbeziehungen ein, sammeln erste sexuelle Erfahrungen und suchen ihren persönlichen Weg. Die Meinung der Peergroup zählt dabei in der Regel mehr als die der Eltern oder Pädagogen – auch hinsichtlich ihrer Auswahl an Literatur und der gewünschten Menge an Büchern. Gegen Ende dieser aufwühlenden Zeit der Adoleszenz finden zumeist einige, wenn auch nicht sämtliche ›Lese-Aussteiger‹, zum Lesen zurück.

All das ist der normale Gang der Dinge während jener Entwicklungsphase der Identitätssuche. Gravierend für das Leseverhalten scheint mittlerweile jedoch die steigende Konkurrenz zwischen dem Buch und den digitalen Medien: Gaming (insbesondere der Jungen), Social Media und digitale Kommunikation via Smartphone beziehungsweise Internet haben enorm an Bedeutung gewonnen. Eine neue Dimension stellt zudem die rasante, ortsungebundene Vernetzung über Bilder, Videos oder kurze Nachrichten dar. Dies alles zusammengenommen nimmt viel Raum im Leben Jugendlicher ein. Welche Geschichten lesen sie dennoch? Für welche Themen brennen sie? Worauf sind Jugendliche neugierig? Wie finden sie zur Literatur? Und was zeichnet Jugendliteratur heute überhaupt aus?

6.1 Aktuelle Entwicklungen

»Ich suche für meine Tochter den zweiten Teil von After ... oder wie die Reihe heißt. Wo steht der denn? Ich hab's nicht gefunden.« – »Oh, ach so, da müssen wir runter zur Erotika-Abteilung.«

Folgenschweres Gespräch zwischen einer Jungbuchhändlerin und einer geschockten, nun aber wenigstens inhaltlich im Hinblick auf Anna Todds Serie *After* (Heyne) aufgeklärten Mutter

Dieser kurze Auszug aus einem Verkaufsgespräch demonstriert, dass Eltern nicht unbedingt über den Inhalt der Lektüre ihres pubertierenden Nachwuchses Bescheid wissen. Vor allem in puncto Sexualität kommt es bisweilen zu Überraschungen. *After Passion* und weitere Bände der *After*-Serie etwa sind eher dem Bereich ›Young adult‹ zuzuordnen und somit strenggenommen nicht mehr direkt der Jugendliteratur zugehörig. Literatur für ›Junge Erwachsene‹ und Jugendliteratur gehen allerdings fließend ineinander über und ziehen daher Teenager mit entsprechenden Interessen an. Doch auch die explizit für jüngere Teenager angedachte Literatur geizt nicht mit Beziehungsthemen und der Umschreibung sinnlicher Körpererfahrungen. Cover und Klappentext verraten diesen Umstand allerdings nicht zwingend. Selbiges gilt für emotional aufwühlende Darstellungen psychischer und körperlicher Leiden. Daher ist es insbesondere für Multiplikatoren und Lektüre-Empfehlende in diesem Alterssegment wichtig, genau ›hinzulesen‹ und niemals vom Eindruck einer Kurzbeschreibung oder eines harmlosen Covers automatisch aufs Ganze zu schließen. Die Auswahllisten der Jugendjury des Deutschen Jugendliteraturpreises und des Buxtehuder Bullen präsentieren jährlich nahezu ausnahmslos problemorientierte, politische und hochemotionale, ernste Geschichten. Neil Shustermans *Kompass ohne Norden* (Hanser) greift zum Beispiel Schizophrenie auf, Angie Thomas mit *The Hate U Give* (cbj) Rassismus in den USA. In Amy Giles *Jetzt ist alles, was wir haben* (cbj) erleben Lesende sowohl die gewaltsame Unterdrückung einer freien Identitätsentwicklung als auch elterliche Projektionen und welche Anstrengungen nötig sind, diese Mechanismen zu durchbrechen.

Veranstaltungen mit dem berühmten Familientherapeuten Jesper Juul zur Bewältigung der Krisenzeit Pubertät zogen noch bis kurz vor seinem Tod 2019 unzählige Eltern an. Und wie eine Kinder- und Jugendpsychologin berichtete, betitelten Jugendliche ihre Therapiegruppe selbst treffend als ›Transmittergewitter‹: Selbstbewusst inmitten einer Selfie-Kultur mit Schönheitsidealen und retuschierten Fotografien erste reale Partnererfahrungen zu machen, den eigenen sich wandelnden Körper zu akzeptieren, die Suche nach Individualität durchzustehen sowie Anerkennung unter Altersgenossen zu erreichen, ist kein Zuckerschlecken. Identitätsbildung und Peergroup hängen bei Jugendlichen eng miteinander zusammen, während sie sich von den Eltern lösen. Um aus Kathrin Schrockes Jugendbuch über den dreizehnjährigen Karl zu zitieren, dessen Mutter ihren ›im zerknitterten Pyjama‹ vorbeischlurfenden Sohn kommentiert: »Dir ist hoffentlich klar, dass während der Pubertät dein Gehirn komplett umprogrammiert wird, Karl? […] Es ist wie bei einem Computer. Alles wird heruntergefahren. Das erklärt das seltsame Verhalten von Teenagern. In Wahrheit sind sie gar nicht ungewaschen, rüpelhaft, respektlos und ständig schlecht gelaunt. In Wahrheit werden sie nur gerade neu gestartet.« (Aus: *Immer kommt mir das Leben dazwischen,* Mixtvision).

Die Zeitschrift *GEO* widmete sich 2019 mit einem aufschlussreichen Spezial dem Aspekt *Die Jugend der Welt. Was sie will, was sie fühlt (GEO Perspektive)*. Diese Fragestellungen sind unerlässlich, um die aktuelle Jugendliteratur und ihre thematischen Trends nachzuvollziehen. Literatur für Jugendliche zu vermitteln bedeutet, sich in diese zumeist aufreibende Lebensphase der Abnabelung (wieder) hineinzuversetzen: In Emotionsfluten, die mit voller Wucht über einen hinwegrollen, und Prioritäten, welche später oft nur noch schwer nachvollziehbar sind, obwohl jeder sie mehr oder weniger ähnlich in der eignen Jugend selbst erlebte – nur eben in einer anderen Zeit. Gelungener Jugendliteratur glückt jener Zugang. Sie berührt Leser*innen, bringt sie weiter und trifft den Nerv ihrer Lebensphase.

Gemäß UN-Definition bezieht sich der Begriff ›Jugend‹ auf Fünfzehn- bis Vierundzwanzigjährige. Er schließt folglich die Altersklasse des Jugendbuchs und den Bereich ›Young adult‹ mit ein. In Zeiten voranschreitender Globalisierung und Digitalisierung genießen Jugendliche zwar so viele Freiheiten wie nie zuvor: Sie lösen sich weltweit, nicht nur im Westen, aus traditionellen Rollen, gehen eigene Wege, statt in die Fußstapfen ihrer Eltern zu treten. Mädchen und junge Frauen emanzipieren sich. Die Chancen auf Bildung sind insgesamt gewachsen. Freiheit bedeutet allerdings zugleich, sich eigene Orientierungspunkte im Leben suchen zu müssen. Und das ist keine leichte Aufgabe. Am Druck der Selbstoptimierung und Selbstdarstellung in den sozialen Medien scheitern manche. *GEO*-Analysen verzeichneten zudem 12,7 Prozent Cybermobbing-Opfer unter den Zehn- bis Einundzwanzigjährigen allein in Deutschland. Gemäß der *JIM*-Studie 2019 machten 47 Prozent bis 66 Prozent der Jugendlichen zwischen zwölf und neunzehn Jahren online Erfahrungen mit beleidigenden Kommentaren, Hassbotschaften sowie extremen politischen Ansichten. Einige Jugendromane schildern jene Erlebnisse auf eindringliche Weise, um den wachen Blick hierfür zu schärfen. Etwa drei Fünftel der hierzulande über *GEO* befragten Vierzehn- bis Vierundzwanzigjährigen gaben an, ihre Zeit im Internet zu ›verschwenden‹. Und seit 2018 erkennt die World Health Organization (WHO) den Begriff ›Spielstörung‹ als Diagnose für Online- und Videospielsüchtige an. Auch dieser Aspekt findet sich in Romanen wieder.

Trotz im Großen und Ganzen besserer Chancen auf ein selbstbestimmtes Leben, beherrschen aber nach wie vor Missstände und Ungleichheit innerhalb der Gesellschaft und der Geschlechter das Leben vieler Jugendlicher. Wie schlägt sich all dies auf Jugendliteratur nieder? Mit etlichen durchsetzungsstarken, eigenwilligen weiblichen Charakteren, die alte überkommene Systeme hinterfragen und für eine gerechtere Zukunft kämpfen – vor allem in fantastischen Romanen. Anhand von Anthologien mit Biografien wie *Good Night Stories for Rebel Girls – 100 außergewöhnliche Frauen* (Hanser) schaffen Autor*innen und Verlage Orientierungshilfen mit realen Vorbildern, die alle eine bemerkenswerte Vita eint. Dass imposante, tatsächlich umgesetzte Ideen und Leistungen für gewöhnlich mit einem steinigen Weg verbunden sind und niemandem in die Wiege gelegt werden, betonen diese Porträts ebenfalls. Jugendliche erfahren hierdurch, wie viel Stärke der feste Glaube an ein Ziel und Durchhaltevermögen einem Menschen verleiht. Konsequenterweise brachte der Hanser Verlag nach dem Erfolg jenes Ansatzes im Jahr 2020 *Young Rebels – 25 Jugendliche, die die Welt verändern* heraus. Mutige, sozial engagierte und entschlossene Jugendliche, die aktuell für das Ziel einer gerechteren Welt kämpfen, werden vorgestellt. Selbiges gilt auch für Kathrin Köllers *Stark. Rebellinnen von heute* (Gabriel). In nahezu allen Anthologien dieser Art wechseln sich kürzere Texte, Informationskästchen und Zitate mit illustrierten Porträts ab. So auch hier. Nur dass die Auswahl

Kathrin Köller Stark. Rebellinnen von heute. © Gabriel

diesmal auf ›normale‹ Teenager fiel, um zu zeigen, wie sie ihre jeweilige Lebensrealität meistern und welche Träume sie verfolgen. Überhaupt bilden Identitätsfragen im Kontext von Gesellschaft und Politik, Zukunftsszenarien, Technologisierung und sozialen Medien Schwerpunkte der gegenwärtigen Jugendliteratur.

Im Kern sind erzählende Jugendbücher Adoleszenzromane, die Erwachsenwerden (Coming of age), Selbstfindung, Liebe, Sexualität sowie die eigene Rolle in Familie und Gesellschaft thematisieren. Bittet man Erwachsene zu begründen, warum sie gerne zur Jugendliteratur greifen, argumentieren sie mit der erfrischend natürlichen, noch nicht ›eingefahrenen‹ Weltsicht der Protagonisten – ihr Selbstbild ist noch dynamischer und offener für das Unbekannte. Komplexe soziale oder sogar wissenschaftliche Fragen werden fachlich korrekt, jedoch in reduzierter, leicht verständlicher Form und somit altersgerecht in ihrer Essenz auf den Punkt gebracht. Außerdem macht die direkte, unmittelbare Erzählweise Jugendbücher auf eine anregende Art lebendig – selbst ältere Leser*innen wissen das zu schätzen. Intensive, kraftvoll bis zarte kurze Prosatexte aus der Poetry-Slam-Szene, wie Lucia Lucias *Texte, die auf Liebe enden* (Fischer), schlagen auch deshalb eine Brücke zwischen jungen und älteren Erwachsenen, wobei sich letztere in die Intensität neuer Erfahrungen einer jüngeren Generation einfühlen oder selbst erinnern möchten. Adoleszenzromane verbinden Themenschwerpunkte oft mit einer starken Fixierung auf die Innenwelt der Protagonisten. Die Darstellung provokanter Verhaltensweisen und der Einsatz von Techniken des psychologischen Erzählens (innerer Monolog, Traumsequenzen etc.)

fordern Leser*innen geradezu heraus, sich mit der Gedankenwelt der Protagonisten auseinanderzusetzen. Denn dies zieht unweigerlich die Frage nach sich: Wie würde ich mich selbst verhalten?

Die Abgrenzung zur Literatur für Erwachsene verwischt seit der *Harry-Potter*-Welle zusehends. Dass Erwachsene nicht nur an den Lesevorlieben ihrer Kinder teilhaben, sondern nur für sich Kinder- oder Jugendliteratur rezipieren, ist mittlerweile nichts Ungewöhnliches mehr. Sogenannte Crossover- bzw. All-Age-Literatur richtet sich primär an Jugendliche, jedoch auch an erwachsene Leser*innen. Verlage bezeichnen jene Titel bewusst als Literatur für ›junge Erwachsene‹ respektive ›Young adult‹, um eine größere Zielgruppe zu erreichen. Nicht nur inhaltlich, teils auch optisch sollen Crossover-Titel den Weg zur Erwachsenenliteratur ebnen und einen lückenlosen Übergang schaffen. Mit dem 2019 gegründeten Imprint bold erweiterte dtv jenen Übergang und machte ihn noch fließender. Ähnliche Bestrebungen gab es schon früher, etwa seitens des Rowohlt Verlags. Heute jedoch sind hauptsächlich Autor*innen vertreten, welche im Internet eine starke Präsenz zeigen und eine Leserschaft ansprechen, die ihre frühen Teenagerjahre zwar hinter sich gelassen hat, reifer und nicht mehr im traditionellen Jugendbuch heimisch ist, jedoch noch weit entfernt von Familiengründung, Midlife-Crisis, Scheidung, altersweisen Lebensrückblicken und entsprechender Belletristik steht. Hank Green etwa war bereits lange vor dem Erscheinen seines Romans *Ein wirklich erstaunliches Ding* (2019) durch den Videoblog vlog-brothers auf YouTube bekannt. Ihm und seinem Bruder, Jugendbuch-Kultautor John Green, folgten unzählige Fans. Die Leserschaft wird also im Grunde generiert, bevor ein Titel in Buchform erscheint.

Auch Plattformen wie fanfiktion.de oder die Social-Reading-Plattform wattpad.com repräsentieren diese zunehmend intensive Vernetzung. Allein wattpad.com umfasst eine internationale Community von circa achtzig Millionen Schreibenden und Lesenden: ›Wo Geschichten leben‹ lautet der Slogan und Google-Eintrag als Entree zur Plattform. Die Mitglieder diskutieren über hochgeladene Geschichten, kommentieren und bewerten Texte in regem Austausch miteinander. Auch Schreibwettbewerbe werden organisiert. Ähnlich wie Rainbow Rowells Protagonistin in *Fangirl* (Hanser) führen begeisterte Leser*innen bestehende Geschichten nach ihren eigenen Vorstellungen und Wünschen mit Fanfiction fort. Modelle wie diese veranschaulichen, inwiefern sich die Kanäle medial ausweiten, über welche Literatur – gerade Jugendliteratur – rezipiert wird und zugleich entsteht. Sogar Klassiker wecken das Interesse der jungen Leserschaft, sobald Bezüge dazu hergestellt werden oder sie als Lese-Tipp Erwähnung finden: Und zwar seitens Gleichgesinnter, vielleicht Gleichaltriger, nicht jedoch über den Weg der Eltern oder Pädagogen.

Das Verlagsprogramm von bold richtet sich zwar in erster Linie an die Generation Y (Geburtszeitraum 1980er bis Mitte 1990er Jahre). Mit seiner Selbstbeschreibung greift das Imprint jedoch einen Trend auf, der sich auch in der Anschluss-Generation Z zunehmend widerspiegelt: »Jung, intensiv, radikal, originell, emotional, reichweitenstark: Die Geschichten von bold sind die literarische Antwort auf die Fragen der Generation Y und die verlegerische Antwort auf eine digitalisierte Medienwelt« (readbold.de). Manche Buchhandlungen reagieren auf diesen Trend mit entsprechenden Abteilungen wie ›New adult‹, die außerdem über soziale Netzwerke, Instagram und Co. beworben werden. Themen und Duktus der Influencer finden Einzug in die Jugendliteratur, Erzählstrukturen und Darstellungsformen verändern sich. Angelehnt an den Austausch teils extrem kurzer digitaler Nachrichten, bestehen einige Romane nur aus Mails, Blogeinträgen oder binden diese in den Text ein. Vergleichbare Strukturen zeichnen den klassischen Briefroman oder Romane in Tagebuchform aus. Anhand des Verzichts auf eine außenstehende Erzählstimme vermitteln sie Leser*innen das Gefühl, direkt am Geschehen teilzuhaben. Jene ungefilterte Innensicht der Figuren nutzen etwa Holly Goldberg Sloan und Meg Wolizer in *An Nachteule von Sternhai* (Hanser, 2019): Die rein auf E-Mail-Dialogen basierende Geschichte ist im Grunde ein Briefroman in neuem Gewand, sprachlich und inhaltlich aktuell. Amie Kaufmans und Jay Kristoffs Science-Fiction-Abenteuer *Die Illuminae-Akten* (dtv, 2018) hingegen ist eine Mischung aus Gedankenfetzen, Chats, Tagebucheinträgen und fiktiven Nachrichtenaufzeichnungen. Grafisch aufgegriffen, wird die inhaltliche Ebene zudem ins optisch Wahrnehmbare transportiert – Konzeption und Geschichte nominierte 2018 die Jugendjury des Deutschen Jugendliteraturpreises.

Darüber hinaus offenbart die Jugendliteratur sprachlichen Variantenreichtum. Neben leicht lesbaren, unterhaltungsorientierten Mainstreamtexten stechen auch Romane hervor, die in extrem kurzen, prägnanten Sätzen und in Versen verfasst sind. Ein Testleser beschrieb zu Sarah Crossans Jugendbuch über die Todesstrafe in Amerika, *Wer ist Edward Moon?* (Mixtvision), die knappe Sprache habe seinen Gedanken beim Lesen mehr Raum gegeben, um komplexe Zusammenhänge zu verstehen. Mit dieser Auffassung ist er nicht allein: Sowohl Sarah Crossan als auch Steven Herrick standen ob ihrer außergewöhnlichen Jugendbücher in Versform mehrfach etwa auf der Liste zum Deutschen Jugendliteraturpreis. Für *Ich weiß, heute Nacht werde ich träumen* (Thienemann) erhielt ihn Steven Herrick 2019. Jedes Wort darin nimmt einen wichtigen Platz ein – in manchen Zeilen steht nur eines allein und für sich. Geradezu inflationär in Rezensionen verwendet, findet man gemeinhin die Umschreibung ›atmosphärisch dichter‹ belletristischer Texte. In diesem Fall träfe es tatsächlich sowohl sprachlich als auch bezüglich des Inhalts zu, der trotz – oder gerade wegen – seiner Reduzierung poetisch und ausdrucksstark bleibt. Herrick zeigt, welche Kraft Worte haben können, auch als Ventil eigener Emotionen.

Rot
war John Barlow
mit seinen blitzschnellen Fäusten,
die fast unsichtbar ihre Treffer landeten.
[...] Grün
War das Taschentuch meines Dads,
gebügelt
und in die Tasche geschoben
über dem Herzen;
ein Taschentuch aus der Schachtel,
die Mum ihm geschenkt hatte,
zwei Wochen ehe sie starb.

aus: Steven Herrick *Ich weiß, heute Nacht werde ich träumen.* Thienemann

Meist lassen sich eher jugendliche Vielleser auf Romane ein, wie sie Crossan und Herrick schreiben. Optisch erinnern die Satzstrukturen auf den ersten Blick an längere Balladen beziehungsweise Lyrik, was viele abschreckt – auch Erwachsene, die einen Jugendroman verschenken möchten. Im Nachgang berichteten jedoch Jugendliche oder neugierige Erwachsene, wie rasch sie sich an die sprachliche Eigenheit gewöhnten. Leser*innen sollten hingegen Lust auf Sprache und die Auseinandersetzung damit haben. Auch ist ›kurz‹ nicht mit ›simpel‹ gleichzusetzen: Nach schneller Unterhaltung sucht man hier vergeblich – diese bieten andere Genres und Formen der Jugendliteratur dafür zuhauf.

Wann Leser*innen dem Jugendroman entwachsen, ist unterschiedlich und hängt von der jeweiligen Person ab. Für das Programm von Lyx und bold interessieren sich teils auch Jugendliche, die deutlich jünger als die Protagonisten der ausgewählten Titel sind. Eine ähnlich schwer einzugrenzende Altersgruppe von reiferen Jugendlichen bis hin zu Erwachsenen sprechen zunehmend

Graphic Novels, etwa von Knesebeck und Avant, und Comics an. Mawils 2014 mit dem Max und Moritz-Preis ausgezeichneter Comic *Kinderland. Eine Kindheit im Schatten der Mauer* (Reprodukt) erzählt beispielsweise unverblümt und eindrücklich von einer Kindheit und Jugend in der DDR bis zur Wende. Ein politisch-gesellschaftliches Verständnis sowie Reflexionsfähigkeit sind gefragt, wie in etlichen aktuellen Publikationen, die nicht selten Biografien oder politische und kulturelle Themen beinhalten.

Neben Empfehlungen in den sozialen Netzwerken und seitens diverser Influencer kurbelt Netflix, wie im Kinderbuch, die Verkaufszahlen einiger Titel an. So auch Jenny Hans *To all the Boys I've loved before* (Hanser). Auf der anderen Seite entstehen Romane auch erst begleitend zu Netflix-Serien, wie Kirsten Smiths *Diebische Elstern* (Carlsen). Insbesondere leseferne Jugendliche möchte man über den crossmedialen Weg erreichen.

oben: Innenabbildung aus: Mawil *Eine Kindheit im Schatten der Mauer.* © Reprodukt

unten: Frances A. Østerfelt, Anja C. Andersen, Anna Blaszczyk *Marie Curie. Ein Licht im Dunkeln.* © Knesebeck

Entgegen der thematisch beziehungsweise medial bedingten Motivation, welche womöglich einen Lesewunsch erzeugt, kann das notwendige, aber nicht vorhandene Leseniveau zu einem frustrierenden Leseerlebnis und in der Folge zu einer Abwehrhaltung gegenüber dem Lesen führen. Leseforscherin Maryanne Wolf schreibt hierzu in *Schnelles Lesen, langsames Lesen* (Penguin): »Junge Lesegehirne entwickeln sich, ohne dass die meisten Leute auch nur einen Gedanken daran verschwenden, wie. Dabei lesen mehr und mehr unserer Jugendlichen nicht mehr als das Allernötigste, und oft nicht einmal das: ›tl;dr‹ (too long, didn't read – zu lang, hab's nicht gelesen) heißt es nicht selten unter einem Beitrag im Netz.« Für besonders ungeübte Wenigleser oder aber Jugendliche mit Leseschwierigkeiten, wie Legasthenie, wurden deshalb unter anderem die Reihen *Carlsen Clips* und *dtv short* konzipiert. Die kurzen Geschichten der absichtlich auffällig kleinformatigen Taschenbücher umfassen ungefähr hundert Seiten und sind in einfach verständlicher Sprache ohne verschachtelte Sätze verfasst. Trotz inhaltlicher Tiefe kommen sie ohne komplizierte Handlungsverläufe aus. Die Schriftblöcke sind großzügig mit einem auflockernden Layout gesetzt. Von bekannten und erfahrenen Jugendbuchautor*innen, wie Susanne Fülscher, Kevin Brooks oder Frank Cottrell Boyce, stammen die Texte. Auch Jugendliche, deren Deutschkenntnisse noch nicht für gängige Titel ausreichen, finden aufgrund der sprachlichen Vereinfachung trotz altersgemäßer, ansprechender Inhalte einen leichten Einstieg in die Lektüre.

Der Spaß am Lesen Verlag ist auf Titel in einfacher und leichter Sprache spezialisiert. Beide Begriffe beziehen sich auf ein System beziehungsweise Sprachniveau, mit dem Texte verfasst werden: »Leichte Sprache besteht aus sehr einfachen Worten und sehr kurzen Sätzen. Jeder Satz sagt nur eine Sache aus. Alles wird erklärt. Und Texte in Leichter Sprache enthalten nur die allerwichtigsten Informationen. Sie sind immer stark gekürzt. Texte in Einfacher Sprache sehen auf den ersten Blick aus wie ganz normale Texte. Aber sie vermeiden Fremdwörter oder die Fremdwörter werden erklärt. Die Sätze sind nicht länger als 15

Wörter. In einem Satz steht höchstens ein Komma.« (einfache-buecher.de, Spaß am Lesen Verlag, 2019). Literatur in leichter und einfacher Sprache bietet auch der Klett Verlag an, um beispielsweise Schullektüren für unterschiedliche Sprachniveaus in ein und derselben Klasse bereitzustellen.

Die Grauzone zwischen Kindheit und Pubertät, in der keine der beiden Phasen gänzlich durchlebt wird und sich alles im Übergang befindet, bildet ein kleinerer Teil an Jugend- oder Kinderbüchern ab. Literatur für Pre-Teens beziehungsweise die Zeit der Vorpubertät ist in beiden Sparten vertreten. Lena Hachs *Grüne Gurken* und Kathrin Schrockes *Immer kommt mir das Leben dazwischen* (Mixtvision) sind Paradebeispiele für ein gelungenes, literarisch authentisches Spiegelbild der ersten Liebeserfahrungen und Versuche, sich von den Eltern zu lösen. Geschichten wie diese erlauben ›sichere‹ Erkundungen in Gebiete hinein, die noch fremd, aber bereits in die nähere Reichweite rücken. Fehlt es noch an echten Erlebnissen, sind Einblicke innerhalb der ›Schutzzone‹ Literatur umso interessanter. Protagonisten trauen sich, was man eventuell selbst (noch) nicht wagt. Im Jugendbuch sind die Grenzen weiter gesteckt und manchmal schonungslos realistisch dargestellt. Auch hier lassen sich zusammen mit fiktiven, wenn auch nahezu greifbar realen Figuren, Grenzen erreichen und überschreiten, an denen junge Menschen auf ihrem Weg ins Erwachsenenalter reifen. Wenige herausragende Jugendbücher reden in leisen, zarten und doch kraftvollen Tönen über das Erwachsenwerden. Als deutschsprachige Autorin wurde etwa Susan Kreller für genau diese Gabe mehrfach mit Nominierungen und Auszeichnungen geehrt. *Schneeriese* (Carlsen) und *Elektrische Fische* (Carlsen) beschreiben bildhaft emotionale Feinheiten, die sich im wandelnden Gefühlsleben Pubertierender abspielen und eine große Nähe zu den somit auch glaubhaften, greifbaren Figuren herstellen.

Der Anteil der Jugendsachbücher am Kinder- und Jugendbuchmarkt nahm in den letzten Jahren ab, was unbestritten auf die digitale Konkurrenz und ein verändertes Medienverhalten zurückzuführen ist. Wie JIM-Studien des Medienpädagogischen Forschungsverbunds Südwest demonstrieren, gehört die Informationsbeschaffung via Internet zum Alltag Jugendlicher. Die aus dem Anlass der Schulschließungen heraus entstandene *JIM-plus 2020 Corona-Zusatzuntersuchung* ergab beispielsweise, dass durchschnittlich 45 Prozent der Zwölf- bis Neunzehnjährigen Tutorials im Internet als Lernhilfe nutzten. In den Weiten des Netzes findet sich alles: Ob Wikipedia als Online-Lexikon oder YouTube-Tutorials mit unterhaltsamen, mitunter auf emotionaler Ebene packenden und lebendigen Anleitungen seitens beliebter Influencer, bis hin zu sachlichen Erklärvideos und -grafiken für komplexe Schulfächer wie Chemie und Physik. Dennoch beziehungsweise infolgedessen bilden sich in jüngster Zeit neue Wege der Informationsvermittlung in Printform heraus, um das Jugendsachbuch wieder zu stärken. Das grafisch in modernem Design auftretende *FAQ You – Ein Aufklärungsbuch. frequently asked questions about sex and love* der Organisation Jugend gegen AIDS als Herausgeber und Verlag bringt zudem eine bestechende Argumentation für Sachbücher in Zeiten digitaler Informationsbeschaffung an: »Auf die Frage ›Was ist Liebe?‹ hat Google 346 Millionen Antworten [...]. Auf die Frage nach Sex ist die Menge der Beiträge ähnlich unübersichtlich. In diesem Buch findest du 50 Fragen und passend dazu ein paar Antworten mehr. Es sind die 50 wichtigsten Fragen, die ihr uns immer wieder stellt.« Sachbücher schaffen mithilfe einer fachlich kompetenten Aufbereitung Orientierung in einer Fülle möglicher Fragen und Antworten zu einem Themengebiet. Sie sind diskret, die Fakten geprüft und hinterlassen keine Recherchespuren im Netz oder führen Jugendliche zu inadäquaten

Internetseiten. Außerdem schaffen sie eine neutrale Basis an Wissen, in das man sich trotzdem je nach Lust und Laune vertiefen kann. Inhaltlich stehen häufig politische und gesellschaftliche Themen, wie aktuell Fake News, Populismus und Nachhaltigkeit, aber auch Biografien im Vordergrund. Sachbücher klären Jugendliche in jeder Hinsicht auf: Ein umfangreiches Wissen um soziale und politische Zusammenhänge hilft etwa, manipulative Argumentationen zu erkennen, sich gegen ideologisch motivierte Indoktrination zu wehren und Meinungen von Fakten zu unterscheiden.

6.2 Erzählende und informative Jugendliteratur – Themenschwerpunkte sowie qualitative Aspekte

Wenn ich noch länger vor dem Regal hier stehe, werd' ich depressiv. Diesen düsteren Kram lesen Jugendliche?

Ein Onkel in der Jugendbuchabteilung auf der Suche nach einem Buchgeschenk für seine vierzehnjährige Nichte

Eingangs wurden die Fragen aufgeworfen, welche Geschichten Jugendliche freiwillig lesen, für welche Themen sie brennen und worauf sie neugierig sind. Einige inhaltlich sowie gestalterisch prägenden Aspekte und Genres aktueller Jugendliteratur sollen im Folgenden vorgestellt werden. Aufgrund von Subgenres und spezifischen Besonderheiten einzelner Themengebiete bildet diese Auswahl verständlicherweise lediglich einen Ausschnitt des vielfältigen Angebots literarischer Formen ab. Wie bereits im Kapitel zur Kinderliteratur sollen zudem qualitative Kriterien betrachtet werden: Was macht ein ›gutes‹ Jugendbuch aus und – hoffentlich – zu einem unvergesslichen Leseerlebnis, mit dem man sich noch lange und gerne nach der Lektüre auseinandersetzt?

Problemorientierte Jugendliteratur, Krankheit und Tod Mobbing durch die Peergroup ist kein neuer Aspekt der erzählenden Jugendliteratur. Früher wie heute werden Einzelne ausgegrenzt und mit psychischen wie körperlichen Mitteln erniedrigt. Allerdings bezieht sich dies inzwischen auch auf die Auswirkungen der sozialen Medien, über welche sich ›Hassmeldungen‹ und Gerüchte in rasender Geschwindigkeit mit potenziell hoher Reichweite verbreiten. Diesen Tatbestand beschreiben etliche Jugendbücher, zum Teil mit bedrückenden Szenarien. Oft weisen sie aber auch ermutigende Wege zur Selbsthilfe auf oder zeigen, wie Außenstehende eingreifen und Opfern zur Seite stehen können, um dem Schrecken ein Ende zu bereiten.

> *Vielleicht ist die helle Insel dann größer als das dunkle Meer, das sie umgibt.*
>
> aus: Michael Sieben *Das Jahr in der Box.* Carlsen

Auffällig ist zudem eine Öffnung für die literarische Auseinandersetzung mit psychischen und körperlichen Krankheiten. Depressionen, Angststörungen, Tod und Suizid werden mitunter radikal schonungslos und klinisch präzise aus unterschiedlichen Perspektiven beschrieben. Unter dem Begriff Sick Lit versteht man Romane wie John Greens *Das Schicksal ist ein mieser Verräter*, welche Krankheitsverläufe und deren Folgen dezidiert darstellen. Nicht selten verbinden Autor*innen diesen Aspekt mit einer Liebesgeschichte, wodurch die einschneidende Krankheitserfahrung die Intensität der Empfindungen (auch während der Lektüre) verstärkt. Bestsellerautorin Colleen Hoover etwa ist für jene hochemotionalen Konstellationen bekannt. Andere Romane kommen eher einer poetischen Aufarbeitung gleich, etwa Neal Shustermans *Kompass ohne Norden* (Hanser) mit dem Thema Schizophrenie. Auch emotional belastende Erfahrungen mit

Misshandlung und häuslicher Gewalt sind keine Tabuthemen mehr, sondern Gegenstand einiger Romane.

Politik und Gesellschaft Das Jugendbuch wird (wieder) politischer. Terror, Flucht und Migration, Rassismus und Fremdenhass treiben Jugendbuchautor*innen und ihre Leserschaft um. Soziale Missstände und politische Auseinandersetzungen spiegeln sich in gesellschaftskritischen Romanen, Graphic Novels und Sachbüchern wider. Die Erfolgsgeschichte von Angie Thomas' *The Hate U Give* (cbt) demonstriert eine Offenheit für derartige Themen und ein globales Denken in unserer vernetzten Welt. Von der Jugendjury des Deutschen Jugendliteraturpreises prämiert, beschreibt Angie Thomas den nach wie vor spürbaren Rassismus in den USA. Andere, hierzulande bekannte Autor*innen, wie Jason Reynolds, umreißen ebenfalls, was online auch die Bewegung #BlackLivesMatter (Schwarze Leben zählen) aufgreift und zu heftigen Protesten gegen Rassismus und Polizeigewalt nach dem gewaltsamen Tod des Afro-Amerikaners George Floyd im Mai 2020 führte.

Den Nationalsozialismus, die aktuelle rechtsradikale Szene und den neuen Rechtsruck diverser Länder greifen auf eindringliche Weise hingegen Romane wie John Boynes *Der Junge auf dem Berg* (Fischer KJB) oder Manja Präkels *Als ich mit Hitler Schnapskirschen aß* (Verbrecher Verlag) auf. Stellung beziehen, eine eigene kritische Haltung gegenüber Vorurteilen entwickeln, auch wenn dies hinsichtlich rassistischer Denkweisen in den USA oder hierzulande Mut erfordert: Darum geht es in vielen solcher Jugendromane. Terror, Radikalisierungsprozesse und Flucht schildern ebenfalls diverse Geschichten, etwa Christian Linkes *Dschihad Calling* (dtv) oder Anna Kuschnarowas *Djihad Paradise* (Beltz & Gelberg).

Nach entscheidenden Anstößen seitens der jungen Umwelt-Aktivistin Greta Thunberg, umreißen seit 2018 im Zuge der Fridays for Future-Bewegung verstärkt auch Jugendbücher daran angelehnte Themen: Ursachen und Folgen des Klimawandels, Umweltschutz sowie Anregungen, sich selbst im Alltag dafür einzusetzen, bringen Romane und Sachbücher Jugendlichen näher. Sie sensibilisieren für grundlegende Aspekte der Nachhaltigkeit und die Wichtigkeit, diesbezüglich eine eigene Position einzunehmen.

Dystopien Gesellschafts-, medien- und technikkritische Romane erschaffen hypothetische Szenarien einer negativen Zukunftsentwicklung bisweilen apokalyptischen Charakters. Anhand des unmittelbaren Miterlebens von Gefühlen und Gedanken der damit konfrontierten Protagonisten, erzeugen jene Romane oft einen emotional mitreißenden und empathischen Zugang. Eine intensive Auseinandersetzung mit Werten, gesellschaftlichen Normen, technischen Entwicklungen, politischen Systemen und Machtstrukturen gehört ebenso zur Zielsetzung dieses Genres. Im Umkehrschluss führen sie zu einer Vergegenwärtigung realer, aktueller Zustände. Zu verfilmten Longsellern reüssierten etwa Veronica Roths *Die Bestimmung* (cbj) und Suzanne Collins *Die Tribute von Panem* (Oetinger).

Fantasy Trotz der literarischen Ausgestaltung einer fantastischen Welt mit eigenen Gesetzmäßigkeiten, werden Aspekte wie Ausgrenzung, Liebe, innere Konflikte, Zusammengehörigkeit und kulturelle Auseinandersetzungen aufgegriffen, die universeller Natur und auf die reale Welt übertragbar sind. Jugendliche Helden, die sich in einer fantastischen Geschichte etwa davor fürchten, bei einer Bewährungsprobe zu versagen, sind mit den gleichen Ängsten konfrontiert, denen sich Teenager im realen Leben vor einer vergleichbar entscheidenden Situation stellen müssen. Vor diesem Hintergrund entstand auch Tomi Adeyemis *Children of blood & bone* (arctis): Als Afro-Amerikanerin nimmt die junge Autorin Bezug auf die aktuelle politische Lage in den USA und dem nach wie vor existierenden Rassismus. Ein wichtiger Grund hierfür war ihr Wunsch, Jugendliche zu erreichen, die ein Sachbuch zu diesem Thema vielleicht nicht lesen würden – über die fantastische Literatur wollte Adeyemi einen emotionalen Zugang erzeugen.

Das Spektrum der Jugendfantasy reicht von Urban Fantasy, mit einer Verbindung zwischen unserer Welt und magischen Elementen, bis hin zu klassischer Fantasy im Stil von J.R.R. Tolkiens *Herr der Ringe* (Klett-Cotta), die eine in sich geschlossene fiktive Welt umschreibt. Zumeist handelt es sich um Mehrteiler und umfangreiche Romane, welche ein langanhaltendes Eintauchen in die Materie ermöglichen. Einige Titel sprechen sowohl Kinder in der Vorpubertät als auch jugendliche Leser*innen an, etwa Rick Riordans erfolgreiche und abenteuerlich-unterhaltsame Serien um die Welt der Götter griechischer Sagen, wie *Percy Jackson* (Carlsen). Mit Fanfiction hingegen spinnen begeisterte Leser*innen alleine oder gemeinsam mit anderen Fans die Erlebnisse der Figuren von Romanen weiter, zumeist auf speziellen Internetplattformen, etwa wattpad.com.

Romance und Romantasy Vorwiegend im Bereich der Young adult- und Crossover-Literatur angesiedelt, drehen sich Romance-Titel rund um Liebe, Beziehung und erotische Erfahrungen – vor historischen Kulissen oder in der Gegenwart. Romantasy hingegen vereint, wie die Wortkombination bereits andeutet, eine romantische Geschichte mit Elementen der Fantasyliteratur. Häufig spielen die Geschichten in zwei Welten beziehungsweise verbinden unser Hier und Jetzt mit einer fantastischen Ebene. Neben Figuren aus der Mythologie, Vampiren, Elfen und anderen Wesen mit magischen, übernatürlichen Fähigkeiten gehen etwa in Jennifer L. Armentrouts Serie *Obsidian* (Carlsen) auch Außerirdische eine Verbindung mit Menschen ein. Aufgrund des Erfolgs jener literarischen Stoffe bei älteren Teenagern und jungen Erwachsenen, gründete Carlsen als einer der größten Kinder- und Jugendbuchverlage das Imprint ›Impress‹ speziell für E-Books aus den Bereichen Romantasy und New Adult Romance.

Technische Entwicklungen und neue Kommunikations-Netzwerke Kommunikation sowie der Austausch und das Verbreiten von Meinungen und Wissen laufen über Social-Media-Kanäle. Sie bilden einen festen, allgegenwärtigen Bestandteil der Lebenswelt Jugendlicher. Die Licht- und Schattenseiten davon beleuchten Romane und auch einige informative Sachbücher. Neben Aspekten wie Cyber-Mobbing weitet sich das Themenfeld auf philosophische Fragen nach der Legitimität und den Folgen technischer Entwicklungen aus.

June Perrys *LifeHack. Dein Leben gehört mir* (Arena) und Karl Olsbergs *Boy in a white room* (Loewe) rücken zum Beispiel Künstliche Intelligenz und virtuelle Realitäten in den Fokus; Ursula Poznanskis ausgezeichneter Erfolgsroman *Erebos* (Loewe) und *Cryptos* (Loewe) geben zudem Einblicke in die positiven wie negativen Seiten der digitalen Gaming-Welt.

Pränatal genetische Veränderungen an Menschen vorzunehmen, ist aus medizinischer Sicht keine Science-Fiktion mehr. Als Motiv halten diese und weitere einschneidende medizinische Entwicklungen mit den damit einhergehenden, moralisch bedenklichen Aspekten ebenfalls Einzug in die Jugendliteratur.

LGBTQ und Coming-out Sexuelle Orientierung und die Freiheit, sich selbst dafür zu entscheiden, wen beziehungsweise welches Geschlecht oder welche Geschlechter man liebt: Diese Themen gehören seit einigen Jahren vermehrt zum festen Kern realistischer Jugendliteratur. Junge Menschen werden zum Coming-out ermutigt oder dazu, denjenigen zu helfen, deren Mut hierzu nicht groß genug ist. Noch immer sind homosexuelle Paare oder Bisexualität keine Selbstverständlichkeit. Für mehr Akzeptanz demgegenüber stehen daher Jugendromane wie Becky Albertallis verfilmter Bestseller *Nur drei Worte* (Carlsen), Anne Freytags *Den Mund voll ungesagter Dinge* (Heyne fliegt) oder David Levithans *Two Boys Kissing* (KJB). Das Kürzel LGBTQ umfasst die Aspekte Lesbian, Gay, Bisexual, Transgender und Queer. Welche Beweggründe und Ziele hinter dem Verfassen von Romanen oder Anthologien zu diesen Themen stehen, beschreibt Arabelle Sicardi exemplarisch in ihrem sehr persönlichen Vorwort zu *Queer Heroes – 53 LGBTQ-Held*innen von Sappo bis Freddie Mercury und Ellen DeGeneres* (Prestel):

> *Ich bin stolz darauf, anders zu sein, und ich möchte genau so bleiben wie ich bin. Die Persönlichkeiten, die auf den folgenden Seiten vorgestellt werden, und mit ihnen viele andere Aktivist*innen, haben uns den Weg zu uns selbst geebnet. […] Jede*r Einzelne in diesem Buch hat dem Hass die Stirn geboten, obwohl es manchmal einfacher gewesen wäre, sich selbst zu verleugnen. Sie alle sind nicht von vornherein Held*innen gewesen. Sie mussten sich Schwierigkeiten und Gefahren stellen und mit den Konsequenzen leben – was oft sehr schmerzhaft war. […] Wer weiß, vielleicht wirst eines Tages du der Held oder die Heldin für jemanden sein, der sich verloren fühlt und Halt braucht.«*

Starke Vorbilder, Feminismus und Bodyshaming Spätestens seit dem Hashtag #Me Too und der 2017 in den sozialen Medien losgetretenen Debatte um unverändert allgegenwärtigen Sexismus und sexuelle Belästigungen gegenüber Frauen, fristen Anthologien rund um den Feminismus im Jugendbuch kein Schattendasein mehr. In der Sachbuchreihe *Carlsen Klartext,* welche 2019 für den Band *Extremismus* mit dem Deutschen Jugendliteraturpreis ausgezeichnet wurde, veröffentlichte Juliane Frisse einen aufschlussreichen, aktuellen Titel über Geschichte und Bedeutung des *Feminismus*. Sonja Eismanns *Ene, mene, Missy* und Julia Korbiks *How to be a girl* klären ebenfalls Heranwachsende anhand lockerer, aber fundierter Texte über Sexismus auf und wie sich schon Teenagerinnen klug und selbstbewusst dagegen wehren können. Jennifer Mathieu hingegen führt mit ihrem Jugendroman *Moxie. Zeit, zurückzuschlagen* (Arctis) pubertierende Mädchen anhand einer fiktiven Heldin an den ungerechten Kampf der Geschlechter, Körperwahrnehmung und die Chancen des Feminismus heran.

Biografien über starke, mutige weibliche Vorbilder greifen indirekt den Feminismus auf. Das mitunter erfolgreichste Beispiel dürfte die Anthologie *Good Night Stories for Rebel Girls – 100 außergewöhnliche Frauen* (Hanser) sein. Im Fokus stehen herausragende Frauen aus unterschiedlichen Jahrhunderten, Ländern und Lebensbereichen. Einen etwas anderen Ansatz zur Stärkung junger Mädchen wählt *Stark. Rebellinnen von heute* (Gabriel). Die beschriebenen Mädchen sind keine Weltberühmtheiten, sondern einfach Mädchen von heute, die sich für andere Menschen einsetzen und anhand ihrer inneren Überzeugungskraft Stolpersteine des Lebens meistern. Denn es ist nicht leicht, die eigenen Stärken herauszufinden und auch tatsächlich zu nutzen, Erwartungshaltungen oder charakterliche Zuschreibungen seitens anderer zu hinterfragen und eine womöglich selbst auferlegte Maske abzulegen, sobald pubertätsbedingt das Selbstwertgefühl ins Wanken gerät.

Schamlos lautet der provokante Titel einer weiteren Veröffentlichung aus dem Hause Gabriel (2019). Drei junge Muslimas, Feministinnen und Bloggerinnen, verbinden die bereits genannten Aspekte des Feminismus mit der Problematik kultureller Differenzen, insbesondere muslimischer Mädchen und Frauen. Für Leser*innen ab zwölf Jahren zeigen Amina Bile, Sofia N. Srour und Nancy Herz Reibungspunkte auf, wie Tradition, Religion, kulturelle Identität und den Wandel der Geschlechterrollen, und repräsentieren einen weiteren Schwerpunkt innerhalb der literarischen Auseinandersetzung mit der jüngeren Feminismusbewegung und tabuisierten Themen.

Mit Schönheitsidealen, Körperkult und Bodyshaming räumen Jugendbücher wie Julie Murphys *Dumblin'* (FJB) auf. Sachbücher bestärken Jugendliche ebenfalls darin, sich nicht von vermeintlichen Schönheitsidealen und Selbstoptimierungszwängen leiten zu lassen. Auch Marawa Ibrahims *Girl Guide. Wie du lernst, deinen Körper so zu lieben, wie er ist* (Carlsen) steuert jenem Druck entgegen.

Visuelles Erzählen – Graphic Novels, Comicromane und Comic-Sachbücher Insbesondere Biografien, politische und historische Fragen prägen jugendtaugliche Graphic Novels und Comic-Sachbücher. Brigitte Findakly und Lewis Trondheim standen mit *Mohnblumen aus dem Irak* (Reprodukt) 2018 auf der Nominierungsliste des Deutschen Jugendliteraturpreises, Jochen Voit und Hamed Eshrat 2019 mit *Nieder mit Hitler! oder Warum Karl kein Radfahrer sein wollte* (avant,

2018) auf der Empfehlungsliste des Katholischen Kinder- und Jugendbuchpreises. Selbst Kinder- und Jugendbuchverlage, wie Carlsen, oder kleinere Verlage mit einem Programmbereich für Kinder und Jugendliche, heben sich inzwischen auf diesem Gebiet hervor.

Themenkomplexe wie Künstliche Intelligenz (KI) oder Fake News greift *Die Comic-Bibliothek des Wissens* (Jacoby & Stuart) auf. Trotz knapper Texte schärft die Reihe den Blick für gesellschaftlich hochaktuelle und relevante Themen. Dass komplexe Sachverhalte auf ihre Essenz reduziert und auf ein Minimum an Text runtergebrochen werden können, beweisen anspruchsvolle Veröffentlichungen wie diese. Für Jugendliche und Erwachsene bedeuten sie eine Abwechslung zu gängigen Sachbüchern. Im Falle der Wenigleser oder Jugendlicher mit Leseschwächen eignen sich vergleichbare Titel als Einführung und Vertiefung in genannte Themen, ohne die Hürde langer Texte nehmen zu müssen.

Selbst Klassiker finden sich neu erzählt oder unter Verwendung der Originaltexte unter den Graphic Novels wieder: Jacques Ferrandez etwa greift Albert Camus *Der Fremde* (Jacoby & Stuart) auf. Franz Kafkas verstörende *Verwandlung*, Schul- und Pflichtlektüre etlicher Jugendlicher, setzen Richard Horne und Eric Corbeyran mit eindrücklichen Zeichnungen auf innovative Weise in Szene (Knesebeck). Auch Harper Lees Klassiker der Weltliteratur aus den 1960er Jahren, *Wer die Nachtigall stört* (Rowohlt), besticht im neuen Gewand mit der von Fred Fordham visuell wie sprachlich modernen Aufbereitung der unverändert aktuellen Themen Rassismus, Diskriminierung, Gerechtigkeit und Demokratie.

Journale und Mitmachbücher Bücher mit Stichworten für To-do-Listen oder Arbeitsaufträgen, wie Matthew Syeds *You are* *awesome – Wie du so ziemlich alles erreichen kannst* (Knesebeck), geben Jugendlichen Werkzeuge an die Hand, um mehr an sich selbst zu glauben, sich nicht von Ängsten erdrücken zu lassen, Schwächen zu akzeptieren sowie in persönliche Stärken zu vertrauen. Auch zu *Good Night Stories for Rebel Girls* (Hanser) folgte daher *I'm a Rebel Girl – Mein Journal für ein rebellisches Leben.* Mittels genannter Anregungen zum Aufschreiben eigener Gedanken und Träume oder in den Raum gestellter Fragen, die selbst beantwortet und weitergedacht werden sollen, binden derlei Titel die Leserschaft persönlich ein. Es sind Anstöße, die nicht bloß passiv anhand einer Lektüre wahrgenommen, sondern direkt aktiv selbst in Taten umgesetzt werden können. Denn bereits das Niederschreiben eigener Sorgen, Wünsche und angestrebter Ziele ist schon eine Tat, aus der unter Umständen Großes erwächst.

Über den Verlag Community Editions hielt das Duo der YouTuberinnen und ›besten Freundinnen‹ ViktoriaSarina mit *Spring in eine Pfütze. Bunte Ideen für jeden Tag* (2017) von ihrem YouTube-Kanal aus Einzug in den Buchmarkt. In Windeseile verbreitete sich die Botschaft unter Teenagern und der Titel reüssierte rasch zum Bestseller – auch im lokalen Buchhandel. Für ihre große Fangemeinde respektive Community folgte *Spring in eine Pfütze! Frag dich mal. 1033 Fragen zum Nachdenken, Lachen und Zeitvertreiben* (2019). Selbst getestete Beauty-Trends, Do-It-Yourself-Ideen (DIY) sowie Einblicke in gemeinsame Erlebnisse bestimmen die persönlichen Videos der beiden Influencerinnen. Mehrere Tausend bis Millionen Aufrufe pro Video demonstrieren, wie gefragt dieses Format bei Pre-Teens und Jugendlichen ist.

Qualitative Aspekte – auf der Suche nach dem ›guten‹ Jugendbuch

Der subjektive Geschmack, individuelle Persönlichkeitsstrukturen und Lebensumstände sowie die Lesekompetenz und Affinität zum Lesen sind entscheidende Faktoren für oder gegen die Begeisterung gegenüber einer Lektüre. Dennoch bieten gewisse Auswahlkriterien in qualitativer und literaturästhetischer Hinsicht eine weitgehend objektive Orientierungshilfe, möchte man mit Jugendbüchern arbeiten, die über Unterhaltung hinausgehen und in sich stimmig sind, oder Jugendlichen eine Lektüre empfehlen, die ›nachklingt‹. Einige jener qualitativen Kriterien decken sich in manchen Punkten mit denen der erzählenden und informativen Kinderliteratur (siehe Kap. 5.2); sie werden an dieser Stelle teils in gekürzter oder wiederum erweiterter Form noch einmal vorgestellt. Andere Aspekte gelten ausschließlich für die Altersklasse Jugendlicher und derer, welche aufgrund ihrer Reife an der Grenze zur Literatur für Erwachsene stehen. Je nach Lese-, vor allem jedoch Lebenserfahrung der Jugendlichen können selbstverständlich noch weitere Merkmale von Bedeutung sein.

Qualitätskriterien für Jugendliteratur – eine Auswahl

Authentische Lebensbezüge Vielleicht noch mehr als in der Kinderliteratur gilt es, nach Geschichten zu suchen, welche die Lebenswelt Jugendlicher auf authentische Weise berühren. Sie spüren intuitiv, ob Autor*innen deren temporär übermächtige Sehnsüchte, Gefühle und Probleme für voll nehmen sowie den Kick und den Zauber der ersten Male nachvollziehen können: das erste Mal mit zügelloser Freude auf eine Party gehen, eine Nacht mit Freunden bis zum Sonnenaufgang durchfeiern, berauscht vor Verliebtheit sein, schmerzlich desillusioniert erstmals ein gebrochenes Herz haben oder, wider Erwarten, eines verursachen. Literatur ist wahrhaftig und die Verbindung zwischen Schriftstellern, Erzähltem und Lesern hergestellt, wenn dieses ›Sich-

Hineinversetzen‹ gelingt. Das Lebensgefühl Jugendlicher kann über den Ton der Sprache oder über die Gedanken und Handlungen der Protagonisten transportiert werden.

Identifikation Ideale Helden sind keine schwarz-weiß gezeichneten Figuren, sondern Originale mit Macken und kleinen bis großen Fehlleistungen. Erwachsen zu werden bedeutet sein Päckchen zu tragen – warum soll es literarischen Helden anders ergehen? Wenn sie über sich hinauswachsen und dieser Entwicklungsprozess realistisch sowie nachvollziehbar ist, kann man sich daran festhalten und orientieren – und sich mit den Protagonisten identifizieren. In diesem Moment berührt eine Geschichte auf der emotionalen und persönlichen Ebene. In der Adoleszenz sind intensive Gefühle keine Seltenheit und gehören schlichtweg dazu. Womöglich finden sich gerade deshalb zahlreiche Leser*innen etwa in Romanen der Bestsellerautorin Colin Hoover wieder, deren Geschichten von einem Wechselspiel aus höchster Euphorie und tiefster Niedergeschlagenheit leben. Das Mitfiebern, Mitleiden, Mitlachen oder das gegen Ungerechtigkeiten gedankliche Mitkämpfen entspringt der eigenen inneren Konstitution. Eine emotionale Schreibweise deckt sich mit Träumen und inneren Konflikten, die Jugendliche von sich selbst oft kennen oder in der beschriebenen Intensität vielleicht gerade ersehnen.

Die ›Message‹ (durch die Blume) Ohne Frage laufen manchmal erste unbeholfene Begegnungen mit Liebesbeziehungen, Sexualität oder gar Drogen aus dem Ruder. Viele Jugendliche experimentieren, suchen intensive Erlebnisse und testen Grenzen, ohne wirklich zu ermessen, welche gravierenden Folgen dies nach sich ziehen kann. Die problemorientierte, realistische Jugendliteratur wartet mit Schilderungen solcher Erfahrungen zuhauf auf. Überdeutlich moralische Botschaften und ein sichtlich pädagogisch erhobener Zeigefinger haben allerdings den unangenehmen Beigeschmack einer aufgezwungenen Moral. Jugendliche riechen diese Bevormundung indes zehn Meilen gegen den Wind, während sie sich Freiheiten erkämpfen, sich mit einem frisch erwachten Idealismus versuchen von den Erwachsenen abzusetzen und zugleich Rechte Erwachsener einfordern. Sie möchten in ihrer Fähigkeit, selbst zu urteilen, ernst genommen werden, sich ihre eigenen Gedanken machen und entscheidende Botschaften entsprechend selbst herausfiltern.

Neue Horizonte mit Stoff zum Nachdenken Perspektiven einzunehmen, die einem fremd sind, stärkt das Verständnis gegenüber anderen Menschen:

Ihre Beweggründe für bestimmte Handlungsweisen, ihre Gefühle und kulturell bedingten Traditionen werden nachvollziehbar. Dieses Wissen wiederum ist eine gute Basis für Empathie, Toleranz und die Fähigkeit, mit wachem Blick Vorurteile oder Diskriminierungen zu erkennen und kritisch zu hinterfragen.

Darüber hinaus regen vielschichtige, in sich schlüssige Texte mit glaubhaften Charakteren zur Reflexion und zum Dialog an: Würde man sich – sogar in einer Extremsituation – genauso verhalten wie die Hauptfigur? Was geschieht, wenn technische oder medizinische Fortschritte sich tatsächlich so entwickeln, wie in einer Geschichte beschrieben: Werden derzeit bestehende, moralische Bedenken verdrängt? Wie wäre die eigene Position demgegenüber? Die aktuelle Jugendliteratur erlaubt tiefe Einblicke in sämtliche Bereiche des Lebens, teils – im Gegensatz zur Kinderliteratur – auf schonungslos direkte, aber auch auf behutsame Art, sodass Leser*innen zwischen verschiedenen, persönlich favorisierten Formen des Zugangs zu interessanten Themen wählen können.

Problemlösungsstrategien Armut, Rassismus, psychische und physische Krankheiten, Suizid: Jugendbücher umschiffen Themen dieser Art nicht, sondern sprechen sie oftmals gezielt an. Umso wichtiger ist es, Pubertierenden realistische Anregungen zur Problembewältigung und dem Umgang mit emotional belastenden Situationen aufzuzeigen: Schließlich stecken sie selbst mitten in der eigenen Selbstfindung und nicht immer in einem Umfeld, das sie in ihrer Entwicklung hinreichend unterstützt oder ihren Ängsten und Sorgen Verständnis entgegenbringt. Zwar wird problemorientierte Jugendliteratur nicht zwangsläufig von ›betroffenen‹ Jugendlichen gelesen – bei Nachfragen erzählen die meisten vielmehr von ihrer Neugier auf andere Perspektiven und wie interessant es ist, sie einzunehmen. Wird jedoch bewusst nach einem Titel gesucht, um darin Trost oder Anregungen zum Umgang mit einem bestimmten Problem zu finden, geht dies weit über Unterhaltung hinaus und erfordert erst recht eine authentische literarische Darstellung.

Stereotypenfreie Zone Obgleich immer noch ›bad boys‹ und schmachtende Teenagerinnen insbesondere unterhaltungsorientierte Liebesromane bevölkern: Die Welle neuer Titel zu den Themen Diversität, speziell LGBTQ, zeigt seit einiger Zeit, dass Klischees und Stereotypen, gerade bezüglich Geschlechterrollen, überholt sind. Überhaupt zeichnet unter anderem eine differenzierte Figurencharakterisierung anspruchsvolle Literatur aus. Sie schafft, auch den genannten Aspekten gegenüber, Raum für eine eigene Meinung sowie vielfältige Identifikationsmöglichkeiten.

Sprache Authentisch erscheinen Charaktere, deren Eigenschaften und sozialer Hintergrund sprachlich stimmig zur Geltung gebracht werden. Auch das Eintauchen in eine andere Zeit und das Einfangen der Stimmung einer vergangenen Epoche, etwa bei historischen Romanen, gelingt anhand einer adäquaten, stringent beibehaltenen Ausdrucksweise. Über die Maße Trend-Begriffe (Musiktitel, Kommunikationsformen, Modewörter etc.) und Eigenheiten der gegenwärtigen Jugendsprache aufzugreifen, reicht hingegen nicht aus, um das Lebensgefühl heutiger Jugendlicher zu vermitteln: Derlei Begriffe und Phrasen unterliegen einem schnellen Wandel und wirken ebenso schnell veraltet wie schlimmstenfalls aufgesetzt oder anbiedernd.

Verschmelzen Inhalt und Sprache miteinander, erklären sich weniger gängige Begriffe aus dem Kontext heraus. Dieser gekonnte Umgang mit Sprache, das Spiel mit ihr und das Hervorheben der Wirkung von Worten, wie es zum Beispiel in Vers-Romanen der Fall ist, erweitert darüber hinaus den Wortschatz und das Sprachgefühl. Anhand einer ausdrucksstarken, bildhaften und treffgenauen Wortwahl stößt Literatur assoziatives Denken an und erzeugt somit auch eine innere Beteiligung.

Im Bann einer (stimmigen) Geschichte Ein regelrechter Lese-Sog kann entstehen, wenn die Vielschichtigkeit der Charaktere und Zusammenhänge im Laufe der sich entwickelnden Geschichte nicht nachlässt – hie und da bereichern neue, nicht vorhersehbare Aspekte das Geschehen. Wie das reale Leben, schreitet die Erzählung dynamisch voran, Pläne werden durchkreuzt und die Geschichte ist immer in Bewegung. Einem treibenden Fluss gleich, reißt ein guter Roman Lesende stetig mit.

Bilden Sprache, Inhalt und – sofern vorhanden – Illustrationen eine Einheit, trägt dies gleichfalls zur stimmigen Wirkung eines Jugendbuchs bei. Auch die Fortführung eines erfolgreichen Romans ist nur dann lebendig, falls sie nicht zu einem Zitat ihrer selbst wird und erneut Überraschungen bereithält.

Das Ende der Geschichte Im Unterschied zum Kinderbuch ist ein trauriges, bedrückendes Ende denkbar oder sogar notwendig, um einer Geschichte echte Tiefe und Authentizität zu verleihen. Ausschlaggebend ist, dass sich die Charaktere innerhalb der Geschichte weiterentwickeln und realistische Lösungswege, etwa für schwerwiegende Probleme, aufgezeigt werden, mit deren

Hilfe die Leser*innen im Nachgang Positives für ihr eigenes Leben mitzunehmen vermögen. Mit diesem Ansatz argumentierte einst Kevin Brooks auf die Kritik gegenüber der beklemmenden, hoffnungslosen Atmosphäre seines zwischenmenschlichen Schreckensszenarios in *Bunker Diary* (dtv): Der mehrfach ausgezeichnete Autor wollte seiner jugendlichen Leserschaft etwas zutrauen und sie in ihrer Fähigkeit zu reflektieren ernst nehmen. Nach dem Erscheinen von *Bunker Diary* entbrannte 2014 aufgrund des Geschichtsverlaufs und brutalen, schonungslosen Endes in Deutschland die Diskussion, was Jugendbücher überhaupt noch als solche auszeichnet und von Erwachsenenliteratur trennt. Ein Konsens lässt sich kaum finden, da sowohl Jugendliche selbst als auch Erwachsene hierzu sehr unterschiedliche Maßstäbe ansetzen. Letztendlich war, wie im Falle von Kevin Brooks, ein Hauptaspekt entscheidend, den eine noch so grausame Geschichte für Jugendliche vermitteln und schulen sollte: Empathie.

Informative Literatur als Impuls und Orientierungspunkt Weil das Wissen Jugendlicher deutlich größer als das der kindlichen Leser*innen ist, sind entsprechend tiefergehende Beschreibungen von Zusammenhängen und prinzipiell komplexere Themen möglich. Dennoch sollten Informationen altersgerecht bezüglich inhaltlicher Details und der sprachlichen Darstellung beziehungsweise Terminologie vermittelt werden. Ein alphabetisch geordnetes Stichwortverzeichnis ermöglicht das gezielte Heraussuchen von Themen und Begriffen. Glossare wiederum bieten Verständnishilfen, indem die Bedeutung von Fachbegriffen mit einfachen Worten knapp erklärt werden.

Aktuelle, sorgfältig recherchierte und neutral vermittelte Fakten sind die Grundvoraussetzung für ein hochwertiges Sachbuch, das die freie Entwicklung einer eigenen, kritischen Meinung erlaubt. Informative Literatur trägt zur Aufklärung bei: Statt emotionaler Meinungen forcieren fundierte Sachbücher einen konstruktiven, faktenbasierten Umgang mit kontroversen und sensiblen Themen. Sie stellen einen Gegenpol zu gefühlsgeladenen, spontan entstandenen ›Shitstorms‹ und Meinungsbildungen dar, wie man sie in den sozialen Medien findet, die zum Alltag Jugendlicher gehören. Gute Sachbücher durchbrechen ideologisch wie emotional motivierte Argumentationsmuster und tragen dazu bei, die Augen ihrer Leser*innen zu öffnen.

Erzählende und informative Jugendliteratur – kurz & knapp zusammengefasst

- Zunehmend tabuisierte, kontroverse Themen (z.B. Transsexualität);
- Kernthemen: psychische Labilität, ›Sick Lit‹ (schwere Krankheiten), Suizid, politische wie gesellschaftliche Entwicklungen (Rassismus, Extremismus), neue Technologien, Cyber-Mobbing, Dystopien, Romantasy, Gender, LGBTQ, Feminismus, starke Vorbilder;
- Tendenz zu grafischem Erzählen (bzgl. fiktiver und informativer Literatur);
- Große Varianz bezüglich Sprache und Erzählstil: Verse, digitale Kommunikationsformen werden abgebildet (SMS, Chat, Mail etc.), kapitelweise verschiedene Perspektiven etc.;
- Austausch über Jugendliteratur zwischen Gleichgesinnten und Peergroup, Entstehung neuer Texte sowie Generierung der Leserschaft über Online-Plattformen (wattpad.com, YouTube etc.);
- Zunehmend fließender Übergang zwischen Jugendliteratur und Literatur für Erwachsene;
- Qualitätskriterien: Vielschichtige und authentische Charaktere, aktuelle Lebensbezüge, realistische Bewältigung von Problemen, Einnehmen anderer Perspektiven, Übereinstimmung von Sprache und Inhalt, Freiräume für eine eigene und kritische Position, Anstöße zur (faktenbasierten) Reflexion.

6.3 Auszeichnungen für Jugendliteratur

Wie im Segment der Kinderliteratur (siehe Kap. 5.4) bieten auch bei Büchern für Jugendliche Nominierungen und Prämierungen eine Orientierung im Bereich der jeweiligen Altersklasse oder Gattung in qualitativer, literaturästhetischer Hinsicht. Statt gefälligem Mainstream und Trendliteratur ist hierbei Originalität eine Grundvoraussetzung. In der Regel muss berücksichtigt werden, dass die meisten ausgezeichneten Titel eine anspruchsvolle, leseaffine und leseerfahrene Zielgruppe ansprechen. Preise wie Der *Lesekompass* sollen jedoch auch leseschwächere Jugendliche für Bücher begeistern, für die Leseförderung geeignet sein und heben entsprechende Titel hervor. Die folgende Auflistung stellt eine Auswahl bedeutender, vornehmlich zwecks Eingrenzung inländischer Auszeichnungen im Bereich der informativen und erzählenden Jugendliteratur vor.

Allgemeine und spezielle Auszeichnungen für Jugendbücher

(Internet-Links zu den jeweiligen Preisen werden im Anhang unter der Rubrik ›Preise und Auszeichnungen‹ angeführt)

Astrid Lindgren Memorial Award (international) Autor*innen, Illustrator*innen, herausragende Personen oder Vereinigungen der Leseförderung sowie mündliche Erzähler*innen der Kinder- und Jugendliteratur werden jährlich durch den staatlichen Kulturrat Schwedens geehrt. Neben dem Hans Christian Andersen-Preis gilt diese Auszeichnung als renommierteste im internationalen Bereich.

Der Deutsche Jugendliteraturpreis, Sparte Jugendbuch Innerhalb des Deutschen Jugendliteraturpreises ist die Kategorie der Jugendliteratur im Gegensatz zu allen anderen Kategorien zweifach vertreten. Die Nominierung von je sechs Titeln erfolgt seitens einer Fachjury und einer autonomen Jugendjury während der Leipziger Buchmesse. Die Jugendjury setzt sich aus sechs über die Bundesrepublik verteilten Leseclubs zusammen. Jeder Leseclub nominiert einen Titel für den Preis. Die Prämierung des Siegertitels der Kritiker- und Jugendjury findet im Rahmen der Preisverleihung auf der Frankfurter Buchmesse statt.

Buxtehuder Bulle Diese Auszeichnung bezieht sich ausschließlich auf jugendliterarische Werke. Eine weitere Besonderheit ist die Zusammensetzung der Jury: Sie besteht zur Hälfte aus Jugendlichen. Seit 1981 wird der Buxtehuder Bulle von der Stadt Buxtehude für das beste, in deutscher Sprache veröffentlichte Jugendbuch verliehen.

Luchs des Jahres Monatlich stellen die Wochenzeitung Die Zeit und Radio Bremen von einer unabhängigen Jury ausgezeichnete Neuerscheinungen der Kinder- und Jugendliteratur vor. Im Wechsel werden Kinder- oder Jugendbücher nominiert, welche mit originellen und tiefgreifenden Geschichten aus dem Mainstream hervorstechen. Am Ende des Jahres wird ein Siegertitel prämiert.

Der Lesekompass Jugendbücher, welche eine Verknüpfung von Leseförderung und guter Unterhaltung ermöglichen, können mit dem Lesekompass in der Kategorie 10 bis 14 Jahre ausgezeichnet und empfohlen werden. Insbesondere der Spaß am Lesen und das Berücksichtigen der Bedürfnisse ungeübter Leser*innen stehen im Fokus des Preises.

Goldene Leslie Jährlich zeichnet eine Jugendjury aus zwölf- bis siebzehnjährigen Schüler*innen des Landes Rheinland-Pfalz ein belletristisches, in deutscher Sprache veröffentlichtes Jugendbuch aus. Eine weitere Stimme bildet die sogenannte ›Publikumsstimme‹: Über ein Online-Voting können Jugendliche einzeln und unabhängig von der feststehenden Jury ihre Stimme abgeben.

Peter-Härtling-Preis für Kinder- und Jugendliteratur Bislang unveröffentlichte Manuskripte aus dem Bereich der erzählenden Kinder- und Jugendliteratur für Zehn- bis Fünfzehnjährige können für diesen Preis beim Beltz & Gelberg Verlag eingereicht werden. Das prämierte Manuskript erscheint anschließend als Buchausgabe bei Beltz & Gelberg.

KORBINIAN – Paul Maar-Preis Die Deutsche Akademie für Kinder- und Jugendliteratur verleiht jährlich diesen Nachwuchspreis für talentierte deutschsprachige Autor*innen der Kinder- und Jugendliteratur. Kinderbuchautor Paul Maar war einer der Initiatoren für diese Auszeichnung.

Großer Preis Deutsche Akademie für Kinder- und Jugendliteratur Nicht einzelne Werke, sondern Autor*innen und Illustrator*innen werden mit dem Großen Preis der Deutschen Akademie für Kinder- und Jugendliteratur Volkach für ihr Gesamtwerk geehrt. Unter den ausgezeichneten Autorinnen befand sich zum Beispiel Tamara Bach, deren Jugendbücher gleich mehrfach prämiert oder nominiert wurden. Auch wissenschaftliche und publizistische Arbeiten zur Kinder- und Jugendliteratur umfasst der Große Preis.

Jugendsachbuchpreis (Kategorie Sekundarstufe II) Der Jugendsachbuchpreis entstand aus der Leseförderung heraus und berücksichtigt ausschließlich informative Kinder- und Jugendliteratur. Die Kategorie Sekundarstufe II bezieht sich auf Jugendliche der weiterführenden Schule als Adressaten. Leseförderern (privaten oder Institutionen) und Eltern soll der Preis eine Orientierung bezüglich herausragender Novitäten im Kinder- und Jugendsachbuch geben.

Die Silberne Feder Die Silberne Feder wird seit den 1970er Jahren alle zwei Jahre vom Deutschen Ärztinnenbund für erzählende Literatur oder Sachbücher verliehen. Berücksichtigt werden Bilder-, Kinder- und Jugendbücher, die sich thematisch den Themen Gesundheit und Krankheit widmen. In der Regel sind die prämierten Titel Bilder- oder Kinderbücher. Auch besondere Jugendbücher werden jedoch im Zuge dessen hervorgehoben und empfohlen.

Wissensbücher des Jahres, Kategorie ›Perspektive Das Sachkundigste Jugendbuch‹ *bild der wissenschaft* zeichnet Bücher aus, welche kompetent und in spannender Form Themen aus Forschung und Wissenschaft aufgreifen. Dieser Preis wird in sechs Kategorien vergeben. Eine davon bildet das Jugendsachbuch ab, wobei auch Kindersachbücher mit eingeschlossen sind.

Hansjörg Martin-Preis Auf Kinder- oder Jugendkrimis bezieht sich der Hansjörg Martin-Preis. Vom SYNDIKAT vergeben, wählt eine Jury unter der Mitwirkung von Kindern, Jugendlichen und Autor*innen den besten Kinder- oder Jugendkrimi des Jahres.

KIMI. Das Siegel für Vielfalt Dieses Gütesiegel berücksichtigt neben Bilder- und Kinderbüchern auch Jugendliteratur, welche für Vielfalt sensibilisiert. Ausgezeichnete Titel behandeln Themen wie psychische und körperliche Leiden, Rassismus, Migration, Mobbing, LGBTQ, Feminismus oder soziale Ausgrenzung. Sowohl eine Jugendjury als auch Fachleute, unter anderem aus den Bereichen der Erziehungs- und Literaturwissenschaft oder Kulturanthropologie, wählen die jeweiligen Jugendbücher aus.

7 Kinder- und Jugendbuchverlage

Das Spektrum an Kinder- und Jugendbüchern ist umfangreich. Ebenso breit ist auch die Palette der in diesem Marktsegment agierenden Verlage. Allein die Arbeitsgemeinschaft von Jugendbuchverlagen (avj) verzeichnet über hundert Mitglieder aus Deutschland, Österreich und der Schweiz. Große Verlagshäuser bieten neben Einzeltiteln zumeist unterhaltungsorientierte Reihen und Serien an, sind regelmäßig auf Bestsellerlisten vertreten, bedienen (nahezu) alle Altersklassen und mehrere Genres. Kleinere Verlage oder Imprints stehen in der Regel für ein gestalterisch wie inhaltlich individuell ausgeprägtes Programm und Nischenthemen. Titel dieser Verlage sind zwar selten auf Bestsellerlisten zu finden, dafür jedoch häufig auf angesehenen Nominierungs- oder Prämierungslisten (siehe Kap. 2.7, Kap. 5.4 und Kap. 6.3). Trotz der umfangreichen, tendenziell den Mainstream bedienenden Titelauswahl, weisen auch die größten Verlage unverwechselbare Schwerpunkte auf, die sich wie ein roter Faden durch ihr Programm ziehen. Während etwa Beltz & Gelberg Kinder und Jugendliche für Fragen zu Umwelt, Politik und Gesellschaft sensibilisiert und den Weg für kreativ, kritisch wie empathisch Denkende ebnet, steht Dorling Kindersley für eine rein sachliche bis unterhaltsame, bilddominante, oft fotobasierte Vermittlung informativer Literatur aller Art.

So spiegelt das Portfolio der Verlage immer auch eine bestimmte Philosophie und Positionierung am Markt wider. Wie ausgeprägt die Handschrift eines Verlags ist, hängt auch davon ab, in welchem Maße Eigenproduktionen oder Lizenzkäufe das

Programm dominieren. Lizenzeinkäufe ermöglichen ein schnelleres Reagieren auf internationale Trends und in der Regel eine günstigere Produktion. Eigenproduktionen wiederum lassen sich gezielt an den inländischen Markt anpassen und können die Philosophie eines Verlags am besten transportieren. Bei Loewe etwa, einem der größten im Ranking der Verlage, beläuft sich der Anteil der Lizenzen auf rund die Hälfte der Produktion (Quelle: *Börsenblatt Spezial Kinder- und Jugendbuch 2019)*. Andere Verlage hingegen weisen einen deutlich geringeren Prozentsatz auf.

Obgleich untrennbar mit der Gestaltung und Themenwahl verbunden, ist die anvisierte Zielgruppe ein weiterer Aspekt bei der Betrachtung von Verlagsprofilen. Manche Verlage sprechen explizit pädagogische Fachkräfte aus dem Bereich Kita und Schule an und stellen spezielle Titel sowie Material zur Literaturvermittlung, Sprach- und Leseförderung bereit, wie etwa Moritz, Klett Kinderbuch, dtv, Oetinger oder Arena. Andere zielen auf eine ausgeprägt bibliophile Klientel ab, die sich für Kunst, Illustration und Grafik interessiert, wie Prestel junior, Kindermann oder Kleine Gestalten. Auch repräsentieren Programmschwerpunkte eine Lebenshaltung und innere Einstellung: kulturelle Offenheit, die Nähe zur Natur und einen nachhaltigen Lebensstil oder beispielsweise eine anthroposophische Gesinnung, wie sie Freies Geistesleben & Urachhaus in Anlehnung an das pädagogische Konzept der Waldorfkindergärten und -schulen vertritt.

Selbst wenn ein Verlag insgesamt ein klar erkenntliches Profil aufweist, sollte man sich die Programme dennoch genau, in jeder Saison neu und vor allem frei von Vorurteilen anschauen: Verlage halten fast immer mit einigen Titeln Überraschungen bereit, verändern mitunter im Laufe der Zeit ihr Gesicht und setzen neue, spannende Schwerpunkte. Ausführliche Beschreibungen der Programme stellen Verlage online und in Vorschauen zur Verfügung.

Giganten und kleine Spezialisten

Jährlich stellt das *Börsenblatt Spezial Kinder- und Jugendbuch* nach Angaben der Verlage die fünfzehn umsatzstärksten Kinder- und Jugendbuchverlage vor. Diese Liste der TOP 15 wird an dieser Stelle um eine Auswahlliste mittelgroßer und kleiner Verlage erweitert, wobei die Grenze zwischen ›mittelgroß‹ und ›klein‹ ebenso fließend verläuft wie die zwischen ›traditionsreich‹ und ›neu am Markt‹. Eine feststehende Sortierung existiert nicht. Zur Gruppe der ›kleineren‹ Verlage werden in dieser Publikation auch konzernunabhängige Imprints und gesonderte Verlagsprogramme gezählt. Die folgende Liste umfasst sowohl bereits angeführte als auch eine Auswahl bislang unerwähnter Verlage und ermöglicht einen ersten Überblick auf die deutschsprachige Verlagslandschaft.

Die 15 größten Kinder- und Jugendbuchverlage im Ranking nach Umsatzanteilen

1. Carlsen
2. Ravensburger (inklusive Hummelburg)
3. Verlagsgruppe Oetinger
4. Arena
5. Loewe
6. Thienemann-Esslinger
7. Bastei Lübbe (Baumhaus, Boje, One, Dragonfly)
8. Cbj, cbt
9. Fischer Sauerländer
10. Beltz & Gelberg
11. Kosmos
12. arsEdition
13. dtv
14. Coppenrath, Bohem
15. Dorling Kindersley

Mittelgroße bis kleine Kinder- und Jugendbuchverlage und Imprints (in Auswahl)

- 360 Grad (inkl. TigerStern)
- Aladin (Thienemann-Esslinger)
- Annette Betz
- Aracari
- Arctis
- Atlantis
- Community Editions
- Diogenes
- Duden (Fischer)
- Freies Geistesleben & Urachhaus
- Gerstenberg
- Hanser
- Heyne fliegt (Heyne)
- Jacoby & Stuart
- Kindermann
- Kizz (Herder)
- Klett Kinderbuch
- Knesebeck
- Magellan
- Meyers (Fischer)
- Michael Neugebauer Edition
- Mixtvision
- Monterosa
- Moritz
- Moses
- NordSüd
- Orell Füssli
- Peter Hammer
- Piper ivi (ab 14+), you&ivi (ab 10+)
- Prestel junior
- Reprodukt
- Rowohlt, Rotfuchs
- Sauerländer (Fischer)
- Schneiderbuch (Egmont)
- Tessloff
- Tulipan
- Ueberreuter
- Usborne
- Woow Books

7.2 Besondere Themen, passende Verlage

Verlagsprogramme können von provokanten, Diversität fördernden, künstlerisch gestalteten oder etwa trendorientierten und vorwiegend unterhaltenden Titeln geprägt sein. Exemplarisch werden nun ein paar Verlage im Hinblick auf bestimmte Schwerpunkte genannt. Diese Auswahl soll als Orientierung bei der Suche nach besonderen Themen dienen. Unter kinder-und-jugendbuch-verlage.de aktualisiert die Arbeitsgemeinschaft von Jugendbuchverlagen (avj) zudem jährlich das Portfolio ihrer Mitglieder. Zum Kennenlernen von Verlagsschwerpunkten ist dieses Online-Verzeichnis neben den jeweiligen Vorschauen und verlagseigenen Websites zu empfehlen.

Themenschwerpunkte mit Verlagsbeispielen in Auswahl

Sozial-emotionale Entwicklung, interkulturelles Lernen, psychologische und pädagogische Aspekte

Monterosa, aracari, Mabuse, Klett Kinderbuch, Beltz & Gelberg, NordSüd, Moritz, Ravensburger, Don Bosco, Ökotopia, Hogrefe

Politik, Geschichte und Gesellschaft

Beltz & Gelberg, Gabriel, Hanser, Gerstenberg, Arena, Dorling Kindersley, Freies Geistesleben & Urachhaus

Religion und Glauben

Gabriel, Herder, Patmos, Don Bosco, Deutsche Bibelgesellschaft, arsEdition, Coppenrath

Natur und Umwelt

Knesebeck, 360 Grad, Kosmos, Gerstenberg, Beltz & Gelberg, Prestel, Tessloff, Freies Geistesleben & Urachhaus, Ravensburger

Naturwissenschaft und weitere Sachbücher

Tessloff, Dorling Kindersley, Kosmos, Gerstenberg, Knesebeck, Usborne, Prestel, Moses, Moritz, Ravensburger, Jacoby & Stuart

Kunst und künstlerische Bilderbücher

Prestel, Kleine Gestalten, Bohem, Tintentrinker, Kunstanstifter, Mixtvision, Jacoby & Stuart, Kindermann

Musik

Annette Betz, h.f. ullmann (Ullmann Medien), Ökotopia

Märchen, Sagen, Mythen, Legenden

Freies Geistesleben & Urachhaus, NordSüd, minedition, Bohem, Beltz & Gelberg, Esslinger, Ellermann

Graphic Novels, Comic-Adaptionen und Comicbücher

Reprodukt (Comic-Verlag), avant (Comic-Verlag), Knesebeck, Carlsen, Jacoby & Stuart, Atrium (u.a. Erich Kästner-Comics), Cross Cult, Panini (Marvel, DC, Star Wars etc.), Egmont Ehapa (Comic-Verlag), Community Editions, Kibitz (Kinder-Comics)

Social Media, Influencer, Gaming

Community Editions, Fischer, h.f. ullmann (Ullmann Medien)

Crossover, Young adult

Heyne fliegt, Arctis, Fischer, Hanser, dtv, Carlsen, Mixtvision, bold (Übergang Jugendliteratur zu reiferen beziehungsweise älteren Leser*innen)

Fremdsprachige und zweisprachige Bilder- und Kinderbücher

bi:libri (arabisch, englisch, französisch, griechisch, italienisch, kurdisch, persisch, russisch, spanisch, tigrinisch, türkisch)

NordSüd (u.a. japanisch, italienisch, arabisch, russisch, englisch)

edition lingua mundi (zweisprachige Ausgaben, u.a. polnisch, türkisch, italienisch, russisch, arabisch, kroatisch)

Anhang

Quellen und weiterführende Literatur

Bilderbuch, Kinderbuch, Jugendbuch

1001 *Buch. Das Magazin für Kinder- und Jugendliteratur.* Hrsg. v. AG Kinder- und Jugendliteratur (Institut für Jugendliteratur Österreich, Bücherverband Österreichs, Österreichischer Buchklub der Jugend, Österreichisches BibliotheksWerk, STUBE – Studien- und Beratungsstelle für Kinder- und Jugendliteratur), 2019.

Ayad, Sara; Cave, Roderick: *Die Geschichte des Kinderbuches in 100 Büchern.* Gerstenberg, 2017.

Bardola, Nicola; Hauck, Stefan; Jandrlic, Mladen; Wengler, Susanna: *Mit Bilderbüchern wächst man besser.* Thienemann, 2009.

Bestseller in Serie(n). *Dem Geheimnis des Suchtfaktors auf der Spur.* JuLit 1. Arbeitskreis für Jugendliteratur, 2017.

Börsenblatt Spezial Kinder- und Jugendbuch, Heft 38. Börsenverein des Deutschen Buchhandels, 2017.

Börsenblatt Spezial Kinder- und Jugendbuch, Heft 6 und 38. Börsenverein des Deutschen Buchhandels, 2018.

Börsenblatt Spezial Kinder- und Jugendbuch, Heft 6 und 38. Börsenverein des Deutschen Buchhandels, 2019.

Börsenblatt Spezial Kinder- und Jugendbuch, Heft 6. Börsenverein des Deutschen Buchhandels, 2020.

BuchMarkt Special Junge Zielgruppe, Buchmarkt Verlag K. Werner, 2019.

BuchMarkt Special Junge Zielgruppe. Buchmarkt Verlag K. Werner, 2020.

Buchreport Spezial Comic & Manga. Harenberg Kommunikation Verlags- und Mediengesellschaft 2020.

Buchreport Spezial Jahresbestseller. Harenberg Kommunikation Verlags- und Mediengesellschaft 2019.

Buchreport Spezial Kinder und Jugend. Harenberg Kommunikation Verlags- und Mediengesellschaft 2019.

Bulletin Jugend & Literatur. Charakter öffnen Welten. Bulletin Ausgabe 1. Beilage Eselsohr – Fachzeitschrift für Kinder- und Jugendmedien. Leseabenteuer, 2018.

Bulletin Jugend & Literatur. Sachbuch! Kunst & Wissen. Bulletin Ausgabe 3. Beilage Eselsohr – Fachzeitschrift für Kinder- und Jugendmedien. Leseabenteuer, 2019.

Comic – Manga – Graphic Novel. Tendenzen grafischer Kinder- und Jugendliteratur. JuLit 1. Arbeitskreis für Jugendliteratur, 2012.

Das Bilderbuch. Arbeitskreis für Jugendliteratur, 2008.

Das Jugendbuch. Arbeitskreis für Jugendliteratur, 2. Aufl. 2007.

Das Kinderbuch. Arbeitskreis für Jugendliteratur, 6. Aufl. 2009.
Engagement und Zeitbezug in aktueller Kinder- und Jugendliteratur. JuLit 2. Arbeitskreis für Jugendliteratur, 2019.
Erstlesebücher – Türöffner oder Falltüren? Angebote für Leseeinsteiger und ihr Potenzial für das selbstständige Lesen. JuLit 2. Arbeitskreis für Jugendliteratur, 2015.
Eselsohr – Fachzeitschrift für Kinder- und Jugendmedien, Leseabenteuer (Jahrgänge 2016 bis inkl. 06.2020).
Geheimnisse, Rätsel und Mysterien in der Kinder- und Jugendliteratur. JuLit 3. Arbeitskreis für Jugendliteratur, 2018.
Glaubensfragen. Religionen in der Kinder- und Jugendliteratur. JuLit 3. Arbeitskreis für Jugendliteratur, 2014.
Grenzenlose Abenteuer. 60 Jahre Jugendliteraturpreis und die Sieger 2016. JuLit 4. Arbeitskreis für Jugendliteratur, 2016.
Grenzüberschreitungen. Analoge, digitale und mediale Grenzen der Kinder- und Jugendliteratur. JuLit 1. Arbeitskreis für Jugendliteratur, 2016.
Hauck, Stefan: *Der Pinguin wird spielerisch. Aktuell Kinderbuch.* In: Börsenblatt 9. Börsenverein des Deutschen Buchhandels 2020, S. 22.
Hinterm Horizont geht's weiter. Kinderliteratur – Potenziale für interkulturelles Lernen. JuLit 2. Arbeitskreis für Jugendliteratur, 2017.
Illustration und Poesie im Rampenlicht. Die Sieger des Deutschen Jugendliteraturpreises 2019. JuLit 4. Arbeitskreis für Jugendliteratur, 2019.
Illustrators Annual 2019. Bologna Children's Book Fair. Chronicle Books, 2019.
Kinder- und Jugendbuch. In: Bramann, Klaus; Buchmann, Michael; Schikowski, Michael (Hrsg.): *Warengruppen im Buchhandel.* Edition Buchhandel 16. Bramann 2011, S. 196 – 211.
Krieg und Frieden in der Kinder- und Jugendliteratur. JuLit 3. Arbeitskreis für Jugendliteratur, 2015.
Lange, Günther (Hrsg.): *Taschenbuch der Kinder- und Jugendliteratur, Bd. 1: Grundlagen – Gattungen.* Schneider Verlag Hohengehren, 4. Aufl. 2005.
Lange, Günther (Hrsg.): *Taschenbuch der Kinder- und Jugendliteratur, Bd. 2: Medien und Sachbuch, ausgewählte thematische Aspekte, ausgewählte poetologische Aspekte, Produktion und Rezeption, KJL im Unterricht.* Schneider Verlag Hohengehren, 4. Aufl. 2005.
Lebenslinien. Biografisches und Autobiografisches in der Kinder- und Jugendliteratur. JuLit 3. Arbeitskreis für Jugendliteratur, 2011.
Lesen auf Knopfdruck? Kinder- und Jugendliteratur digital: Perspektiven für Produktion, Rezeption und Pädagogik. JuLit 2. Arbeitskreis für Jugendliteratur, 2013.
Marquardt, Manfred: *Handbuch Kinder- und Jugendliteratur.* Bildungsverlag Eins, 2010.
Mischt euch ein! Der Deutsche Jugendliteraturpreis bestärkt junge Leser, für ihre Träume zu kämpfen. JuLit 4. Arbeitskreis für Jugendliteratur, 2017.
Rotraut Susanne Berners Wimmelbücher in Kindergarten und Schule. Tipps für die kreative Sprachbildung. Gerstenberg, 2020.

Sachbücher machen Welten sichtbar (Flyer). Avj, 2012.
Schnee von gestern? Oder: Ist Frau Holle noch aktuell? 200 Jahre Kinder- und Hausmärchen der Brüder Grimm. JuLit 1. Arbeitskreis für Jugendliteratur, 2013.
Serie ›The Witcher‹. Dtv auf Netflix. Buchmarkt Januar. In: Buchmarkt Verlag K. Werner 2020, S. 94.
Sick Lit. *Warum es in der aktuellen Kinder- und Jugendliteratur so häufig kränkelt.* JuLit 3. Arbeitskreis für Jugendliteratur, 2017.
Stöcker, Nicole: *Social Influencer. Verlage. Authentischen Stil ins Gedruckte überführen. In:* Buchreport 6. Harenberg Kommunikation Verlags- und Mediengesellschaft 2019, S. 36 – 38.
Übergänge und Veränderung. Bücher begleiten den Eintritt in neue Lebensphasen. JuLit 3. Arbeitskreis für Jugendliteratur, 2013.
Vorwiegend heiter. Komik und Humor in der Kinderliteratur. JuLit 3. Arbeitskreis für Jugendliteratur, 2019.
Weinkauff, Gina; Glasenapp, Gabriele von: *Kinder- und Jugendliteratur.* UTB, 3. Aufl. 2017.
Wild, Rainer (Hrsg.): *Geschichte der deutschen Kinder- und Jugendliteratur.* Metzler, 3. Aufl. 2008.
Wilking, Thomas: *Raus aus der Komfortzone* (Verlage: Interview mit Oetinger). In: Buchreport 1, Harenberg Kommunikation Verlags- und Mediengesellschaft 2020, S. 16–19..
Wilking, Thomas: *Social Influencer. Bücher & Autoren.* Buchreport 6. Harenberg Kommunikation Verlags- und Mediengesellschaft 2019, S. 39 – 41.
Zukunftsentwürfe und Zeit-Räume in der Literatur für Jugendliche. JuLit 1. Arbeitskreis für Jugendliteratur, 2014.

Websites

ajum.de (Arbeitsgemeinschaft Jugendliteratur und Medien)
akademie-kjl.de (Deutsche Akademie für Kinder- und Jugendliteratur)
avj-online.de (Arbeitsgemeinschaft von Jugendbuchverlagen)
boersenverein.de (Bereich Leseförderung)
bold. Readbold.de https://www.readbold.de/ueber-bold/ (03.02.2020)
bolognachildrensbookfair.com
Bummelkasten, Studio Soi: Swipe, Swipe, Elternzeit (Musikvideo in Die Sendung mit der Maus).
https://kinder.wdr.de/tv/die-sendung-mit-der-maus/av/video-lachgeschichte-swipe-swipe-elternzeit-100.html (01.03.2020).
https://www.studiosoi.de/swipe?fbclid=IwAR3NbqScRm2OaXgHCVmSJBRT9RAShN6xZyU78rwa4HrX9ZmoEqRdyJ4ZKqk (02.03.2020)
jugendliteratur.org (Arbeitskreis für Jugendliteratur)
kinder-und-jugendbuch-verlage.de (Kinder- und Jugendbuchverlage A – Z. Das Online-Verzeichnis der avj).
kinderundjugendmedien.de

Kolibri. Kulturelle Vielfalt in Kinder- und Jugendbüchern. Leseempfehlungen 2019/2020. Baobabbooks.ch https://www.baobabbooks.ch/kolibri/datenbank/ (03.09.2019)
Leo.zeitverlag.de/bestseller https://leo.zeitverlag.de/bestseller.html (10.09.2019)
Spiegelonline.de/kultur/bestseller-buecher https://www.spiegel.de/kultur/bestseller-buecher-belletristik-sachbuch-auf-spiegel-liste-a-458623.html (10.09.2019)
wattpad.com https://www.wattpad.com/ (31.01.2020)

Kindesentwicklung, Entwicklungspsychologie

GEO Perspektive. Die Jugend der Welt. Was sie will, was sie fühlt. Gruner & Jahr, 2019.
Largo, Remo H.: *Babyjahre. Entwicklung und Erziehung in den ersten vier Jahren.* Piper, überarbeitete Neuausgabe 2019.
Largo, Remo H.: *Kinderjahre. Die Individualität des Kindes als erzieherische Herausforderung.* Piper, 2019.
Macedinia, Manuela: *Lernen mit dem Körper. Embodiment.* In: *Spektrum der Wissenschaft. Gehirn & Geist.* Heft 10. Spektrum der Wissenschaft Verlagsgesellschaft 2018, S. 50 – 56.
Pinquart, Martin; Schwarzer, Gudrun, Zimmermann, Peter: *Entwicklungspsychologie – Kindes- und Jugendalter.* Hogrefe, 2., überarbeitete Aufl. 2019.
Rossmann, Peter: *Einführung in die Entwicklungspsychologie des Kindes- und Jugendalters.* Hogrefe, 3. Aufl. 2016.
Seidel, Tina; Krapp, Andreas (Hrsg.): *Pädagogische Psychologie.* Beltz Psychologie, 6. Aufl. 2014.
Spitzer, Manfred: *Digitale Demenz. Wie wir uns und unsere Kinder um den Verstand bringen.* Droemer, 9. Aufl. 2014.
Gespräche mit Dipl. Psychologin und Systemischer Familientherapeutin Erziehungsberatungsstelle Caritasverband (anonym) sowie drei praktizierenden Kinder- und Jugendpsycholog*innen (anonym)

Websites & Podcasts

generation-thinking.de (Institut für Generationenforschung)
kindergartenpaedagogik.de
Loetz, Dr. Cécile; Müller, Dr. Jakob: *Containing. Oder: Wie psychische Bedeutung entsteht.* Rätsel des Unbewussten, Folge 33 (Podcast). psychoanalyse.podigee.io, 14.06.2019. https://psychoanalyse.podigee.io/34-containing (16.04.2020)
Loetz, Dr. Cécile; Müller, Dr. Jakob: *Das Geheimnis der Kuscheltiere: Übergangsobjekte.* Rätsel des Unbewussten, Folge 33 (Podcast). psychoanalyse.podigee.io, 08.02.2019. https://psychoanalyse.podigee.io/25-uebergangsobjekte (16.12.2019)
Loetz, Dr. Cécile; Müller, Dr. Jakob: *Mentalisierung. Oder: »Ich denke was, was du nicht denkst«.* Rätsel des Unbewussten, Folge 23 (Podcast). psychoanalyse.podigee.io, 04.01.2019. https://psychoanalyse.podigee.io/23-mentalisierung (29.11.2019)

Loetz, Dr. Cécile; Müller, Dr. Jakob: *Trauer. Der Weg durch das Schattenreich.* Rätsel des Unbewussten, Folge 44 (Podcast). psychoanalyse.podigee.io, 28.02.2020. https://psychoanalyse.podigee.io/47-trauer (28.03.2020)

Schröder, Tim: *Wie Kinder Sprache lernen. Raus mit der Sprache.* Max-Planck-Gesellschaft (mpg.de), 10.12.2019. https://www.mpg.de/14230706/sprachenlernen-bei-kindern?c=2191 (11.02.2020)

Lesen & Leseförderung

Busse, Christina: *Der Vorlesefriseur. Leseförderung aktuell.* In: Börsenblatt 9. Börsenverein des Deutschen Buchhandels 2020, S. 23.

Buzmann, Gudula: *Kinder und Familie. Mehr Ideen für den Buchhandel.* Echt & gut Bd. 2. Hrsg. v. Börsenverein des Deutschen Buchhandels – Landesverband Nordrhein-Westfalen, 2011.

Duden Elternratgeber Sprach- und Leseförderung (Magazin). Fischer, 2015.

Ein Jahr in Wimmelingen. Kreative Sprachbildung mit Rotraut Susanne Berners Wimmelbüchern. Gerstenberg, 2020.

Franzmann, Bodo; Hasemann, Klaus; Löffler, Dietrich; Schön, Erich: *Handbuch Lesen.* Schneider Verlag Hohengehren, 2. Aufl. 2001.

Gurdon Meghan, Cox: *Die verzauberte Stunde. Warum Vorlesen glücklich macht. Insel, 2019.*

Handreichungen für Eltern von Kindern / Jugendlichen mit einer Legasthenie. Elternratgeber, 8. Hrsg. Bundesverband Legasthenie und Dyskalkulie. 2. Aufl. 2014 (pdf). https://www.bvl-legasthenie.de/images/static/pdfs/bvl/Ratgeber_8_Handreichung-Eltern_neu.pdf (21.10.2019)

Hantschel, Manuela: *Lesepakt für mehr Professionalisierung. Leseförderung.* In: Buchreport.express Nr. 47. Harenberg Kommunikation Verlags- und Mediengesellschaft 2019, S. 14.

Kein Buch mit sieben Siegeln. Lesen können – Literatur verstehen – mit aktuellen Büchern arbeiten. JuLit 1. Arbeitskreis für Jugendliteratur, 2018.

Leseförderung auf dem Prüfstand. Zwischen Ehrenamt und Profession. JuLit 2. Arbeitskreis für Jugendliteratur, 2012.

Mach mit beim Leseclub! Erfolgreiche Leseförderung in Schulen, Bibliotheken und Buchhandlungen. JuLit 2. Arbeitskreis für Jugendliteratur, 2010.

Mann liest. Leseförderung und Leseangebote für Jungen. JuLit 1. Arbeitskreis für Jugendliteratur, 2011.

Paxmann, Christine; Thiele, Johannes: *Wie man Kinder zum Lesen bringt.* Thiele, 2010.

Rotraut Susanne Berners Wimmelbücher in Kindergarten und Schule. Tipps für die kreative Sprachbildung. Gerstenberg, 2020.

Versendaal, Dirk van: *Verlernen wir das Lesen? Interview mit Anne Mangen.* In: Stern, Gruner + Jahr 15.08.2019, S. 78 – 81.

Wisch und weg? Literarisches Lernen in Zeiten medialen Wandels. JuLit 2. Arbeitskreis für Jugendliteratur, 2016.
Wolf, Maryanne: *Schnelles Lesen, langsames Lesen. Warum wir das Bücherlesen nicht verlernen dürfen.* Penguin, 2018.

Websites

antolin.westermann.de
Bildungsserver.de https://www.bildungsserver.de/Lesefoerderung-in-der-Grundschule-2334-de.html (09.05.2020)
Bookalook. BOOK A LOOK _ and read my book. https://www.facebook.com/bookalook089/ (07.01.2020)
bundesverband-lesefoerderung.de. bvl-legasthenie.de (Bundesverband Legasthenie und Dyskalkulie e. V.)
COST E-READ *Stavanger Declaration Concerning the Future of Reading.* https://ereadcost.eu/stavanger-declaration/ (03.02.2020)
Der Deutsche Lesepreis. Deutscher-lesepreis.de
Dtv-Lehrerportal. Dtv.de https://www.dtv.de/lehrer/startseite/c-76 (07.02.2020)
E-READ. *Stavanger Erklärung.* https://www.faz.net/aktuell/feuilleton/buecher/themen/stavanger-erklaerung-von-e-read-zur-zukunft-des-lesens-16000793.html (07.01.2020)
Grüling, Birk: *Der Vorlesefriseur. Warum ein Münchner Friseur sich von seinen Kunden vorlesen lässt.* Hannoversche Allgemeine, 06.09.2019. https://www.haz.de/Nachrichten/Wissen/Uebersicht/Warum-ein-Muenchner-Friseur-sich-von-seinen-Kunden-vorlesen-laesst (07.01.2020)
guetesiegel-buchkindergarten.de
Hamburger Erklärung. Kirsten Boie, 2018. Change.org. https://www.change.org/p/jedes-kind-muss-lesen-lernen (31.11.2019)
IBBY-iRead Award. Ibby.org. https://www.ibby.org/awards-activities/awards/ibby-iread-outstanding-reading-promoter-award (30.04.2020)
Küchemann, Fridtjof: *Lesewege bei Wattpad: Mehr Jane Austen wagen!* Faz.net (09.06.2020) https://www.faz.net/aktuell/feuilleton/buecher/themen/von-anna-todd-zu-jane-austen-lesewege-bei-wattpad-16804766.html (01.07.2020)
Lesekoffer. Oetinger.de https://www.oetinger.de/lesefoerderung/lesekoffer (03.01.2020)
lesestart.de
Lesetüte. Boersenverein.de https://www.boersenverein.de/kultur-und-lesen/lesefoerderung/lesetuete/
mentor-bundesverband.de
Müller-Jung, Joachim: *Hirnforscher Wolf Singer. Was passiert, wenn wir das richtige Lesen verlernen?* Faz.net (13.10.2018). https://www.faz.net/aktuell/feuilleton/debatten/hirnforscher-wolf-singer-ueber-lesen-und-digitalisierung-15833090.html?printPagedArticle=true#pageIndex_2 (22.3.2020)

Nowak, Ursula: *Kirsten Boie zum 70. Geburtstag. »Lesen ist nicht altmodisch«.* Deutschlandfunk.de. https://www.deutschlandfunk.de/kirsten-boie-zum-70-geburtstag-lesen-ist-nicht-altmodisch.1202.de.html?dram:article_id (23.03.2020)

onilo.de

Ravensburger Stiftungs-Newsletter 09.2019 https://www.ravensburger.net/stiftung/aktuelles/medienerziehung-digital/index.html?sap-outbound-id=8977C71DF27942669FDA40E95374566E681B18B2&utm_source=SAPHybris&utm_medium=email&utm_campaign=593&utm_term=DE_CW37_Stiftung_Version3____Hier%20lesen%20Sie%20mehr&utm_content=DE (10.09.2019)

ravensburger.net/Stiftung/stiftung/index

Sprachförderkiste. Moritzverlag.de https://www.moritzverlag.de/Fuer-Paedagogen/Sprachfoerderung/ (14.02.2020)

stiftunglesen.de

storydocks.com

vorlesetag.de

Vorlesewettbewerb des Deutschen Buchhandels. Boersenverein.de https://www.boersenverein.de/kultur-und-lesen/lesefoerderung/der-vorlesewettbewerb-des-deutschen-buchhandels/ (30.12.2019)

Warnsignale früh erkannt - beim Lesen. Info-Mail Bundesverband Legasthenie und Dyskalkulie (bvl-legasthenie.de), 18.10.2019.

Warnsignale früh erkannt - beim Schreiben. Info-Mail Bundesverband Legasthenie und Dyskalkulie (bvl-legasthenie.de), 21.10.2019.

wattpad.com https://www.wattpad.com/ (31.01.2020)

Weltkindertag.de https://www.weltkindertag.de/ (06.02.2020)

Welttag des Buches. Boersenverein.de https://www.boersenverein.de/kultur-und-lesen/lesefoerderung/welttag-des-buches-und-lesereise/ (30.12.2019)

welttag-des-buches.de

Preise und Auszeichnungen

Websites

Astrid Lindgren Memorial Award. alma.se/en

Buxtehuder Bulle. Buxtehuder-bulle.de
https://www.buxtehuder-bulle.de/index.php/de/ (23.03.2020)

Comicbuchpreis. Leibinger-stiftung.de.
https://www.leibinger-stiftung.de/de/comicbuchpreis/ (09.03.2020)

Der Lesekompass/Leipziger Lesekompass. Stiftunglesen.de
https://www.stiftunglesen.de/leseempfehlungen/leipziger-lesekompass/ (30.04.2020)

Deutscher Jugendliteraturpreis. djlp.jugendliteratur.org

Die besten 7 Bücher für junge Leser. deutschlandfunk.de/die-besten-7

Die Silberne Feder. aerztinnenbund.de/Silberne Feder
https://www.aerztinnenbund.de/Silberne_Feder.0.115.1.html (23.09.2019)

Goldene Leslie. Leselust-rlp.de
https://www.leselust-rlp.de/die-goldene-leslie/ (02.12.2019)

Großer Preis Deutsche Akademie für Kinder- und Jugendliteratur.
Akademie-kjl.de
https://www.akademie-kjl.de/preise-auszeichnungen/grosser-preis/ (08.01.2020)

Hans Christian Andersen-Preis. hans-christian-andersen.de
https://hans-christian-andersen.de/andersen-preis/ (08.01.2020)

Hans Jörg Martin-Preis. Das-syndikat.com
https://www.das-syndikat.com/krimipreise/krimipreise-der-autoren/hansjoerg-martin-preis.html (23.01.2020)

Josef Guggenmos-Preis für Kinderlyrik. Akademie-kjl.de
https://www.akademie-kjl.de/preise-auszeichnungen/josef-guggenmos-preis/ (19.06.2020)

Jugendsachbuchpreis. jugendsachbuchpreis.verein-fuer-lesefoerderung.de

kimi-siegel.de

Korbinian – Paul Maar-Preis. Akademie-kjl.de
https://www.akademie-kjl.de/preise-auszeichnungen/paul-maar-preis/ (21.01.2020)

Luchs. zeit.de
https://www.zeit.de/serie/luchs-buchpreis (07.01.2020)

Peter-Härtling-Preis für Kinder- und Jugendliteratur. beltz.de
https://www.beltz.de/kinder_jugendbuch/aktuelles/ausgezeichnet.html (27.01.2020)

Serafina. Akademie-kjl.de
https://www.akademie-kjl.de/preise-auszeichnungen/serafina/ (07.01.2020)

Troisdorfer Bilderbuchpreis. troisdorf.de
troisdorf.de/bilderbuchmuseum/preise_stipendien/bilderbuchpreis/Main.htm (23.3.2020)

Wissensbücher des Jahres. Wissenschaft.de
https://www.wissenschaft.de/rezensionen/wissensbuecher-des-jahres/die-sieger-des-jahres-2019/ (07.01.2020)

Studien

Print und digital

Buch und Buchhandel in Zahlen 2019. Börsenverein des Deutschen Buchhandels, MVB, 2019

Buch und Buchhandel in Zahlen 2020. Börsenverein des Deutschen Buchhandels, MVB, 2020

Buchkäufer – quo vadis? Börsenverein des Deutschen Buchhandels, 2018.

FIM (Familie, Interaktion, Medien. Untersuchung zur Kommunikation und Mediennutzung in Familien) 2016. Mpfs.de
https://www.mpfs.de/studien/fim-studie/2016/ (25.08.2019)

IGLU (Internationale Grundschul-Lese-Untersuchung) 2018. Bmbf.de
https://www.bmbf.de/de/iglu-internationale-grundschul-lese-untersuchung-82.html (25.08.2019)

IW-Report 39. Tägliches (Vor-)Lesen steigert die schulischen Leistungen – Ergebnisse zu den längerfristigen Effekten auf Basis des Sozio-ökonomischen Panels. Institut der Deutschen Wirtschaft, 2019. Iwkoeln.de
https://www.iwkoeln.de/fileadmin/user_upload/Studien/Report/PDF/2019/IW-Report_2019_Taegliches_Vorlesen.pdf (12.11.2019)

JIM (Jugend, Information, Medien. Basisuntersuchung zum Medienumgang 12- bis 19-Jähriger) 2019. Mpfs.de
https://www.mpfs.de/fileadmin/files/Studien/JIM/2019/JIM_2019.pdf (07.04.2020)

JIM *(Jugend, Information, Medien. Basisuntersuchung zum Medienumgang 12- bis 19-Jähriger)* 2018. Mpfs.de
https://www.mpfs.de/studien/jim-studie/2018/ (25.08.2019)

JIMplus 2020. Corona-Zusatzuntersuchung. Mpfs.de
https://www.mpfs.de/studien/jim-studie/jimplus-2020/ (08.06.2020)

KIM (Kindheit, Internet, Medien. Basisuntersuchung zum Medienumgang 6- bis 13-Jähriger) 2018. Mpfs.de
https://www.mpfs.de/fileadmin/files/Studien/KIM/2018/KIM-Studie2018_Web.pdf (25.08.2019)

Kinder- und Jugendbücher I. Marktpotenzial, Käuferstrukturen und Präferenzen unterschiedlicher Lebenswelten. Börsenverein des Deutschen Buchhandels und avj, 2007.

Kinder- und Jugendbücher II. Einblicke in die Lebens- und Lesewelten relevanter Zielgruppen. Börsenverein des Deutschen Buchhandels und avj, 2010.

Kinder- und Jugendbücher III. Marktentwicklung, Kaufverhalten, Konsumentenstrukturen und -einstellungen. Börsenverein des Deutschen Buchhandels und avj, 2013.

Kinder-Medien-Studie 2019 (Blue Ocean Entertainment AG, Egmont Ehapa Media GmbH, Gruner + Jahr, Panini Verlags GmbH, SPIEGEL-Verlag, ZEIT Verlag). kinder-medien-studie.de

Kramer, Bernd: *PISA-Studie 2018. Das schwächelnde Geschlecht.* sueddeutsche.de https://www.sueddeutsche.de/bildung/pisa-2018-jungen-maedchen-1.4707751 (05.12.2019)

Lienau, Theresa, Lies van Roessel: *Zur Verankerung Von Medienerziehung in den Bildungsplänen für Kindertageseinrichtungen.* MedienPädagogik: Zeitschrift für Theorie und Praxis der Medienbildung 2019 (Occasional Papers), S. 126-155. https://www.medienpaed.com/article/view/712 (18.02.2020)

Max-Planck-Forschungsgruppe REaD. Schriftspracherwerb und Leseentwicklung (Juli 2012–Juni 2018). mpib-berlin.mpg.de https://www.mpib-berlin.mpg.de/forschung/beendete-bereiche/mpfg-read (10.03.2020)

miniKIM (Kleinkinder und Medien. Basisuntersuchung 2- bis 5-Jähriger) 2014. Mpfs.de https://www.mpfs.de/studien/minikim-studie/2014/ (25.08.2019)

PISA (Programme for International Student Assessment) 2018. Oecd.org https://www.oecd.org/berlin/themen/pisa-studie/ 05.12.2019

Vorlesestudie 2016. Was wünschen sich Kinder? Repräsentative Befragung von Kindern im Alter von 5 bis 10 Jahren und ihren Müttern. Stiftung.lesen.de https://stiftunglesen.de/download.php?type=documentpdf&id=1921 (23.03.2020)

Vorlesestudie 2018. Bedeutung von Vorlesen und Erzählen für das Lesenlernen. Repräsentative Befragung von Kindern der 1. bis 4. Klassen und ihren Eltern. Stiftung.lesen.de https://stiftunglesen.de/download.php?type=documentpdf&id=2397 (25.08.2019)

Vorlesestudie 2019. Vorlesepraxis durch sprachanregende Aktivitäten in Familien vorbereiten und unterstützen. Repräsentative Befragung von Eltern mit Kindern im Alter von 2 bis 8 Jahren. Stiftung.lesen.de https://stiftunglesen.de/forschung/forschungsprojekte/vorlesestudie (07.02.2020)

Zitierte Quellen

Kap. 1.1: Grubert, Renate: *Selber machen statt kaufen.* In: *Börsenblatt Spezial Kinder- und Jugendbuch,* Heft 38. Börsenverein des Deutschen Buchhandels 2019, S. 36.

Kap.1.1: Starke, Lisa Maria: *Biografien. Jungen Leserinnen zeigen, was alles möglich ist.* In: *Buchreport Spezial Kinder & Jugend.* Harenberg Kommunikation Verlags- und Mediengesellschaft 2019, S. 28.

Kap. 1.5: Bummelkasten, Studio Soi: *Swipe, Swipe, Elternzeit* (Musikvideo in Die Sendung mit der Maus). https://kinder.wdr.de/tv/die-sendung-mit-der-maus/av/video-lachgeschichte-swipe-swipe-elternzeit-100.html (01.03.2020).

https://www.studiosoi.de/swipe?fbclid=IwAR3NbqScRm2OaXgHCVmSJBRT9RAShN6xZyU78rwa4HrX9ZmoEqRdyJ4ZKqk (02.03.2020)

Kap. 1.5: *Hamburger Erklärung. Kirsten Boie*, 2018. Change.org. https://www.change.org/p/jedes-kind-muss-lesen-lernen (31.11.2019)

Kap. 1.5: *COST E-READ Stavanger Declaration Concerning the Future of Reading.* https://ereadcost.eu/stavanger-declaration/ (03.02.2020)

Kap. 2.2: Bardola, Nicola; Hauck, Stefan; Jandrlic, Mladen; Wengler, Susanna: *Mit Bilderbüchern wächst man besser.* Thienemann 2009, S. 9.

Kap. 2.5: *Kindersachbuch zum Thema Tod und Trauer. Wieso? Weshalb? Warum? Abschied, Tod und Trauer.* Presse-Information Ravensburger.de. https://www.ravensburger-gruppe.de/content/wcm/mediadata/pdf/de/Presse/Pressemitteilungen/Buecher/2019/PM%20WiesoWeshalbWarum_AbschiedTodTrauer.pdf (06.10.2019)

Kap. 2.5: Erlbruch, Wolf: *Ente, Tod und Tulpe.* Antje Kunstmann 2007 (ohne Seitenzählung).

Kap. 2.6: Wengeler, Susanne: *Lesen ist Begegnung. Aktionen.* In: BuchMarkt Special Junge Zielgruppe. Buchmarkt Verlag K. Werner 2019, S. 88 – 90.

Kap. 3: Brüder Grimm: *Rumpelstilzchen.* In: *Das große Märchenbuch. Die hundert schönsten Märchen aus ganz Europa.* Gesammelt v. Christian Strich, illustr. v. Tatjana Hauptmann. Diogenes 11. Aufl. 2007, S. 374.

Kap. 4: *Legasthenie - ein Thema mit vielen Facetten.* Info-Mail Bundesverband Legasthenie und Dyskalkulie (bvl-legasthenie.de), 15.10.2019.

Kap. 4: Bardola, Nicola; Hauck, Stefan; Jandrlic, Mladen; Wengler, Susanna: *Mit Bilderbüchern wächst man besser* (Zitat Stefan Wendel, Programmleiter Thienemann). Thienemann 2009, S. 126.

Kap. 5.1: Hauck, Stefan: *Lesepausen schaffen* (Interview mit Loewe-Verlagsleiter Christoph Gondrom). In: *Börsenblatt Spezial Kinder- und Jugendbuch,* Heft 38. Börsenverein des Deutschen Buchhandels 2019, S. 28.

Kap. 5.1: Müller-Jung, Joachim: Hirnforscher Wolf Singer. *Was passiert, wenn wir das richtige Lesen verlernen?* Faz.net (13.10.2018). https://www.faz.net/aktuell/feuilleton/debatten/hirnforscher-wolf-singer-ueber-lesen-und-digitalisierung-15833090.html?printPagedArticle=true#pageIndex_2 (22.3.2020)

Kap. 5.1: *COST E-READ Stavanger Declaration Concerning the Future of Reading.* https://ereadcost.eu/stavanger-declaration/ (03.02.2020)

Kap. 5.1: Wolf, Maryanne: *Schnelles Lesen, langsames Lesen. Warum wir das Bücherlesen nicht verlernen dürfen.* Penguin 2018, S. 139 – 164.

Kap. 5.2: Baisch, Milena: *Anton taucht ab. In Einfacher Sprache.* Gulliver 2018, S. 21.

Kap. 5.2: Rowling, J. K.: *Harry Potter und die Kammer des Schreckens* (Schmuckausgabe). Carlsen 2016, S. 253.

Kap. 5.2: Steinhöfel, Andreas: *Rico, Oskar und die Tieferschatten.* Carlsen 2011, S. 163.

Kap. 6.1: Schrocke, Kathrin: *Immer kommt mir das Leben dazwischen.* Mixtvision 2019, S. 10f.

Kap. 6.1.: wattpad.com https://www.wattpad.com/ (31.01.2020)
Kap. 6.1: readbold.de. https://www.readbold.de/ueber-bold/ (09.07.2020)
Kap 6.1: Herrick, Steven: *Ich weiß, heute Nacht werde ich träumen.* Thienemann 2018, S. 6.
Kap. 6.1: Wolf, Maryanne: *Schnelles Lesen, langsames Lesen. Warum wir das Bücherlesen nicht verlernen dürfen.* Penguin 2019, S. 11.
Kap. 6.1: einfachebuecher.de, Spaß am Lesen Verlag.
Definition Leichte Sprache: https://einfachebuecher.de/epages/95de2368-3ee3-4c50-b83e-c53e52d597ae.sf/de_DE/?ObjectPath=/Shops/95de2368-3ee3-4c50-b83e-c53e52d597ae/Categories/Ueber_uns/Lesen_fuer_alle/Leichte_Sprache (09.07.2020)
Definition Einfache Sprache: https://einfachebuecher.de/epages/95de2368-3ee3-4c50-b83e-c53e52d597ae.sf/de_DE/?ObjectPath=/Shops/95de2368-3ee3-4c50-b83e-c53e52d597ae/Categories/Ueber_uns/Lesen_fuer_alle/Einfache_Sprache (09.07.2020)
Kap. 6.1: *FAQ You – Ein Aufklärungsbuch. frequently asked questions about sex and love.* Jugend gegen AIDS 2019, S. 4.
Kap. 6.2: Sieben, Michael: *Das Jahr in der Box.* Carlsen 2020, S. 253.
Kap. 6.2: Sicardi, Arabelle: *Queer Heroes- 53 LGBTQ-Held*innen von Sappo bis Freddie Mercury und Ellen DeGeneres.* Prestel 2020, Vorwort.
Kap. 7: Grubert, Renate: *Selber machen statt kaufen.* In: *Börsenblatt Spezial Kinder- und Jugendbuch,* Heft 38. Börsenverein des Deutschen Buchhandels 2019, S. 36.

Abbildungsverzeichnis (nach Seitenangabe)

Umschlag und Innenteil: Der Bildausschnitt auf dem Buchcover sowie die Bildmotive auf den Seiten 3, 5, 9, 15, 61, 111, 121, 133, 177 stammen aus der Feder von Anke Kuhl. Es handelt sich um Ausschnitte aus dem Plakat ›Loslesen‹. Abdruck mit freundlicher Genehmigung der Klett Kinderbuch Verlag GmbH, © Klett Kinderbuch

Seite
37 Titel der Aktion *Ich schenk dir eine Geschichte* zum Welttag des Buches 2020. © cbj/Timo Grubing
46 Abbildung Lesestart 1-2-3. © Stiftung Lesen/BMBF
66 oben: Meike Teichmann, *Meine liebsten Sachen.* © Ravensburger
unten: Ole Könnecke, *Das große Buch der Bilder und Wörter.* © Hanser
72–73 Innenabbildung: R. S. Berner, *Herbst-Wimmelbuch.* © Gerstenberg
74–75 Innenabbildung: Illustration von Peggy Rathmann, aus: *Gute Nacht, Gorilla.* © 2006 Moritz Verlag, Frankfurt am Main
76 Markus Osterwalder, *Bobo Siebenschläfer* (1. Band). © Rowohlt

78 Innenabbildung und Ausschnitt: Illustration von Chen Jianghong. Aus: *Der kleine Fischer Tong* (Bilderbuch. Aus dem Französischen von Tobias Scheffel). © 2014 Moritz Verlag

79 *Dreieck, Quadrat, Kreis* von Mac Barnett, illustriert von Jon Klassen © 2019 NordSüd Verlag AG, Zürich/ Schweiz; © 2019 Originalausgabe *Triangle, Circle, Square*, Walker Books Ltd.

83 Mies Van Hout, *Heute bin ich.* © aracari

84 Sven Nordqvist, *Wie Findus zu Pettersson kam.* © Verlag Friedrich Oetinger

89 Cover und Bildausschnitt: *Lindbergh – Die abenteuerliche Geschichte einer fliegenden Maus* von Torben Kuhlmann © 2014 NordSüd Verlag AG, Zürich/ Schweiz

90 oben: *Wieso? Weshalb? Warum? Wir entdecken Insekten.* © Ravensburger
unten: Sharon Rentta, *Finn, der Feuerwehrelch.* © Gerstenberg

96 Anette Bley *Und was kommt nach Tausend?* © Ravensburger

98 Britta Teckentrup, *Der Baum der Erinnerung.* © 2013 arsEdition GmbH, München

103 Wolf Erlbruch, *Ente, Tod und Tulpe.* © Verlag Antje Kunstmann GmbH, München 2007

105 Jutta Bauer, Katja Spitze, *Das Beste von Allem.* © Aladin bei Thienemann-Esslinger Verlag GmbH, Stuttgart 2015.

106 Shaun Tan *Zikade.* © Aladin bei Thienemann- Esslinger Verlag GmbH, Stuttgart 2019.

107 Benjamin Lacombe *Frida.*© Jacoby & Stuart

113 links: *Die 100 schönsten Märchen der Brüder Grimm* (Illustrationen: Daniela Drescher). © Urachhaus
rechts: *Die schönsten Märchen* (Illustrationen: Nikolaus Heidelbach) © Beltz & Gelberg

116 Buchinnenseite: Jörg Mühle, Moni Port, *Was liegt am Strand und redet undeutlich? Rätselwitze und Quatschbilder.* © Klett Kinderbuch

117 Johann Wolfgang von Goethe, *Der Zauberlehrling. Poesie für Kinder.* © Kindermann

126 Cover und Innenseite aus: *Die kleine Eule sucht ihr Zuhause. Bildermaus Mit Bildern lesen lernen* (Text: Annette Moser, Illustrationen: Elke Broska). © 2019 Loewe Verlag GmbH, Bindlach

127 Martin Klein, Becker, Stéffie *Baumhausgeschichten. Leserabe, 1. Lesestufe. Leichter lesen lernen mit der Silbenmethode.* © Ravensburger

134 Innenabbildung: *Cornibus. Loewe Wow!* (Text: Jochen Till, Illustration: Raimund Frey. © Loewe Verlag GmbH, Bindlach 2020

136 Jochen Till, Raimund Frey *Cornibus. Loewe Wow!* © Loewe

138 Illustrator Sebastian Meschenmoser vor seinen Bildern zu Michael Ende *Die unendliche Geschichte* (illustrierte Ausgabe). © Thienemann

140 Patrick Wirbeleit, Uwe Heidschötter *Kiste.* © Reprodukt

141 Sabine Lemire *Mira. #freunde #verliebt #einjahrmeineslebens.* © Klett Kinderbuch

145 Innenabbildung: Illustration von Jörg Mühle, aus Megumi Iwasa & Jörg Mühle, *Viele Grüße, Deine Giraffe* (Kinderbuch. Aus dem Japanischen von Ursula Gräfe). © 2017 Moritz Verlag, Frankfurt am Main

150 Jeff Kinney *Gregs Tagebuch. Von Idioten umzingelt.* © 2008 Baumhaus Verlag in der Bastei Lübbe AG, Köln. (DIARY OF A WIMPY KID®, WIMPY KID™, and the Greg Heffley design™ are trademarks of Wimpy Kid, Inc)

152 Cover und Innenabbildung: Magnus Myst *Das kleine böse Buch.* © Ueberreuter

163 Sheddad Kaid-Salah Ferrón, Eduard Altarriba *Professor Albert und das Geheimnis der Quantenphysik.* © Knesebeck

164 Monika Osberghaus, Horst Klein *Alle behindert. 25 spannende und bekannte Beeinträchtigungen in Wort und Bild.* © Klett Kinderbuch

165 Labor Ateliergemeinschaft *Ich so du so. Alles super normal.* © Beltz & Gelberg

166 Hélène Druvert *Ozeane. Die wunderbare Welt der Meere.* © Gerstenberg

167 Davies, Carnovsky *Der menschliche Körper. Eine Entdeckungsreise mit der Röntgenlupe.* © Prestel

169 *Ich weiß jetzt 100 Dinge mehr. Abenteuer Naturwissenschaft.* © Usborne

182 Kathrin Köller *Stark. Rebellinnen von heute.* © Gabriel

187 oben: Mawil Kinderland. *Eine Kindheit im Schatten der Mauer.* © Reprodukt
unten: Frances A. Østerfelt, Anja C. Andersen, Anna Blaszczyk *Marie Curie. Ein Licht im Dunkeln.* ©Knesebeck

Wir bedanken uns bei folgenden Verlagen für ihre Anzeigen:

234 Carl Hanser Verlag, München

235 Julius Beltz, Weinheim

236 minedition, Zürich

237 Gerstenberg Verlag, Hildesheim

238 Fischer Kinder- und Jugendbuchverlag, Frankfurt / M.

239 Moritz Verlag, Frankfurt / M.

240 Klett Kinderbuch Verlag, Leipzig

Sachregister

Anna van Lanen
Das Schoko-Geheimnis
Gulliver

Sabine Engel
Bühne frei für Ben!
Gulliver

Karen McCombie
Mein geheimnisvolles Ich
Gulliver

Jäger in der Tiefe
Steve Cole
Gulliver